高职高专"十四五"建筑及工程管理类专业系列教材

工程建设法规

主　编　马俊文
副主编　薛　炜　韩　洁　张　伟

图书在版编目(CIP)数据

工程建设法规 / 马俊文主编. — 西安：西安交通大学出版社，2023.2(2025.1重印)
高职高专"十四五"建筑及工程管理类专业系列教材
ISBN 978-7-5693-2784-7

Ⅰ.①工… Ⅱ.①马… Ⅲ.①建筑法-中国-高等职业教育-教材 Ⅳ.①D922.297

中国版本图书馆 CIP 数据核字(2022)第 173005 号

书　　　名	工程建设法规 GONGCHENG JIANSHE FAGUI
主　　　编	马俊文
责任编辑	魏照民
责任校对	张静静
装帧设计	任加盟
出版发行	西安交通大学出版社 (西安市兴庆南路1号 邮政编码710048)
网　　　址	http://www.xjtupress.com
电　　　话	(029)82668357　82667874(市场营销中心) (029)82668315(总编办)
传　　　真	(029)82668280
印　　　刷	西安明瑞印务有限公司
开　　　本	787mm×1092mm　1/16　印张　15.25　字数　356千字
版次印次	2023年2月第1版　2025年1月第3次印刷
书　　　号	ISBN 978-7-5693-2784-7
定　　　价	45.80元

如发现印装质量问题,请与本社市场营销中心联系。
订购热线:(029)82665248　(029)82667874
投稿热线:(029)82668133
读者信箱:897899804@qq.com

版权所有　侵权必究

前 言

学法、懂法、守法是每个公民的义务。作为未来的工程建设工作者,学习、掌握和应用必要的工程建设法律法规,既是时代的要求,也是将来工作的需要。在工程建设活动中,工程建设法规旨在规范从业者行为,同时也保护从业者的利益,提高工程建设人员素质,规范施工管理行为,保证工程质量和施工安全。

近几年法律知识体系进行了更新,也进一步考虑到2020年5月28日第十三届全国人民代表大会第三次会议通过了《中华人民共和国民法典》,本教材在编写过程中对基本理论的讲授始终坚持以应用为目的,教学内容以必需、够用为度,突出实训、实例教学,紧跟国家新的法律法规和行业规定的步伐,注重职业能力培养,力求打造新时代应用型人才。

本教材在编写时还兼顾了建造师考试大纲要求的知识点,为读者将来参加国家注册一、二级建造师执业资格考试奠定基础。

本教材的主要内容包括法学基础知识,建设工程基本法律制度,开工行政许可法律制度,建设工程发承包法律制度,建设工程合同和劳动合同法律制度,建设工程施工环境保护、节约能源和文物保护法律制度,建设工程安全生产法律制度,建设工程质量法律制度,解决建设工程纠纷的法律制度,案例分析等。

本教材由马俊文担任主编,由薛炜、韩洁、张伟担任副主编。具体编写分工如下:甘肃建筑职业技术学院马俊文编写项目三、项目四、项目五,甘肃建筑职业技术学院薛炜和韩洁共同编写项目一、项目二、项目六、项目七、项目八、项目九,甘肃建筑设计研究院张伟编写项目十。此外,全书由马俊文进行统稿。

本教材在编写过程中参考应用了大量的文献资料,得到了高校专家和同行的大力支持,并收到了工程一线人员的指点和帮助,在此深表感谢! 由于编者水平有限,对一些法律法规深层含义领悟不深,加之成书时间短,不妥之处在所难免,殷切希望广大读者批评指正!

编者

2022年5月

目 录

项目一　法学基础知识 (1)
- 模块1　法律体系 (2)
- 模块2　民法基础知识 (5)
- 习题巩固 (10)
- 项目小结 (12)

项目二　建设工程基本法律制度 (13)
- 模块1　建设工程法人制度 (14)
- 模块2　建设工程代理制度 (16)
- 模块3　建设工程物权制度 (19)
- 模块4　建设工程债权制度 (21)
- 模块5　建设工程担保制度 (23)
- 模块6　建设工程保险制度 (27)
- 模块7　建设工程法律责任制度 (30)
- 习题巩固 (33)
- 项目小结 (36)

项目三　开工行政许可法律制度 (37)
- 模块1　建设工程施工许可制度 (38)
- 模块2　施工企业从业资格制度 (45)
- 模块3　建造师注册执业制度 (49)
- 习题巩固 (52)
- 项目小结 (54)

项目四　建设工程发承包法律制度　(55)

- 模块1　建设工程招标、投标制度 (56)
- 模块2　建设工程承包制度 (66)
- 模块3　建筑市场信用体系建设 (70)
- 习题巩固 (76)
- 项目小结 (80)

项目五　建设工程合同和劳动合同法律制度　(81)

- 模块1　合同基础知识 (82)
- 模块2　建设工程合同制度 (88)
- 模块3　劳动合同及劳动者权益保护制度 (100)
- 模块4　相关合同制度 (108)
- 习题巩固 (117)
- 项目小结 (120)

项目六　建设工程施工环境保护、节约能源和文物保护法律制度　(121)

- 模块1　施工现场环境保护制度 (122)
- 模块2　施工节约能源制度 (130)
- 模块3　施工文物保护制度 (135)
- 习题巩固 (139)
- 项目小结 (142)

项目七　建设工程安全生产法律制度　(143)

- 模块1　施工安全生产许可证制度 (144)
- 模块2　施工安全生产责任和安全生产教育培训制度 (147)
- 模块3　施工现场安全防护制度 (155)
- 模块4　施工安全事故的应急救援与调查处理 (160)
- 模块5　建设单位和相关单位的建设工程安全责任制度 (165)
- 习题巩固 (171)
- 项目小结 (174)

项目八　建设工程质量法律制度　(175)

模块1　工程建设标准 (176)
模块2　施工单位的质量责任和义务 (179)
模块3　建设单位及相关单位的质量责任和义务 (184)
模块4　建设工程竣工验收制度 (189)
模块5　建设工程质量保修制度 (197)
习题巩固 (200)
项目小结 (204)

项目九　解决建设工程纠纷的法律制度　(205)

模块1　建设工程纠纷的主要种类和法律解决途径 (206)
模块2　民事诉讼制度 (211)
模块3　仲裁制度 (217)
模块4　调解与和解制度 (218)
模块5　行政强制、行政复议和行政诉讼制度 (220)
习题巩固 (225)
项目小结 (228)

项目十　案例分析　(229)

案例1 (230)
案例2 (230)
案例3 (230)
案例4 (231)
案例5 (231)

参考文献　(233)

项目一

法学基础知识

➤ 一、项目目标

素质目标

(1)学习法律精神,了解实用的法律法规及其具体规定,正确维护自身合法权益,自觉履行法定义务。

(2)勤劳节俭,明礼诚信。

知识目标

(1)了解建设工程法律体系的组成、特点。
(2)掌握法律学科的基本理论:法律体系的基本框架、法的形式和效力层级。
(3)了解民事权利、民事法律行为及其效力、民事责任的相关内容。

能力目标

(1)具备法律意识,拥有正确的法律观念,加强法律修养。
(2)能够按照法律的要求观察、思考、处理法律问题。
(3)提高应对和解决现实生活中遇到的与法律有关的问题的能力。

➤ 二、项目知识点

(1)法律体系。
(2)民法基础知识。

模块1　法律体系

法律体系,也被称为法的体系,通常指由一个国家现行的各个部门法构成的有机联系的统一整体。

建设工程法律的特点:虽然主要是经济法的组成部分,但还包括了行政法、民法、商法等内容。

(一)法的形式

我国法的形式是制定法形式,具体可分为以下六类。

1. 宪法

宪法是统治阶级意志和利益的集中表现,规定国家制度、社会制度的基本原则,具有最高法律效力的根本大法。其主要功能是制约和平衡国家权力,保障公民权利。宪法是我国的根本大法,由全国人民代表大会依照特别程序制定,在我国法律体系中具有最高的法律地位和法律效力,是我国最高的法律形式,体现了最广大人民的共同意志和根本利益。

2. 法律

法律分为基本法律和一般法律(又称非基本法律、专门法)两类。

基本法律是由全国人民代表大会制定的调整国家和社会生活中带有普遍性的社会关系的规范性法律文件的统称,如刑法、民法、诉讼法及有关国家机构的组织法等法律。

一般法律是由全国人民代表大会常务委员会制定的调整国家和社会生活中某种具体社会关系或其中某一方面内容的规范性文件的统称。

3. 行政法规

行政法规是国家最高行政机关国务院根据宪法和法律就有关执行法律和履行行政管理职权的问题,以及依据全国人民代表大会及其常务委员会特别授权所制定的规范性文件的总称。

4. 地方性法规、自治条例和单行条例

省、自治区、直辖市的人民代表大会及其常务委员会根据本行政区域的具体情况和实际需要,在不与宪法、法律、行政法规相抵触的前提下,可以制定地方性法规。设区的市的人民代表大会及其常务委员会根据本市的具体情况和实际需要,在不与宪法、法律、行政法规和本省、自治区的地方性法规相抵触的前提下,可以对城乡建设与管理、环境保护、历史文化保护等方面的事项制定地方性法规;设区的市的地方性法规须报省、自治区的人民代表大会常务委员会批准后施行。

5. 部门规章

国务院各部、委员会、中国人民银行、审计署和具有行政管理职能的直属机构,可以根据法律和国务院的行政法规、决定、命令,在本部门的权限范围内,制定规章。

部门规章规定的事项应当属于执行法律或者国务院的行政法规、决定、命令的事项,其名称可以是"规定""办法"和"实施细则"等。涉及两个以上国务院部门职权范围的事项,应当提请国务院制定行政法规或者由国务院有关部门联合制定规章。

6.地方政府规章

省、自治区、直辖市和设区的市、自治州的人民政府,可以根据法律、行政法规和本省、自治区、直辖市的地方性法规制定规章。

(二)法的效力层级

法的效力层级是指法律体系中不同效力的法所形成的效力等级体系。由于制定的主体、程序、时间、适用范围等的不同,法律体系中,不同的法的形式具有不同的效力。

1.宪法至上

宪法是国家的根本大法,具有最高法律效力。宪法作为根本法,被称为"母法",任何法律、法规都必须遵循宪法而产生,无论是维护社会稳定、保障社会秩序,还是规范经济秩序,都不能违背宪法的基本准则。

2.上位法优于下位法

在我国法律体系中,法律的效力仅次于宪法而高于其他法的形式。行政法规的法律地位和法律效力低于宪法和法律,高于地方性法规和部门规章。地方性法规的效力,高于本级和下级地方政府规章。省、自治区人民政府制定的规章的效力,高于本行政区域内的设区的市、自治州人民政府制定的规章。

自治条例和单行条例依法对法律、行政法规、地方性法规作变通规定的,在本自治地方适用自治条例和单行条例的规定。经济特区法规根据授权对法律、行政法规、地方性法规作变通规定的,在本经济特区适用经济特区法规的规定。

部门规章之间、部门规章与地方政府规章之间具有同等效力,在各自的权限范围内施行。

3.特别法优于一般法

特别法优于一般法,是指公法权力主体在实施公权力行为时,若一般规定与特别规定不一致,则优先适用特别规定。

4.新法优于旧法

新法、旧法对同一事项有不同规定时,新法的效力优于旧法。同一机关制定的法律、行政法规、地方性法规、自治条例和单行条例、规章,若新的规定与旧的规定不一致,则适用新的规定。

5.需要由有关机关裁决适用的特殊情况

法律之间对同一事项的新的一般规定与旧的特别规定不一致,不能确定如何适用时,由全国人民代表大会常务委员会裁决。

行政法规之间对同一事项的新的一般规定与旧的特别规定不一致,不能确定如何适用时,由国务院裁决。

地方性法规、规章之间不一致时,由有关机关依照下列规定的权限作出裁决:①同一机关制定的新的一般规定与旧的特别规定不一致时,由制定机关裁决。②地方性法规与部门规章之间对同一事项的规定不一致,不能确定如何适用时,由国务院提出意见,国务院认为应当适用地方性法规的,应当决定在该地方适用地方性法规的规定;国务院认为应当适用部门规章的,应当提请全国人民代表大会常务委员会裁决。③部门规章之间、部门规章与地方政府规章之间对同一事项的规定不一致时,由国务院裁决。

根据授权制定的法规与法律规定不一致,不能确定如何适用时,由全国人民代表大会常务委员会裁决。

模块2 民法基础知识

一、民事权利

(1)自然人的人身自由、人格尊严受法律保护。

(2)自然人享有生命权、身体权、健康权、姓名权、肖像权、名誉权、荣誉权、隐私权、婚姻自主权等权利。法人、非法人组织享有名称权、名誉权和荣誉权等权利。

(3)自然人的个人信息受法律保护。任何组织或者个人需要获取他人个人信息的,应当依法取得并确保信息安全,不得非法收集、使用、加工、传输他人个人信息,不得非法买卖、提供或者公开他人个人信息。

(4)依法成立的合同,对当事人具有法律约束力。

(5)民事权益受到侵害的,被侵权人有权请求侵权人承担侵权责任。

(6)没有法定的或者约定的义务,为避免他人利益受损失而进行管理的人,有权请求受益人偿还由此支出的必要费用。

(7)因他人没有法律根据,取得不当利益,受损失的人有权请求其返还不当利益。

二、民事法律行为

(一)一般规定

(1)民事法律行为是民事主体通过意思表示设立、变更、终止民事法律关系的行为。

(2)民事法律行为可以基于双方或者多方的意思表示一致成立,也可以基于单方的意思表示成立。法人、非法人组织依照法律或者章程规定的议事方式和表决程序作出决议的,该决议行为成立。

(3)民事法律行为可以采用书面形式、口头形式或者其他形式;法律、行政法规规定或者当事人约定采用特定形式的,应当采用特定形式。

(4)民事法律行为自成立时生效,但是法律另有规定或者当事人另有约定的除外。行为人非依法律规定或未经对方同意,不得擅自变更或者解除民事法律行为。

(二)民事法律行为的效力

(1)具备下列条件的民事法律行为有效:
①行为人具有相应的民事行为能力;
②意思表示真实;
③不违反法律、行政法规的强制性规定,不违背公序良俗。

(2)无民事行为能力人实施的民事法律行为无效。

(3)限制民事行为能力人实施的纯获利益的民事法律行为或者与其年龄、智力、精神健康状况相适应的民事法律行为有效;实施的其他民事法律行为经法定代理人同意或者追认后有效。相对人可以催告法定代理人自收到通知之日起三十日内予以追认。法定代理人未作表示的,视为拒绝追认。民事法律行为被追认前,善意相对人有撤销的权利。撤销应当以通知的方式作出。

(4)行为人与相对人以虚假的意思表示实施的民事法律行为无效。以虚假的意思表示隐藏的民事法律行为的效力,依照有关法律规定处理。

(5)基于重大误解实施的民事法律行为,行为人有权请求人民法院或者仲裁机构予以撤销。

(6)一方以欺诈手段,使对方在违背真实意思的情况下实施的民事法律行为,受欺诈方有权请求人民法院或者仲裁机构予以撤销。

(7)第三人实施欺诈行为,使一方在违背真实意思的情况下实施的民事法律行为,对方知道或者应当知道该欺诈行为的,受欺诈方有权请求人民法院或者仲裁机构予以撤销。

(8)一方或者第三人以胁迫手段,使对方在违背真实意思的情况下实施的民事法律行为,受胁迫方有权请求人民法院或者仲裁机构予以撤销。

(9)一方利用对方处于危困状态、缺乏判断能力等情形,致使民事法律行为成立时显失公平的,受损害方有权请求人民法院或者仲裁机构予以撤销。

(10)有下列情形之一的,撤销权消灭:①当事人自知道或者应当知道撤销事由之日起一年内、重大误解的当事人自知道或者应当知道撤销事由之日起九十日内没有行使撤销权;②当事人受胁迫,自胁迫行为终止之日起一年内没有行使撤销权;③当事人知道撤销事由后明确表示或者以自己的行为表明放弃撤销权。当事人自民事法律行为发生之日起五年内没有行使撤销权的,撤销权消灭。

(11)违反法律、行政法规的强制性规定的民事法律行为无效。但是,该强制性规定不导致该民事法律行为无效的除外。违背公序良俗的民事法律行为无效。

(12)行为人与相对人恶意串通,损害他人合法权益的民事法律行为无效。

(13)无效的或者被撤销的民事法律行为自始没有法律约束力。

(14)民事法律行为部分无效,不影响其他部分效力的,其他部分仍然有效。

(15)民事法律行为无效、被撤销或者确定不发生效力后,行为人因该行为取得的财产,应当予以返还;不能返还或者没有必要返还的,应当折价补偿。有过错的一方应当赔偿对方由此所受到的损失;各方都有过错的,应当各自承担相应的责任。法律另有规定的,依照其规定。

➤ 三、代理

(一)一般规定

(1)民事主体可以通过代理人实施民事法律行为。

依照法律规定、当事人约定或者民事法律行为的性质,应当由本人亲自实施的民事法律行为,不得代理。

(2)代理人在代理权限内,以被代理人名义实施的民事法律行为,对被代理人发生效力。

(3)代理包括委托代理和法定代理。委托代理人按照被代理人的委托行使代理权。法定代理人依照法律的规定行使代理权。

(4)代理人不履行或者不完全履行职责,造成被代理人损害的,应当承担民事责任。代理人和相对人恶意串通,损害被代理人合法权益的,代理人和相对人应当承担连带责任。

(二)委托代理

(1)委托代理授权采用书面形式的,授权委托书应当载明代理人的姓名或者名称、代理事项、权限和期限,并由被代理人签名或者盖章。

(2)数人为同一代理事项的代理人的,应当共同行使代理权,但是当事人另有约定的除外。

(3)代理人知道或者应当知道代理事项违法仍然实施代理行为,或者被代理人知道或者应当知道代理人的代理行为违法未作反对表示的,被代理人和代理人应当承担连带责任。

(4)代理人不得以被代理人的名义与自己实施民事法律行为,但是被代理人同意或者追认的除外。代理人不得以被代理人的名义与自己同时代理的其他人实施民事法律行为,但是被代理的双方同意或者追认的除外。

(5)代理人需要转委托第三人代理的,应当取得被代理人的同意或者追认。转委托代理经被代理人同意或者追认的,被代理人可以就代理事务直接指示转委托的第三人,代理人仅就第三人的选任以及对第三人的指示承担责任。转委托代理未经被代理人同意或者追认的,代理人应当对转委托的第三人的行为承担责任;但是,在紧急情况下代理人为了维护被代理人的利益需要转委托第三人代理的除外。

(6)执行法人或者非法人组织工作任务的人员,就其职权范围内的事项,以法人或者非法人组织的名义实施的民事法律行为,对法人或者非法人组织发生效力。法人或者非法人组织对执行其工作任务的人员职权范围的限制,不得对抗善意相对人。

(7)行为人没有代理权、超越代理权或者代理权终止后,仍然实施代理行为,未经被代理人追认的,对被代理人不发生效力。相对人可以催告被代理人自收到通知之日起三十日内予以追认。被代理人未作表示的,视为拒绝追认。行为人实施的行为被追认前,善意相对人有撤销的权利。撤销应当以通知的方式作出。行为人实施的行为未被追认的,善意相对人有权请求行为人履行债务或者就其受到的损害请求行为人赔偿。但是,赔偿的范围不得超过被代理人追认时相对人所能获得的利益。相对人知道或者应当知道行为人无权代理的,相对人和行为人按照各自的过错承担责任。

(8)行为人没有代理权、超越代理权或者代理权终止后,仍然实施代理行为,相对人有理由相信行为人有代理权的,代理行为有效。

(三)代理终止

(1)有下列情形之一的,委托代理终止:

①代理期限届满或者代理事务完成;

②被代理人取消委托或者代理人辞去委托;

③代理人丧失民事行为能力;

④代理人或者被代理人死亡;

⑤作为代理人或者被代理人的法人、非法人组织终止。

(2)被代理人死亡后,有下列情形之一的,委托代理人实施的代理行为有效:
①代理人不知道且不应当知道被代理人死亡;
②被代理人的继承人予以承认;
③授权中明确代理权在代理事务完成时终止;
④被代理人死亡前已经实施,为了被代理人的继承人的利益继续代理。
作为被代理人的法人、非法人组织终止的,参照适用前款规定。
(3)有下列情形之一的,法定代理终止:
①被代理人取得或者恢复完全民事行为能力;
②代理人丧失民事行为能力;
③代理人或者被代理人死亡;
④法律规定的其他情形。

四、民事责任

(1)民事主体依照法律规定或者按照当事人约定,履行民事义务,承担民事责任。

(2)二人以上依法承担按份责任,能够确定责任大小的,各自承担相应的责任;难以确定责任大小的,平均承担责任。

(3)二人以上依法承担连带责任的,权利人有权请求部分或者全部连带责任人承担责任。连带责任人的责任份额根据各自责任大小确定;难以确定责任大小的,平均承担责任。实际承担责任超过自己责任份额的连带责任人,有权向其他连带责任人追偿。连带责任,由法律规定或者当事人约定。

(4)承担民事责任的方式主要有:①停止侵害;②排除妨碍;③消除危险;④返还财产;⑤恢复原状;⑥修理、重作、更换;⑦继续履行;⑧赔偿损失;⑨支付违约金;⑩消除影响、恢复名誉;⑪赔礼道歉。

(5)因不可抗力不能履行民事义务的,不承担民事责任。法律另有规定的,依照其规定。不可抗力是不能预见、不能避免且不能克服的客观情况。

(6)因正当防卫造成损害的,不承担民事责任。正当防卫超过必要的限度,造成不应有的损害的,正当防卫人应当承担适当的民事责任。

(7)因紧急避险造成损害的,由引起险情发生的人承担民事责任。危险由自然原因引起的,紧急避险人不承担民事责任,可以给予适当补偿。紧急避险采取措施不当或者超过必要的限度,造成不应有的损害的,紧急避险人应当承担适当的民事责任。

(8)因保护他人民事权益使自己受到损害的,由侵权人承担民事责任,受益人可以给予适当补偿。没有侵权人、侵权人逃逸或者无力承担民事责任,受害人请求补偿的,受益人应当给予适当补偿。

(9)因自愿实施紧急救助行为造成受助人损害的,救助人不承担民事责任。

(10)侵害英雄烈士等的姓名、肖像、名誉、荣誉,损害社会公共利益的,应当承担民事责任。

(11)因当事人一方的违约行为,损害对方人身权益、财产权益的,受损害方有权选择请求其承担违约责任或者侵权责任。

(12)民事主体因同一行为应当承担民事责任、行政责任和刑事责任的,承担行政责任或者刑事责任不影响承担民事责任;民事主体的财产不足以支付的,优先用于承担民事责任。

➤ 五、诉讼时效

(1)向人民法院请求保护民事权利的诉讼时效期间为三年。诉讼时效期间自权利人知道或者应当知道权利受到损害以及义务人之日起计算。法律另定的,依照其规定。但是,自权利受到损害之日起超过二十年的,人民法院不予保护,有特殊情况的,人民法院可以根据权利人的申请决定延长。

(2)当事人约定同一债务分期履行的,诉讼时效期间自最后一期履行期限届满之日起计算。

(3)无民事行为能力人或者限制民事行为能力人对其法定代理人的请求权的诉讼时效期间,自该法定代理终止之日起计算。

(4)未成年人遭受性侵害的损害赔偿请求权的诉讼时效期间,自受害人年满十八周岁之日起计算。

(5)诉讼时效期间届满的,义务人可以提出不履行义务的抗辩。诉讼时效期间届满后,义务人同意履行的,不得以诉讼时效期间届满为由抗辩;义务人已经自愿履行的,不得请求返还。

(6)人民法院不得主动适用诉讼时效的规定。

(7)在诉讼时效期间的最后六个月内,因下列障碍,不能行使请求权的,诉讼时效中止:

①不可抗力;

②无民事行为能力人或者限制民事行为能力人没有法定代理人,或者法定代理人死亡、丧失民事行为能力、丧失代理权;

③继承开始后未确定继承人或者遗产管理人;

④权利人被义务人或者其他人控制;

⑤其他导致权利人不能行使请求权的障碍。

(8)有下列情形之一的,诉讼时效中断,从中断、有关程序终结时起,诉讼时效期间重新计算:

①权利人向义务人提出履行请求;

②义务人同意履行义务;

③权利人提起诉讼或者申请仲裁;

④与提起诉讼或者申请仲裁具有同等效力的其他情形。

习题巩固

➤ 一、单选题

(1) 下列有关代理行为的法律特征的叙述中,错误的是(　　)。

A. 代理人必须是以自己的名义进行活动

B. 代理人必须是以被代理人的名义进行活动

C. 代理行为产生的法律后果直接由被代理人承受

D. 代理人在被代理人授权范围内独立作出意思表示

(2) 我国民法通则规定一般诉讼时效期间为(　　)。

A. 六个月

B. 一年

C. 二年

D. 四年

(3) 法人的民事权利能力和民事行为能力,从何时产生(　　)。

A. 登记

B. 批准

C. 申请

D. 成立

➤ 二、多选题

(1) 下列情形中,需要由全国人民代表大会常务委员会裁决的有(　　)。

A. 行政法规之间对同一事项的新的一般规定与旧的特别规定不一致,不能确定如何适用

B. 法律之间对同一事项的新的一般规定与旧的特别规定不一致,不能确定如何适用

C. 地方性法规与部门规章之间对同一事项的规定不一致,不能确定如何适用

D. 部门规章之间对同一事项的规定不一致,不能确定如何适用

E. 根据授权制定的法规与法律规定不一致,不能确定如何适用

(2) 关于法的效力层级的说法,正确的有(　　)。

A. 宪法至上

B. 新法优于旧法

C. 上位法优于下位法

D. 一般法高于特别法

E. 任何机关和个人不得裁决法律适用情况

(3) 法的形式的含义包括(　　)。

A. 法律规范创制机关的职责

B. 法律规范的效力等级

C. 法律规范的内在逻辑

D. 法律规范的地域效力

E. 法律规范的历史沿革

(4)法的形式的含义包括(　　)。

A. 法律规范的内部表现形式

B. 法律规范的时间效力

C. 法律规范创制机关的性质与级别

D. 法律规范的效力等级

E. 法律规范的地域效力

(5)关于法的效力层级的说法,正确的有(　　)。

A. 自治条例依法对法律、行政法规、地方性法规作变通规定的,在本自治地方适用自治条例的规定

B. 宪法是国家根本大法,具有最高的法律效力

C. 法律之间对同一事项的新的一般规定与旧的特别规定不一致,不能确定如何适用时,由全国人民代表大会常务委员会裁决

D. 行政法规的法律效力仅次于宪法

E. 省、自治区、直辖市的人民代表大会及其常务委员会制定的地方性法规,报全国人民代表大会常务委员会和国务院备案

项目小结

项目二 建设工程基本法律制度

一、项目目标

素质目标

(1)让学生意识到高超的技艺和顽强努力的精神会受人尊重。
(2)具备法律常识,懂得运用法律处理和应对相关日常工作。

知识目标

(1)掌握建筑活动中的法人制度、代理制度、物权制度、债权制度、知识产权制度。
(2)了解建筑活动中的担保制度、保险制度。
(3)掌握建筑法律责任的种类及其承担方式。

能力目标

(1)具备基本的案例分析能力,能熟练应用不同位阶的法律法规来解决基础的典型案例。
(2)能准确认识不同建筑活动中的不同的法律责任。
(3)能够掌握各种不同的法律制度并在实际中应用。

二、项目知识点

(1)建设工程法人制度。
(2)建设工程代理制度。
(3)建设工程物权制度。
(4)建设工程债权制度。
(5)建设工程担保制度。
(6)建设工程保险制度。
(7)建设工程法律责任制度。

模块 1 建设工程法人制度

法人是建设工程活动中最主要的主体。

一、法人的法定条件及其在建设工程中的地位和作用

2020 年 5 月公布的《中华人民共和国民法典》(本书简称《民法典》)规定,法人是具有民事权利能力和民事行为能力,依法独立享有民事权利和承担民事义务的组织。

二、法人应当具备的条件

(1)依法成立。法人不能自然产生,它的产生必须经过法定的程序。法人的设立目的和方式必须符合法律的规定,设立法人,法律、行政法规规定须经有关机关批准的,依照其规定。

(2)应当有自己的名称、组织机构、住所、财产或者经费。依法需要办理法人登记的,应当将主要办事机构所在地登记为住所。法人能够独立承担民事责任。法人必须能够以自己的财产或者经费承担在民事活动中的债务,在民事活动中给其他主体造成损失时能够承担赔偿责任。法人以其全部财产独立承担民事责任。

(3)有法定代表人。以法人名义从事的民事活动,其法律后果由法人承受。法人章程或者法人权力机构对法定代表人代表权的限制,不得对抗善意相对人;法定代表人因执行职务造成他人损害的,由法人承担民事责任。法人承担民事责任后,依照法律或者法人章程的规定,可以向有过错的法定代表人追偿。

三、法人的分类

法人分为营利法人、非营利法人和特别法人三大类。

(一)营利法人

以取得利润并分配给股东等出资人为目的成立的法人,为营利法人。营利法人包括有限责任公司、股份有限公司和其他企业法人等。营利法人经依法登记成立。依法设立的营利法人,由登记机关发给营利法人营业执照。营业执照签发日期为营利法人的成立日期。

(二)非营利法人

为公益目的或者其他非营利目的成立,不向出资人、设立人或者会员分配所取得利润的法人,为非营利法人。非营利法人包括事业单位、社会团体、基金会、社会服务机构等。具备法人条件,为适应经济社会发展需要,提供公益服务设立的事业单位,经依法登记成立,取得事业单位法人资格;依法不需要办理法人登记的,从成立之日起,具有事业单位法人资格。

(三)特别法人

机关法人、农村集体经济组织法人、城镇农村的合作经济组织法人、基层群众性自治组织法人,为特别法人。有独立经费的机关和承担行政职能的法定机构从成立之日起,具有机关法人资格,可以从事为履行职能所需要的民事活动。

四、法人在建设工程中的地位

在建设工程中,大多数建设活动主体都是法人。施工单位、勘察设计单位、监理单位通常是具有法人资格的组织。建设单位一般也应当具有法人资格。但有时候,建设单位也可能是没有法人资格的其他组织。

法人在建设工程中的地位,表现在其具有民事权利能力和民事行为能力。依法独立享有民事权利和承担民事义务,方能承担民事责任。

模块2　建设工程代理制度

在建设工程活动中,通过委托代理实施民事法律行为的情形较为常见。因此,了解和熟悉有关代理的基本法律知识是十分必要的。

➢ 一、代理的法律特征

1. 代理人必须在代理权限范围内实施代理行为

代理人实施代理活动的直接依据是代理权。因此,代理人必须在代理权限范围内与第三人或相对人实施代理行为。

2. 代理人一般应该以被代理人的名义实施代理行为

《民法典》规定,代理人在代理权限内,以被代理人名义实施的民事法律行为,对被代理人发生效力。

3. 代理行为必须是具有法律意义的行为

代理人为被代理人实施的是能够产生法律上的权利义务关系,产生法律后果的行为。

4. 代理行为的法律后果归属于被代理人

代理人在代理权限内,以被代理人的名义同相对人进行的具有法律意义的行为,在法律上产生与被代理人自己的行为同样的后果。因而,被代理人对代理人的代理行为承担民事责任。

➢ 二、代理的种类

代理包括委托代理和法定代理。

1. 委托代理

委托代理人按照被代理人的委托行使代理权。因委托代理中,被代理人是以意思表示的方法将代理权授予代理人的,故又称"意定代理"或"任意代理"。

委托代理授权采用书面形式的,授权委托书应当载明代理人的姓名或者名称、代理事项、权限和期限,并由被代理人签名或者盖章。数人为同一代理事项的代理人的,应当共同行使代理权,但是当事人另有约定的除外。代理人知道或者应当知道代理事项违法仍然实施代理行为,或者被代理人知道或者应当知道代理人的代理行为违法未作反对表示的,被代理人和代理人应当承担连带责任。

2. 法定代理

法定代理是指根据法律的规定而发生的代理。例如,《民法典》规定,无民事行为能力人、限制民事行为能力人的监护人是其法定代理人。

➢ 三、建设工程代理法律关系

建设工程代理法律关系与其他代理关系一样,存在着两个法律关系:一是代理人与被代理人之间的委托关系;二是被代理人与相对人的合同关系。

（一）一般情况下代理人在代理权限内以被代理人的名义实施代理行为

《民法典》规定，代理人在代理权限内，以被代理人名义实施的民事法律行为，对被代理人发生效力。

这是对代理人与被代理人基本权利和义务的规定。代理人必须取得代理权，并依据代理权限，以被代理人的名义实施民事法律行为。被代理人要对代理人的代理行为承担民事责任。

（二）转托他人代理应当事先取得被代理人的同意

《民法典》规定，代理人需要转委托第三人代理的，应当取得被代理人的同意或者追认。转委托代理经被代理人同意或者追认的，被代理人可以就代理事务直接指示转委托的第三人，代理人仅就第三人的选任以及对第三人的指示承担责任。转委托代理未经被代理人同意或者追认的，代理人应当对转委托的第三人的行为承担责任，但是在紧急情况下代理人为了维护被代理人的利益需要转委托第三人代理的除外。

（三）无权代理与表见代理

《民法典》规定，行为人没有代理权、超越代理权或者代理权终止后，仍然实施代理行为，未经被代理人追认的，对被代理人不发生效力。

相对人可以催告被代理人自收到通知之日起三十日内予以追认。被代理人未作表示的，视为拒绝追认。行为人实施的行为被追认前，善意相对人有撤销的权利。撤销应当以通知的方式作出。

1. 无权代理

无权代理是指行为人不具有代理权，但以他人的名义与相对人进行法律行为。无权代理一般存在三种表现形式：①自始未经授权。如果行为人自始至终没有被授予代理权，就以他人的名义进行民事行为，属于无权代理。②超越代理权。代理权限是有范围的，超越了代理权限，依然属于无权代理。③代理权已终止。行为人虽曾得到被代理人的授权，但该代理权已经终止的，行为人如果仍以被代理人的名义进行民事行为，则属无权代理。

被代理人对无权代理人实施的行为如果予以追认，则无权代理可转化为有权代理，产生与有权代理相同的法律效力，并不会发生代理人的赔偿责任。如果被代理人不予追认的，对被代理人不发生效力，则无权代理人需承担因无权代理行为给被代理人和善意相对人造成的损失。

2. 表见代理

表见代理是指行为人虽无权代理，但由于行为人的某些行为，造成了足以使善意相对人相信其有代理权的表象，而与善意相对人进行的、由本人承担法律后果的代理行为。《民法典》规定，行为人没有代理权、超越代理权或者代理权终止后，仍然实施代理行为，相对人有理由相信行为人有代理权的，代理行为有效。

表见代理除需符合代理的一般条件外，还需具备：①须存在足以使相对人相信行为人具有代理权的事实或理由，这是构成表见代理的客观要件。②须本人存在过失。该过失表现为本人表达了足以使相对人相信有授权意思的表示，或者实施了足以使相对人相信有授权意思的行为，发生了外表授权的事实。③须相对人为善意，这是构成表见代理的主观要件。如果相对人明知行为人无代理权而仍与之实施民事行为，则相对人为主观恶意，不构成表见代理。

表见代理对本人产生有权代理的效力,即在相对人与本人之间产生民事法律关系。本人受表见代理人与相对人之间实施的法律行为的约束,享有该行为设定的权利和履行该行为约定的义务。本人不能以无权代理为抗辩。本人在承担表见代理行为所产生的责任后可以向无权代理人追偿因代理行为而遭受的损失。

➢ 四、代理不当或违法行为应承担的法律责任

1. 损害被代理人利益应承担的法律责任

代理人不履行职责而给被代理人造成损害的,应当承担民事责任。代理人和相对人串通,损害被代理人利益的,由代理人和相对人负连带责任。

2. 相对人故意行为应承担的法律责任

相对人知道行为人没有代理权、超越代理权或者代理权已终止还与行为人实施民事行为给他人造成损害的,由相对人和行为人负连带责任。

3. 违法代理行为应承担的法律责任

代理人知道被委托代理的事项违法仍然进行代理活动的,或者被代理人知道代理人的代理行为违法不表示反对的,由被代理人和代理人负连带责任。

模块3　建设工程物权制度

《民法典》也是规范财产关系的民事基本法律。其立法目的是维护国家基本经济制度，维护社会主义市场经济秩序，明确物的归属，发挥物的效用，保护权利人的物权。

物权是一项基本民事权利，也是大多数经济活动的基础和目的。在建设工程活动中涉及的许多权利都源于物权。建设单位对建设工程项目的权利来自于物权中最基本的权利——所有权，施工单位的施工活动是为了形成《民法典》意义上的物——建设工程。

➤ 一、物权的种类

物权包括所有权、用益物权和担保物权。

（一）所有权

所有权人对自己的不动产或者动产，依法享有占有、使用、收益和处分的权利。它是一种财产权，又称为财产所有权。所有权是物权中最重要也最完全的一种权利。

1. 占有权

占有权是指对财产实际掌握、控制的权能。占有权是行使物的使用权的前提条件，是所有人行使财产所有权的一种方式。占有权可以根据所有人的意志和利益分离出去，由非所有人享有。例如，根据货物运输合同，承运人对托运人的财产享有占有权。

2. 使用权

使用权是指对财产的实际利用和运用的权能。通过对财产实际利用和运用满足所有人的需要，是实现财产使用价值的基本渠道。使用权是所有人所享有的一项独立权能。所有人可以在法律规定的范围内，以自己的意志使用其所有物。

3. 收益权

收益权是指收取由原物产生出来的新增经济价值的权能。原物新增的经济价值，包括由原物直接派生出来的果实、由原物所产生出来的租金和利息、对原物直接利用而产生的利润等。收益往往是因为使用而产生的，因而收益权也往往与使用权联系在一起。但是，收益权本身是一项独立的权能，而使用权并不能包括收益权。有时，所有人并不行使对物的使用权，仍可以享有对物的收益权。

4. 处分权

处分权是指依法对财产进行处置，决定财产在事实上或法律上命运的权能。处分权的行使决定着物的归属。处分权是所有人的最基本的权利，是所有权内容的核心。

（二）用益物权

用益物权是指权利人对他人所有的不动产或者动产，依法享有占有、使用和收益的权利。用益物权包括土地承包经营权、建设用地使用权、宅基地使用权和地役权。

（三）担保物权

担保物权是权利人在债务人不履行到期债务或者发生当事人约定的实现担保物权的情

形,依法享有就担保财产优先受偿的权利。

二、与土地相关的物权

与土地相关的物权有土地所有权、建设用地使用权、地役权。本节主要讲述建设用地使用权。

1. 建设用地使用权的概念

建设用地使用权是因建造建筑物、构筑物及其附属设施而使用国家所有的土地的权利。建设用地使用权只能存在于国家所有的土地上,不包括集体所有的农村土地。

2. 建设用地使用权的设立

建设用地使用权可以在土地的地表、地上或者地下分别设立。新设立的建设用地使用权,不得损害已经设立的用益物权。

设立建设用地使用权,可以采取出让或者划拨等方式。工业、商业、旅游、娱乐和商品住宅等经营性用地以及同一土地有两个以上意向用地者的,应当采取招标、拍卖等公开竞价的方式出让。

3. 建设用地使用权的流转、续期和消灭

建设用地使用权人有权将建设用地使用权转让、互换、出资、赠与或者抵押,但法律另有规定的除外。建设用地使用权转让、互换、出资、赠与或者抵押的,应当符合以下规定:①当事人应当采取书面形式订立相应的合同。使用期限由当事人约定,但不得超过建设用地使用权的剩余期限。②应当向登记机构申请变更登记。③附着于该土地上的建筑物、构筑物及其附属设施一并处分。

住宅建设用地使用权期间届满的,自动续期。续期费用的缴纳或者减免,依照法律、行政法规的规定办理。非住宅建设用地使用权期间届满后的续期,依照法律规定办理。该土地上的房屋及其他不动产的归属,有约定的,按照约定;没有约定或者约定不明确的,依照法律、行政法规的规定办理。

建设用地使用权消灭的,出让人应当及时办理注销登记。登记机构应当收回权属证书。

模块 4　建设工程债权制度

在建设工程活动中,经常会遇到一些债权债务的问题。因此,学习有关债权的基本法律知识,有助于在实践中防范债务风险。

一、债的基本法律关系

《民法典》规定,债权是因合同、侵权行为、无因管理、不当得利以及法律的其他规定产生的,权利人请求特定义务人为或者不为一定行为的权利。

二、建设工程债的产生和常见种类

(一)建设工程债的产生

建设工程债的产生,是指特定当事人之间债权债务关系的产生。引起债产生的一定的法律事实,就是债产生的根据。建设工程债产生的根据有合同、侵权、无因管理和不当得利。

1. 合同

在当事人之间产生了合同法律关系,也就是产生了权利义务关系,便设立了债的关系。任何合同关系的设立,都会在当事人之间发生债权债务的关系。合同引起债的关系,是债发生的最主要、最普遍的依据。

建设工程债的产生,最主要的产生途径是合同。施工合同的订立,会在施工单位与建设单位之间产生债的关系;材料设备买卖合同的订立,会在施工单位与材料设备供应商之间产生债的关系。

2. 侵权

侵权是指公民或法人没有法律依据而侵害他人的财产权利或人身权利的行为。侵权行为一经发生,即在侵权行为人和被侵权人之间形成债的关系。《民法典》规定,建筑物、构筑物或者其他设施倒塌、塌陷造成他人损害的,由建设单位与施工单位承担连带责任,但是建设单位与施工单位能够证明不存在质量缺陷的除外。

3. 无因管理

无因管理是指未受他人委托,也无法律上的义务,为避免他人利益受损失而自愿为他人管理事务或提供服务的事实行为。《民法典》规定,管理人没有法定的或者约定的义务,为避免他人利益受损失而管理他人事务的,可以请求受益人偿还因管理事务而支出的必要费用;管理人因管理事务受到损失的,可以请求受益人给予适当补偿。

4. 不当得利

不当得利是指没有法律根据,有损于他人利益而自身取得利益的行为。《民法典》规定,得利人没有法律根据取得不当利益的,受损失的人可以请求得利人返还取得的利益,但是有下列情形之一的除外:①为履行道德义务进行的给付;②债务到期之前的清偿;③明知无给付义务而进行的债务清偿。

(二)建设工程债的常见种类

1. 施工合同债

施工合同债是发生在建设单位和施工单位之间的债。施工合同的义务主要是完成施工任务和支付工程款。对于完成施工任务,建设单位是债权人,施工单位是债务人;对于支付工程款,则相反。

2. 买卖合同债

在建设工程活动中,会产生大量的买卖合同,主要是材料设备买卖合同。材料设备的买方有可能是建设单位,也有可能是施工单位。他们会与材料设备供应商产生债的关系。

3. 侵权之债

在侵权之债中,最常见的是施工单位的施工活动产生的侵权。如施工噪声或者废水、废弃物排放等扰民,可能对工地附近的居民构成侵权。此时,居民是债权人,施工单位或者建设单位是债务人。

模块5　建设工程担保制度

➤ 一、担保与担保合同的规定

担保是指当事人根据法律规定或者双方约定，为促使债务人履行债务实现债权人的权利的法律制度。

担保方式包括保证、抵押、质押、留置和定金等。《民法典》规定，债权人在借贷、买卖等民事活动中，为保障实现其债权，需要担保的，可以依照本法和其他法律的规定设立担保物权。《民法典》规定，保证合同为一种典型合同。

担保合同是主合同的从合同，主合同无效，担保合同无效。担保合同另有约定的，按照约定。

➤ 二、建设工程保证担保的合同和方式

在建设工程活动中，保证是最为常用的一种担保方式。所谓保证，就是保证人和债权人约定，当债务人不履行债务时，由保证人按照约定履行债务或者承担责任。具有代为清偿债务能力的法人、其他组织或者公民，可以作保证人。但在建设工程活动中，由于担保的标的额较大，保证人往往是银行，也有信用较高的其他担保人，如担保公司。银行出具的保证通常称为保函，其他保证人出具的书面保证一般称为保证书。

1. 保证合同

保证合同是为保障债权的实现，保证人和债权人约定，当债务人不履行到期债务或者发生当事人约定的情形时，保证人履行债务或者承担责任的合同。保证合同是主债权债务合同的从合同。主债权债务合同无效的，保证合同无效，但是法律另有规定的除外。保证合同被确认无效后，债务人、保证人、债权人有过错的，应当根据其过错各自承担相应的民事责任。

保证合同的内容一般包括被保证的主债权的种类、数额，债务人履行债务的期限，保证的方式、范围和期间等条款。

2. 保证方式

保证的方式有两种，即一般保证和连带责任保证。

（1）当事人在保证合同中约定，债务人不能履行债务时，由保证人承担保证责任的，为一般保证。一般保证的保证人在主合同纠纷未经审判或者仲裁，并就债务人财产依法强制执行仍不能履行债务前，有权拒绝向债权人承担保证责任，但是有下列情形之一的除外：①债务人下落不明，且无财产可供执行；②人民法院已经受理债务人破产案件；③债权人有证据证明债务人的财产不足以履行全部债务或者丧失履行债务能力；④保证人书面表示放弃该项权利。

（2）当事人在保证合同中约定保证人和债务人对债务承担连带责任的，为连带责任保证。连带责任保证的债务人不履行到期债务或者发生当事人约定的情形，债权人可以请求债务人履行债务，也可以请求保证人在其保证范围内承担保证责任。

当事人在保证合同中对保证方式没有约定或者约定不明确的,按照一般保证承担保证责任。

三、建设工程施工常用的担保种类

(一)施工投标保证金

投标保证金是指投标人按照招标文件的要求向招标人出具的,以一定金额表示的投标责任担保。其实质是为了避免因投标人在投标有效期内随意撤销投标或中标后不能提交履约保证金和签署合同等行为而给招标人造成损失。

投标保证金除现金外,还可以是银行出具的银行保函、保兑支票、银行汇票或现金支票。

(二)施工合同履约保证金

《中华人民共和国招标投标法》规定,招标文件要求中标人提交履约保证金的,中标人应当提供。

施工合同履约保证金,是为了保证施工合同的顺利履行而要求承包人提供的担保。施工合同履约保证金多为提供第三人的信用担保(保证),一般是由银行或者担保公司向招标人出具履约保函或者保证书。

(三)工程款支付担保

《工程建设项目施工招标投标办法》规定,招标人要求中标人提供履约保证金或其他形式履约担保的,招标人应当同时向中标人提供工程款支付担保。

工程款支付担保,是发包人向承包人提交的、保证按照合同约定支付工程款的担保,通常采用由银行出具保函的方式。

(四)预付款担保

预付款担保,是指承包人向发包人提供的用于实现承包人按合同规定进行施工,偿还发包人已支付的全部预付金额的担保。如果承包人违约,使发包人不能在规定期限内从应付工程款中扣除全部预付款,则发包人有权行使预付款担保权利作为补偿。

四、抵押权、质权、留置权、定金的规定

(一)抵押权

1. 抵押的法律概念

按照《民法典》的规定,为担保债务的履行,债务人或者第三人不转移财产的占有,将该财产抵押给债权人的,债务人不履行到期债务或者发生当事人约定的实现抵押权的情形,债权人有权就该财产优先受偿。提供抵押财产的债务人或者第三人为抵押人,债权人为抵押权人,提供担保的财产为抵押财产。

2. 抵押物

债务人或者第三人提供担保的财产为抵押物。由于抵押物是不转移其占有的,因此能够成为抵押物的财产必须具备一定的条件。这类财产轻易不会灭失,其所有权的转移应当经过

一定的程序。

债务人或者第三人有权处分的下列财产可以抵押：①建筑物和其他土地附着物；②建设用地使用权；③海域使用权；④生产设备、原材料、半成品、产品；⑤正在建造的建筑物、船舶、航空器；⑥交通运输工具；⑦法律、行政法规未禁止抵押的其他财产。抵押人可以将上述所列财产一并抵押。

对于以上第①项至第③项规定的财产或者第⑤项规定的正在建造的建筑物抵押的，应当办理抵押登记。抵押权自登记时设立。

下列财产不得抵押：①土地所有权；②宅基地、自留地、自留山等集体所有土地的使用权，但是法律规定可以抵押的除外；③学校、幼儿园、医疗机构等为公益目的成立的非营利法人的教育设施、医疗卫生设施和其他公益设施；④所有权、使用权不明或者有争议的财产；⑤依法被查封、扣押、监管的财产；⑥法律、行政法规规定不得抵押的其他财产。

以动产抵押的，抵押权自抵押合同生效时设立；未经登记，不得对抗善意第三人。

3. 抵押的效力

抵押担保的范围包括主债权及利息、违约金损害赔偿金和实现抵押权的费用。当事人也可以在抵押合同中约定抵押担保的范围。

抵押人有义务妥善保管抵押物并保证其价值。抵押期间，抵押人可以转让抵押财产。当事人另有约定的，按照其约定。抵押财产转让的，抵押权不受影响。抵押人转让抵押财产的，应当及时通知抵押权人。抵押权人能够证明抵押财产转让可能损害抵押权的，可以请求抵押人将转让所得的价款向抵押权人提前清偿债务或者提存转让的价款超过债权数额的部分归抵押人所有，不足部分由债务人清偿。

抵押权与其担保的债权同时存在。抵押权不得与债权分离而单独转让或者作为其他债权的担保。

4. 抵押权的实现

债务人不履行到期债务或者发生当事人约定的实现抵押权的情形，抵押权人可以与抵押人协议以抵押财产折价或者以拍卖、变卖该抵押财产所得的价款优先受偿。协议损害其他债权人利益的，其他债权人可以请求人民法院撤销该协议。抵押权人与抵押人未就抵押权实现方式达成协议的，抵押权人可以请求人民法院拍卖、变卖抵押财产。抵押财产折价或者变卖的，应当参照市场价格。

抵押财产折价或者拍卖、变卖后，其价款超过债权数额的部分归抵押人所有，不足部分由债务人清偿。

同一财产向两个以上债权人抵押的，拍卖、变卖抵押财产所得的价款依照下列规定清偿：①抵押权已经登记的，按照登记的时间先后确定清偿顺序；②抵押权已经登记的先于未登记的受偿；③抵押权未登记的，按照债权比例清偿。其他可以登记的担保物权，清偿顺序参照上述规定。

(二) 质权

1. 质押的法律概念

质押是指债务人或者第三人将其动产或权利移交债权人占有，将该动产或权利作为债权的担保。债务人不履行债务或者发生当事人约定的实现质权的情形时,债权人有权依照法律规定以该动产或权利折价或者以拍卖、变卖该动产或权利的价款优先受偿。

质权是一种约定的担保物权,以转移占有为特征。债务人或者第三人为出质人,债权人为质权人,移交的动产或权利为质物。

2.质押的分类

质押分为动产质押和权利质押。

动产质押是指债务人或者第三人将其动产移交债权人占有,将该动产作为债权的担保。法律、行政法规禁止转让的动产不得出质。质权自出质人交付质押财产时设立。

权利质押是将权利凭证交付质押人或者办理出质登记的担保。债务人或者第三人可以将有权处分的下列权利出质:①汇票、本票、支票;②债券、存款单;③仓单、提单;④可以转让的基金份额、股权;⑤可以转让的注册商标专用权、专利权、著作权等知识产权中的财产权;⑥现有的以及将有的应收账款;⑦法律、行政法规规定可以出质的其他财产权利。以汇票、本票、支票、债券、存款单、仓单、提单出质的,质权自权利凭证交付质权人时设立;没有权利凭证的,质权自办理出质登记时设立。法律另有规定的,依照其规定。

(三)留置权

留置权是指债权人按照合同约定占有债务人的动产,债务人未按照合同约定的期限履行债务的,债权人有权依照法律规定留置该财产,并以折价或者以拍卖、变卖该财产的价款优先受偿。

《民法典》规定,留置权人与债务人应当约定留置财产后的债务履行期限;没有约定或者约定不明确的,留置权人应当给债务人六十日以上履行债务的期限,但是鲜活易腐等不易保管的动产除外。债务人逾期未履行的,留置权人可以与债务人协议以留置财产折价,也可以就拍卖、变卖留置财产所得的价款优先受偿。留置权人负有妥善保管留置物的义务;因保管不善致使留置财产毁损、灭失的,应当承担赔偿责任。

(四)定金

《民法典》规定,当事人可以约定一方向对方给付定金作为债权的担保。定金合同自实际交付定金时成立。债务人履行债务的,定金应当抵作价款或者收回。给付定金的一方不履行债务或者履行债务不符合约定,致使不能实现合同目的的,无权请求返还定金;收受定金的一方不履行债务或者履行债务不符合约定,致使不能实现合同目的的,应当双倍返还定金。

定金的数额由当事人约定,但不得超过主合同标的额的20%,超过部分不产生定金的效力。实际交付的定金数额多于或者少于约定数额的,视为变更约定的定金数额。

模块6 建设工程保险制度

➢ 一、保险概述

(一)保险的法律概念

2015年4月公布的《中华人民共和国保险法》(本书简称《保险法》)规定,保险是指投保人根据合同约定,向保险人支付保险费,保险人对于合同约定的可能发生的事故因其发生所造成的财产损失承担赔偿保险金责任,或者当被保险人死亡、伤残、疾病或者达到合同约定的年龄、期限时承担给付保险金责任的商业保险行为。

保险是一种受法律保护的分散危险、消化损失的法律制度。因此,危险的存在是保险产生的前提。但保险制度上的危险具有损失发生的不确定性,包括发生与否的不确定性、发生时间的不确定性和发生后果的不确定性。

(二)保险合同

保险合同是指投保人与保险人约定保险权利义务关系的协议。投保人是指与保险人订立保险合同,并按照保险合同负有支付保险费义务的人。保险人是指与投保人订立保险合同,并承担赔偿或者给付保险金责任的保险公司。

保险合同在履行中还会涉及被保险人和受益人。被保险人是指其财产或者人身受保险合同保障,享有保险金请求权的人,投保人可以为被保险人。受益人是指人身保险合同中由被保险人或者投保人指定的享有保险金请求权的人,投保人、被保险人可以为受益人。

保险合同一般是以保险单的形式订立的。保险合同分为财产保险合同、人身保险合同。

1. 财产保险合同

财产保险合同是以财产及其有关利益为保险标的的保险合同。在财产保险合同中,保险合同的转让应当通知保险人,经保险人同意继续承保后,依法转让合同。

在合同的有效期内,保险标的的危险程度显著增加的,被保险人应当按照合同约定及时通知保险人,保险人可以按照合同约定增加保险费或者解除合同。建筑工程一切险和安装工程一切险即为财产保险合同。

2. 人身保险合同

人身保险合同是以人的寿命和身体为保险标的的保险合同。投保人应向保险人如实申报被保险人的年龄、身体状况。投保人于合同成立后,可以向保险人一次支付全部保险费,也可以按照合同规定分期支付保险费。人身保险的受益人由被保险人或者投保人指定。

人身保险包括人寿保险、伤害保险、健康保险三种。保险人对人寿保险的保险费,不得用诉讼方式要求投保人支付。

3. 保险索赔

对于投保人而言,保险的根本目的是发生灾难事件时能够得到补偿,而这一目的必须通过索赔来实现。

(1)投保人进行保险索赔须提供必要的有效的证明。

(2)投保人等应当及时提出保险索赔。

二、建设工程保险的主要种类和投保权益

建设工程活动涉及的险种也较多。主要包括建筑工程一切险(及第三者责任险)、安装工程一切险(及第三者责任险)、机器损坏险、机动车辆险、建筑职工意外伤害险、勘察设计责任保险、工程监理责任保险等。

(一)建筑工程一切险(及第三者责任险)

建筑工程一切险是承保各类民用、工业和公用事业建筑工程项目,包括道路、桥梁、水坝、港口等,在建造过程中因自然灾害或意外事故而引起的一切损失的险种。

建筑工程一切险往往还加保第三者责任险。第三者责任险是指在保险有效期内因在施工工地上发生意外事故造成在施工工地及邻近地区的第三者人身伤亡或财产损失,依法应由被保险人承担的经济赔偿责任。

1. 投保人与被保险人

2017年9月住房和城乡建设部、原工商总局修订后联合颁布的《建设工程施工合同(示范文本)》中规定,除专用合同条款另有约定外,发包人应投保建筑工程一切险或安装工程一切险;发包人委托承包人投保的,因投保产生的保险费和其他相关费用由发包人承担。

建筑工程一切险的被保险人范围较宽,所有在工程进行期间,对该项工程承担一定风险的有关各方(即具有可保利益的各方),均可作为被保险人。如果被保险人不止一家,则各家接受赔偿的权利以不超过其对保险标的的可保利益为限。被保险人包括如下几类:①业主或工程所有人;②承包商或者分包商;③技术顾问,包括业主聘用的建筑师、工程师及其他专业顾问。

2. 保险责任范围

保险人对下列原因造成的损失和费用,负责赔偿:①自然事件,指地震、海啸、雷电、飓风、台风、龙卷风、风暴、暴雨、洪水、水灾、冻灾、冰雹、地崩、山崩、雪崩、火山爆发、地面下陷下沉及其他人力不可抗拒的破坏力强大的自然现象;②意外事故,指不可预料的及被保险人无法控制并造成物质损失或人身伤亡的突发性事件,包括火灾和爆炸。

3. 除外责任

保险人对下列各项原因造成的损失不负责赔偿:①设计错误引起的损失和费用;②自然磨损、内在或潜在缺陷、物质本身变化、自燃、自热、氧化、锈蚀、渗漏、鼠咬、虫蛀、大气(气候或气温)变化、正常水位变化或其他渐变原因造成的保险财产自身的损失和费用;③因原材料缺陷或工艺不善引起的保险财产本身的损失以及为换、修理或矫正这些缺点错误所支付的费用;④非外力引起的机械或电气装置的本身损失,或施工用机具、设备、机械装置失灵造成的本身损失;⑤维修保养或正常检修的费用;⑥档案、文件、账簿、票据、现金、各种有价证券、图表资料及包装物料的损失;⑦盘点时发现的短缺;⑧领有公共运输行驶执照的,或已由其他保险予以保障的车辆、船舶和飞机的损失;⑨除非另有约定,在保险工程开始以前已经存在或形成的位于工地范围内或其周围的属于被保险人的财产的损失;⑩除非另有约定,在本保险单保险期限

终止以前,保险财产中已由工程所有人签发完工验收证书或验收合格或实际占有或使用或接收的部分。

(二)第三者责任险

建筑工程一切险如果加保第三者责任险,保险人对下列原因造成的损失和费用,负责赔偿:①在保险期限内,因发生与所保工程直接相关的意外事故引起工地内及邻近区域的第三者人身伤亡、疾病或财产损失;②被保险人因上述原因支付的诉讼费用以及事先经保险人书面同意而支付的其他费用。

(三)安装工程一切险(及第三者责任险)

安装工程一切险是承保安装机器、设备、储油罐、钢结构工程、起重机、吊车及包含机械工程因素的各种安装工程的险种。安装工程一切险可以保障机器设备在安装、调试过程中,被保险人可能遭受的损失能够得到经济补偿。

安装工程一切险往往还加保第三者责任险。安装工程一切险的第三者责任险,负责被保险人在保险期限内,因发生意外事故,造成在工地及邻近地区的第三者人身伤亡、疾病或财产损失,依法应由被保险人赔偿的经济损失,以及因此而支付的诉讼费用和经保险人书面同意支付的其他费用。

1.保险责任范围

保险人对因自然灾害、意外事故(具体内容与建筑工程一切险基本相同)造成的损失和费用,负责赔偿。

2.除外责任

其除外责任与建筑工程一切险的第②⑤⑥⑦⑧⑨⑩项相同,不同之处主要是:①因设计错误、铸造或原材料缺陷或工艺不善引起的保险财产本身的损失以及为换置、修理或矫正这些缺点错误所支付的费用;②由于超负荷、超电压、碰线、电弧、漏电、短路、大气放电及其他电气原因造成电气设备或电气用具本身的损失;③施工用机具、设备、机械装置失灵造成的本身损失。

3.保险期限

安装工程一切险的保险责任自保险工程在工地动工或用于保险工程的材料、设备运抵工地之时起始,至工程所有人对部分或全部工程签发完工验收证书或验收合格,或工程所有人实际占有或使用接收该部分或全部工程之时终止,以先发生者为准。但在任何情况下,安装期保险期限的起始或终止不得超出保险单明细表中列明的安装期保险生效日或终止日。

安装工程一切险的保险期内,一般应包括一个试车考核期。试车考核期的长短一般根据安装工程合同中的约定进行确定,但不得超出安装工程保险单明细表中列明的试车和考核期限。安装工程一切险对考核期的保险责任一般不超过三个月,若超过三个月,则应另行加收保险费。安装工程一切险对于旧机器设备不负考核期的保险责任,也不承担其维修期的保险责任。

(四)工伤保险和建筑职工意外伤害险

《建筑法》规定,建筑施工企业应当依法为职工参加工伤保险缴纳工伤保险费。鼓励企业为从事危险作业的职工办理意外伤害保险,支付保险费。

模块7　建设工程法律责任制度

法律责任是指行为人由于违法行为、违约行为或者由于法律规定而应承受的某种不利的法律后果。法律责任不同于其他社会责任,法律责任的范围、性质、大小、期限等均在法律上有明确规定。

➢一、法律责任的基本种类和特征

按照违法行为的性质和危害程度,可以将法律责任分为违宪法律责任、刑事法律责任、民事法律责任、行政法律责任和国家赔偿责任。

法律责任的特征:①法律责任是因违反法律上的义务(包括违约等)而形成的法律后果,以法律义务的存在为前提;②法律责任即承担不利的后果;③法律责任的认定和追究,由国家专门机关依照法定程序进行;④法律责任的实现由国家强制力作保障。

➢二、建设工程民事责任的种类及承担方式

民事责任是指民事主体在民事活动中,因实施了民事违法行为,根据民法所应承担的对其不利的民事法律后果或者基于法律特别规定而应承担的民事法律后果。

民事责任主要是财产责任,如《民法典》规定的损害赔偿、支付违约金等;但也不限于财产责任,还有恢复名誉、赔礼道歉等。

(一)民事责任的种类

民事责任可以分为违约责任和侵权责任两类。

违约责任是指合同当事人违反法律规定或合同约定的义务而应承担的责任。

侵权责任是指行为人因过错侵害他人财产、人身而依法应当承担的责任,以及虽没有过错,但在造成损害以后,依法应当承担的责任。

(二)民事责任的承担方式

《民法典》规定,承担民事责任的方式主要有:①停止侵害;②排除妨碍;③消除危险;④返还财产;⑤恢复原状;⑥修理、重作、更换;⑦继续履行;⑧赔偿损失;⑨支付违约金;⑩消除影响、恢复名誉;⑪赔礼道歉。以上承担民事责任的方式,可以单独适用,也可以合并适用。

(三)建设工程民事责任的主要承担方式

1.返还财产

当建设工程施工合同无效、被撤销后,应当返还财产。执行返还财产的方式是"折价返还",即承包人已经施工完成的工程,发包人按照"折价返还"的规则支付工程价款。主要有两种方式:一是参照无效合同中的约定价款;二是按当地市场价、定额量据实结算。

2.修理

施工合同的承包人对施工中出现质量问题的建设工程或者竣工验收不合格的建设工程,应当负责返修。

3. 赔偿损失

赔偿损失是指合同当事人由于不履行合同义务或者履行合同义务不符合约定,给对方造成财产上的损失时,由违约方依法或依照合同约定应承担的损害赔偿责任。

➢ 三、建设工程行政责任的种类及承担方式

行政责任是指违反有关行政管理的法律法规规定,但尚未构成犯罪的行为,依法应承担的行政法律后果,包括行政处罚和行政处分。

(一)行政处罚

在建设工程领域,法律、行政法规所设定的行政处罚主要有:警告、通报批评、罚款、没收违法所得、责令限期改正、责令停业整顿、取消一定期限内参加依法必须进行招标的项目的投标资格、责令停止施工、暂扣许可证件、降低资质等级、吊销资质证书(同时吊销营业执照)、责令停止执业、吊销执业资格证书或其他许可证等。

(二)行政处分

行政处分是指国家机关、企事业单位对所属的国家工作人员违法失职行为尚不构成犯罪,依据法律、法规所规定的权限而给予的一种惩戒。行政处分的种类如下:警告、记过、记大过、降级、撤职、开除。

➢ 四、建设工程刑事责任的种类及承担方式

刑事责任是指犯罪主体因违反刑法,实施了犯罪行为所应承担的法律责任。刑事责任是法律责任中最强烈的一种,其承担方式主要是刑罚,也包括一些非刑罚的处罚方法。

2020年12月修改后公布的《中华人民共和国刑法》(本书简称《刑法》)规定,刑罚分为主刑和附加刑。主刑的种类如下:①管制;②拘役;③有期徒刑;④无期徒刑;⑤死刑。

附加刑的种类如下:①罚金;②剥夺政治权利;③没收财产;④驱逐出境。

在建设工程领域,常见的刑事法律责任有以下几种。

(一)工程重大安全事故罪

《刑法》第一百三十七条规定,建设单位、设计单位、施工单位、工程监理单位违反国家规定,降低工程质量标准,造成重大安全事故的,对直接责任人员,处五年以下有期徒刑或者拘役,并处罚金;后果特别严重的,处5五年以上十年以下有期徒刑,并处罚金。

根据最高人民法院、最高人民检察院《关于办理危害生产安全刑事案件适用法律若干问题的解释》(法释〔2015〕22号),实施《刑法》第一百三十七条规定的行为,因而发生安全事故,具有下列情形之一的,应当认定为"造成重大安全事故",对直接责任人员,处五年以下有期徒刑或者拘役,并处罚金:①造成死亡一人以上,或者重伤三人以上的;②造成直接经济损失一百万元以上的;③其他造成严重后果或者重大安全事故的情形。

(二)重大责任事故罪

《刑法》第一百三十四条规定,在生产、作业中违反有关安全管理的规定,因而发生重大伤

亡事故或者造成其他严重后果的,处三年以下有期徒刑或者拘役;情节特别恶劣的,处三年以上七年以下有期徒刑。强令他人违章冒险作业,或者明知存在重大事故隐患而不排除,仍冒险组织作业,因而发生重大伤亡事故或者造成其他严重后果的,处五年以下有期徒刑或者拘役;情节特别恶劣的,处五年以上有期徒刑。

(三)重大劳动安全事故罪

《刑法》第一百三十五条规定,安全生产设施或者安全生产条件不符合国家规定,因而发生重大伤亡事故或者造成其他严重后果的,对直接负责的主管人员和其他直接责任人员,处三年以下有期徒刑或者拘役;情节特别恶劣的,处三年以上七年以下有期徒刑。

(四)串通投标罪

《刑法》第二百二十三条规定,投标人相互串通投标报价,损害招标人或者其他投标人利益,情节严重的,处三年以下有期徒刑或者拘役,并处或者单处罚金。投标人与招标人串通投标,损害国家、集体、公民的合法利益的,依照以上规定处罚。

习题巩固

一、单选题

(1)关于项目经理部的说法,正确的是(   )。

A. 项目经理部是施工企业的常设下属机构

B. 施工项目不论规模大小,均应当设立项目经理部

C. 项目经理部可以独立承担民事责任

D. 施工企业应当明确项目经理部的职责

(2)关于委托代理的说法,正确的是(   )。

A. 委托代理授权应当采取书面形式

B. 委托书授权不明的,被代理人应当承担全部法律责任

C. 数人可以为同一代理事项的代理人

D. 代理人知道代理事项违法的仍然实施代理行为的,应承担全部法律责任

(3)建设单位欠付工程款,施工企业指定本单位职工申请仲裁,该职工的行为属于(   )。

A. 法定代理

B. 表见代理

C. 委托代理

D. 指定代理

(4)建设用地使用权自(   )时设立。

A. 土地交付

B. 转让

C. 登记

D. 支付出让金

(5)关于抵押的说法,正确的是(   )。

A. 当事人可以在抵押合同中约定抵押担保的范围

B. 抵押人没有义务妥善保管抵押物并保证其价值不变

C. 转让抵押物的价款只需高于担保债权即可

D. 抵押权可以与其担保的债权分离而单独转让

(6)甲建设单位与乙设计单位签订设计合同,约定设计费用200万元,甲按约定向乙支付了定金50万元。如果乙在规定时期内不履行设计合同,则应返还给甲(   )。

A. 50万元

B. 80万元

C. 90万元

D. 100万元

(7)下列主体中,具有保证人资格的是( )。

A. 公益事业单位

B. 建筑行业协会

C. 清算中的法人

D. 国有金融机构

(8)关于抵押权的说法,正确的是( )。

A. 以动产抵押的,抵押权自合同生效时设立

B. 抵押权可以与债权分离而单独转让

C. 同一财产向两个以上债权人抵押,抵押权未登记的拍卖的抵押财产所得的价款按照抵押合同订立的顺序清偿

D. 同一财产向两个以上债权人抵押的,拍卖抵押财产所得的价款按照登记的债权比例清偿

(9)关于建筑工程一切险的说法正确的是( )。

A. 建筑工程一切险必须加保第三者责任险

B. 在建筑工程一切险中,保险人仅对意外事故造成的损失和费用负责赔偿

C. 在建筑工程一切险中,保险人对设计错误引起的损失和费用不负责赔偿

D. 建筑工程一切险的被保险人不包括业主聘用的技术顾问

(10)施工企业发生的下列事故中,可构成工程重大安全事故罪的是( )。

A. 劳务作业人员王某在施工中不慎从楼上坠亡

B. 施工企业对裸露地面的钢筋未采取防护和警示措施,造成路人李某摔成重伤

C. 施工企业工程施工质量不符合标准,造成建筑倒塌,砸死砸伤多人

D. 劳务作业人员张某在工地食堂下毒,致使劳务作业人员中毒

(11)建设工程施工合同无效,但已完工程验收合格,应当返还财产。关于返还财产的说法,正确的是( )。

A. 返还财产是指将已完工程拆除后返还施工企业

B. 折价返还应当按照建安工程费用适当下浮

C. 折价返还可以按照当地市场价、定额量据实结算

D. 折价返还应当按照合同约定的价款进行

二、多选题

(1)关于建设工程施工企业法人资格的说法,正确的是( )。

A. 施工企业分公司不具有法人资格

B. 施工企业的项目经理部不具有法人资格

C. 施工企业法人属于财团法人

D. 施工企业的法定代表人是法人

E. 施工企业的法人资格经工商行政机关核准登记后取得

(2)下列行为构成侵权之债的有( )。

A. 建设行政主管部门未及时颁发施工许可证

B. 路人帮助把受伤工人送至医院

C. 建筑物上坠落物品造成他人伤害,难以确定责任人

D. 拆除屋顶广告时将住户窗户损坏

E. 建设单位未将工程款及时足额支付给施工企业

(3)甲公司将其有权处分的在建工程抵押给银行,银行同时要求甲提供保证担保,未约定保证方式。借款到期后,甲无力偿还银行贷款,则该银行有权( )。

A. 直接变卖该工程

B. 直接与甲协议以工程折价受偿

C. 直接转移占有该工程

D. 直接要求保证人代为清偿债务

E. 向法院起诉拍卖该工程后优先受偿

(4)下列物权属于用益物权的有( )。

A. 土地所有权

B. 地役权

C. 不动产抵押权

D. 居住权

E. 土地承包经营权

(5)根据《民法典》,保证合同担保的范围包括( )。

A. 定金

B. 主债权

C. 违约金

D. 损害赔偿金

E. 实现债权的费用

项目小结

项目三

开工行政许可法律制度

➤ 一、项目目标

▸ 素质目标

(1) 熟悉我国法律、法规所要求的建设程序,能自觉、客观、公正地执行。
(2) 实践是检验真理的唯一标准。

▸ 知识目标

(1) 掌握施工许可证申请主体和法定批准条件。
(2) 掌握延期开工、核验和重新办理批准的规定。
(3) 掌握勘察、设计、施工企业资质法定条件和等级规定及业务范围。
(4) 掌握建造师注册执业制度的相关规定。

▸ 能力目标

(1) 具备在实际的建筑工程活动中办理施工许可证的相关能力。
(2) 能熟练掌握延期开工、核验和重新办理批准的各项规定,并能在实践中应用。
(3) 能熟练掌握施工企业从业资格条件的具体规定。
(4) 能进行建造师准入条件的具体应用。

➤ 二、项目知识点

(1) 建设工程施工许可制度。
(2) 施工企业从业资格制度。
(3) 建造师注册执业制度。

模块1 建设工程施工许可制度

2019年4月修改后公布的《中华人民共和国建筑法》(本书简称《建筑法》)规定,建筑工程开工前,建设单位应当按照国家有关规定向工程所在地县级以上人民政府建设行政主管部门申请领取施工许可证;但是,国务院建设行政主管部门确定的限额以下的小型工程除外。按照国务院规定的权限和程序批准开工报告的建筑工程,不再领取施工许可证。

《优化营商环境条例》规定,设区的市级以上地方人民政府应当按照国家有关规定,优化工程建设项目(不包括特殊工程和交通、水利、能源等领域的重大工程)审批流程,推行并联审批、多图联审、联合竣工验收等方式,简化审批手续,提高审批效能。

国务院办公厅《关于进一步优化营商环境更好服务市场主体的实施意见》(国办发〔2020〕24号)规定,全面推行工程建设项目分级分类管理,在确保安全前提下,对社会投资的小型低风险新建、改扩建项目,由政府部门发布统一的企业开工条件,企业取得用地、满足开工条件后作出相关承诺,政府部门直接发放相关证书,项目即可开工。

住房和城乡建设部办公厅《关于全面推行建筑工程施工许可证电子证照的通知》(建办市〔2020〕25号)规定,全面推行施工许可电子证照。自2021年1月1日起,全国范围内的房屋建筑和市政基础设施工程项目全面实行施工许可电子证照。电子证照与纸质证照具有同等法律效力。

➢ 一、施工许可证和开工报告的适用范围

我国目前对建设工程开工条件的审批,存在着颁发"施工许可证"和批准"开工报告"两种形式。多数工程是办理施工许可证,少数工程则为批准开工报告。

(一)施工许可证的适用范围

1. 需要办理施工许可证的建设工程

《建筑法》规定,建筑工程开工前,建设单位应当按照国家有关规定向工程所在地县级以上人民政府建设行政主管部门申请领取施工许可证。

2021年3月住房和城乡建设部修改后发布的《建筑工程施工许可管理办法》规定,在中华人民共和国境内从事各类房屋建筑及其附属设施的建造、装修装饰和与其配套的线路、管道、设备的安装,以及城镇市政基础设施工程的施工,建设单位在开工前应当依照本办法的规定,向工程所在地的县级以上地方人民政府住房城乡建设主管部门(以下简称发证机关)申请领取施工许可证。

住房和城乡建设部办公厅《关于工程总承包项目和政府采购工程建设项目办理施工许可手续有关事项的通知》(建办市〔2017〕46号)中规定,各级住房城乡建设主管部门可以根据工程总承包合同及分包合同确定设计、施工单位,依法办理施工许可证。对在工程总承包项目中承担分包工作,且已与工程总承包单位签订分包合同的设计单位或施工单位,各级住房城乡建设主管部门不得要求其与建设单位签订设计合同或施工合同,也不得将上述要求作为申请领

取施工许可证的前置条件。

对依法通过竞争性谈判或单一来源方式确定供应商的政府采购工程建设项目,应严格执行《建筑法》《建筑工程施工许可管理办法》等规定,对符合申请条件的,应当颁发施工许可证。

2. 不需要办理施工许可证的建设工程

(1)限额以下的小型工程。按照《建筑法》的规定,国务院建设行政主管部门确定的限额以下的小型工程,可以不申请办理施工许可证。

据此,《建筑工程施工许可管理办法》规定,工程投资额在三十万元以下或者建筑面积在三百平方米以下的建筑工程,可以不申请办理施工许可证。省、自治区、直辖市人民政府住房城乡建设主管部门可以根据当地的实际情况,对限额进行调整,并报国务院住房城乡建设主管部门备案。

(2)抢险救灾等工程,鉴于其特殊性,无需办理施工许可证。《建筑法》规定,抢险救灾及其他临时性房屋建筑和农民自建低层住宅的建筑活动,不适用本法。

3. 不重复办理施工许可证的建设工程

《建筑法》规定,按照国务院规定的权限和程序批准开工报告的建筑工程,不再领取施工许可证。这有两层含义:一是实行开工报告批准制度的建设工程,必须符合国务院的规定,其他任何部门的规定无效;二是开工报告与施工许可证不要重复办理。

4. 另行规定的建设工程

军用房屋建筑工程有其特殊性。所以《建筑法》规定,军用房屋建筑工程建筑活动的具体管理办法,由国务院、中央军事委员会依据本法制定。

《建筑工程施工许可管理办法》还规定,应当申请领取施工许可证的建筑工程未取得施工许可证的,一律不得开工。任何单位和个人不得将应当申请领取施工许可证的工程项目分解为若干限额以下的工程项目,规避申请领取施工许可证。

➢ 二、实行开工报告制度的建设工程

开工报告制度是我国沿用已久的一种建设项目开工管理制度。1979年,原国家计划委员会、国家基本建设委员会设立了该项制度。1984年将其简化。1988年以后,又恢复了开工报告制度。2019年4月公布的《政府投资条例》规定,国务院规定应当审批开工报告的重大政府投资项目,按照规定办理开工报告审批手续后方可开工建设。

(一)工程正式开工前应具备的条件

(1)施工单位与建设单位已签订正式工程施工合同。

(2)项目主要管理人员已经过公司任命,项目部已组建、主要人员已到位并持证上岗。

(3)设计文件、施工图纸经审图机构审查合格并盖审图章。

(4)征地、拆迁(补偿)已完成,临建设施满足施工需要。

(5)物资、设备、劳动力满足施工需要并已制定详细的使用计划,开工必须的设备、原材料已进场。

(6)施工组织设计及相关专项方案已获得批准。

(7)相关行政许可手续(项目选址意见书、建设用地规划许可证、建设工程规划许可证、建设工程施工许可证、人防建设意见书和质监、安监报监等手续)已齐全。

(8)施工现场安全质量措施、环境保护措施符合要求。

(二)开工报告的审批

(1)工程概况。

(2)项目管理机构和人员配备的情况。

(3)施工图设计文件审查备案的情况。

(4)主要分项、分步工程的施工方案。

(5)建设单位施工合同(协议)签订情况。

(6)施工组织设计和专项方案编制、审批情况。

(7)主体工程施工承包合同、专项分包合同、监理委托合同签订及进场的情况。

(8)征地、拆迁、现场"三通一平"及施工准备完成的情况。

(9)施工各项准备工作经监理检查确认已具备开工条件时,项目部将撰写好的开工报告呈送监理单位、建设单位审批备案后,工程方可正式开工。

(10)开工报告由项目部负责编写完并经项目负责人审阅后,于开工前十天或监理要求的时间将编写好的《建设工程开工报告申请书》及有关附件报送监理和建设单位进行审批。

(11)项目部要严格执行开工报告制度,未经批准的工程不得开工。开工报告是竣工资料的组成部分,填写所用表格必须符合竣工文件规定的要求。资料管理人员按档案管理制度将监理单位、建设单位审阅批复后的《建设工程开工报告申请书》及相关附件资料进行存档。

(12)开工报告一式五份,即建设单位二份、监理单位一份、档案馆一份、施工单位一份。

(三)说明

建设工程因故中止施工的,施工单位应向开工报告审批部门报告停工,并按照规定做好工程的维护管理工作。工程恢复施工时,向开工审批部门报告后复工。中止施工满一年的工程恢复施工前,需重新申请建设工程开工报告。

▶ 三、申请主体和法定批准条件

(一)施工许可证的申请主体

《建筑法》规定,建设单位应当按照国家有关规定向工程所在地县级以上人民政府建设行政主管部门申请领取施工许可证。

建设单位(又称业主或项目法人)是建设项目的投资者,为建设项目开工和施工单位进场做好各项前期准备工作,是建设单位应尽的义务。

(二)施工许可证的法定批准条件

《建筑法》规定,申请领取施工许可证,应当具备下列条件:

(1)已经办理该建筑工程用地批准手续。

2019年8月经修改后公布的《中华人民共和国土地管理法》规定,经批准的建设项目需要使用国有建设用地的,建设单位应当持法律、行政法规规定的有关文件,向有批准权的县级以上人民政府自然资源主管部门提出建设用地申请,经自然资源主管部门审查,报本级人民政府批准。

(2)依法应当办理建设工程规划许可证的,已经取得建设工程规划许可证。

在城市、镇规划区,规划许可证包括建设用地规划许可证和建设工程规划类许可证。在乡、村庄规划区内进行乡镇企业、乡村公共设施和公益事业建设的,须核发乡村建设规划许可证。

根据国务院《关于印发清理规范投资项目报建审批事项实施方案的通知》(国发〔2016〕29号)要求,将原建设工程规划许可证核发、历史建筑实施原址保护审批等4项合并为"建设工程规划类许可证核发"。

①建设用地规划许可证。2019年4月修改后公布的《中华人民共和国城乡规划法》(本书简称《城乡规划法》)规定,在城市、镇规划区内以划拨方式提供国有土地使用权的建设项目,经有关部门批准、核准、备案后,建设单位应当向城市、县人民政府城乡规划主管部门提出建设用地规划许可申请,由城市、县人民政府城乡规划主管部门依据控制性详细规划核定建设用地的位置、面积、允许建设的范围,核发建设用地规划许可证。建设单位在取得建设用地规划许可证后,方可向县级以上地方人民政府土地主管部门申请用地,经县级以上人民政府审批后,由土地主管部门划拨土地。

以出让方式取得国有土地使用权的建设项目,建设单位在取得建设项目的批准、核准、备案文件和签订国有土地使用权出让合同后,向城市、县人民政府城乡规划主管部门领取建设用地规划许可证。

②建设工程规划许可证。在城市、镇规划区内进行建筑物、构筑物、道路、管线和其他工程建设的,建设单位或者个人应当向城市、县人民政府城乡规划主管部门或者省、自治区、直辖市人民政府确定的镇人民政府申请办理建设工程规划许可证。

在乡、村庄规划区内进行乡镇企业、乡村公共设施和公益事业建设的,建设单位或者个人应当向乡、镇人民政府提出申请,由乡、镇人民政府报城市、县人民政府城乡规划主管部门核发乡村建设规划许可证。建设单位或者个人在取得乡村建设规划许可证后,方可办理用地审批手续。

(3)需要拆迁的,其拆迁进度符合施工要求。

(4)已经确定建筑施工企业。

建设工程的施工必须由具备相应资质的施工企业来承担,因此,在建设工程开工前,建设单位必须依法通过招标或直接发包的方式确定承包该建设工程的施工企业,并签订建设工程承包合同,明确双方的责任、权利和义务。

按照规定应当招标的工程没有招标,应当公开招标的工程没有公开招标,或者肢解发包工程,以及将工程发包给不具备相应资质条件的企业的,所确定的施工企业无效。

(5)有满足施工需要的资金安排、施工图纸及技术资料。

建设单位应当提供建设资金已经落实承诺书,施工图设计文件已按规定审查合格建设资金的落实是建设工程开工后能否顺利实施的关键。在实践中,许多"烂尾楼"都是建设资金不到位造成的恶果;我国有严格的施工图设计文件审查制度。2017年10月修改后公布的《建设工程勘察设计管理条例》(2017年修订)规定,编制施工图设计文件,应当满足设备材料采购、非标准设备制作和施工的需要,并注明建设工程合理使用年限。施工图设计文件审查机构应当对房屋建筑工程、市政基础设施工程施工图设计文件中涉及公共利益、公众安全、工程建设强制性标准的内容进行审查。县级以上人民政府交通运输等有关部门应当按照职责对施工图设计文件中涉及公共利益、公众安全、工程建设强制性标准的内容进行审查。2019年4月修改后公布的《建设工程质量管理条例》规定,施工图设计文件未经审查批准的,不得使用。技术资料一般包括地形、地质、水文、气象等自然条件资料和主要原材料、燃料来源、水电供应和运输条件等技术经济条件资料。

(6)有保证工程质量和安全的具体措施。

《建设工程质量管理条例》规定,建设单位在开工前,应当按照国家有关规定办理工程质量监督手续。工程质量监督手续可以与施工许可证或者开工报告合并办理。

2003年11月公布的《建设工程安全生产管理条例》规定,建设单位在申请领取施工许可证时,应当提供建设工程有关安全施工措施的资料。建设行政主管部门在审核发放施工许可证时,应当对建设工程是否有安全施工措施进行审查,对没有安全施工措施的,不得颁发施工许可证。

《建筑工程施工许可管理办法》中进一步规定,施工企业编制的施工组织设计中有根据建筑工程特点制定的相应质量、安全技术措施。建立工程质量安全责任制并落实到人。专业性较强的工程项目编制了专项质量、安全施工组织设计,并按照规定办理了工程质量、安全监督手续。

上述各项法定条件必须同时具备,缺一不可。发证机关应当自收到申请之日起七日内,对符合条件的申请颁发施工许可证。对于证明文件不齐全或者失效的,应当当场或者五日内一次告知建设单位需要补正的全部内容,审批时间可以自证明文件补正齐全后作相应顺延;对于不符合条件的,应当自收到申请之日起七日内以书面通知建设单位,并说明理由。

➤ 四、延期开工、核验和重新办理批准的规定

(一)申请延期的规定

《建筑法》规定,建设单位应当自领取施工许可证之日起三个月内开工。因故不能按期开工的,应当向发证机关申请延期;延期以两次为限,每次不超过三个月。既不开工又不申请延期或者超过延期时限的,施工许可证自行废止。

(二)核验施工许可证的规定

《建筑法》规定,在建的建筑工程因故中止施工的,建设单位应当自中止施工之日起一个月

内,向发证机关报告,并按照规定做好建筑工程的维护管理工作。建筑工程恢复施工时,应当向发证机关报告;中止施工满一年的工程恢复施工前,建设单位应当报发证机关核验施工许可证。

所谓中止施工,就是建设工程开工后,在施工过程中因特殊情况的发生而中途停止施工的情形。中止施工的原因很复杂,如地震、洪水等不可抗力,以及宏观调控压缩基建规模、停建缓建建设工程等。

对于因故中止施工的,建设单位应当按照规定的时限履行相关义务或责任,以防止建设工程在中止施工期间遭受不必要的损失,保证在恢复施工时可以尽快启动。

在恢复施工时,建设单位应当向发证机关报告恢复施工的有关情况。中止施工满一年的,在建设工程恢复施工前,建设单位还应当报发证机关核验施工许可证,看是否仍具备组织施工的条件,经核验符合条件的,应允许恢复施工,施工许可证继续有效;经核验不符合条件的,应当收回其施工许可证,不允许恢复施工,待条件具备后,由建设单位重新申领施工许可证。

(三)重新办理批准手续的规定

对于实行开工报告制度的建设工程,《建筑法》规定,按照国务院有关规定批准开工报告的建筑工程,因故不能按期开工或者中止施工的,应当及时向批准机关报告情况。因故不能按期开工超过六个月的,应当重新办理开工报告的批准手续。

按照国务院有关规定批准开工报告的建筑工程,一般都属于大中型建设项目。对于这类工程因故不能按期开工或者中止施工的,在审查和管理上应该更严格。

(四)违法行为应承担的法律责任

办理施工许可证或开工报告违法行为应承担的主要法律责任有如下几条。

(1)未经许可擅自开工应承担的法律责任。《建筑法》规定,违反本法规定,未取得施工许可证或者开工报告未经批准擅自施工的,责令改正,对不符合开工条件的责令停止施工,可以处以罚款。

《建设工程质量管理条例》规定,建设单位未取得施工许可证或者开工报告未经批准,擅自施工的,责令停止施工,限期改正,处工程合同价款1%以上2%以下的罚款。

(2)规避办理施工许可证应承担的法律责任。《建筑工程施工许可管理办法》规定,对于未取得施工许可证或者为规避办理施工许可证将工程项目分解后擅自施工的,由有管辖权的发证机关责令停止施工,限期改正,对建设单位处工程合同价款1%以上2%以下罚款;对施工单位处三万元以下罚款。

(3)骗取和伪造施工许可证应承担的法律责任。《建筑工程施工许可管理办法》规定,建设单位采用欺骗、贿赂等不正当手段取得施工许可证的,由原发证机关撤销施工许可证,责令停止施工,并处一万元以上三万元以下罚款;构成犯罪的,依法追究刑事责任。

建设单位隐瞒有关情况或者提供虚假材料申请施工许可证的,发证机关不予受理或者不予许可,并处一万元以上三万元以下罚款;构成犯罪的,依法追究刑事责任。

建设单位伪造或者涂改施工许可证的,由发证机关责令停止施工,并处一万元以上三万元以下罚款;构成犯罪的,依法追究刑事责任。

(4)对单位主管人员等处罚的规定。给予单位罚款处罚的,对单位直接负责的主管人员和其他直接责任人员处单位罚款数额5%以上10%以下罚款。单位及相关责任人受到处罚的,作为不良行为记录予以通报。

模块2　施工企业从业资格制度

《建筑法》规定,从事建筑活动的建筑施工企业、勘察单位、设计单位和工程监理单位,应当具备下列条件:①有符合国家规定的注册资本;②有与其从事的建筑活动相适应的具有法定执业资格的专业技术人员;③有从事相关建筑活动所应有的技术装备;④法律、行政法规规定的其他条件。

➤一、企业资质的法定条件和等级

工程建设活动不同于一般的经济活动,其从业单位所具备条件的高低直接影响到建设工程质量和安全生产。

(一)施工企业资质的法定条件

根据《建筑法》《行政许可法》《建设工程质量管理条例》《建设工程安全生产管理条例》等法律、行政法规,《建筑业企业资质管理规定》中规定,企业应当按照其拥有的资产、主要人员、已完成的工程业绩和技术装备等条件申请建筑业企业资质,经审查合格,取得建筑业企业资质证书后,方可在资质许可的范围内从事建筑施工活动。

(1)有符合规定的净资产。企业资产是指企业拥有或控制的能以货币计量的经济资源,包括各种财产、债权和其他权利。企业净资产是指企业的资产总额减去负债以后的净额。

(2)工程建设施工活动专业性、技术性较强。因此,建筑业企业应当拥有注册建造师及其他注册人员、工程技术人员、施工现场管理人员和技术工人。

鼓励建筑企业通过培育自有建筑工人、吸纳高技能技术工人和职业院校(含技工院校,下同)毕业生等方式,建立相对稳定的核心技术工人队伍。鼓励有条件的企业建立首席技师制度、劳模和工匠人才(职工)创新工作室、技能大师工作室和高技能人才库,切实加强技能人才队伍建设。

鼓励和引导现有劳务班组或有一定技能和经验的建筑工人成立以作业为主的企业,自主选择1~2个专业作业工种。鼓励有条件的地区建立建筑工人服务园,依托"双创基地"、创业孵化基地,为符合条件的专业作业企业落实创业相关扶持政策,提供创业服务。

(3)有符合规定的已完成工程业绩。《关于简化建筑业企业资质标准部分指标的通知》中要求,调整建筑工程施工总承包一级及以下资质的建筑面积考核指标。按照调整后的企业工程业绩考核指标,建筑工程施工总承包的一级企业:近五年承担过下列4类中的2类工程的施工总承包或主体工程承包,工程质量合格。①地上25层以上的民用建筑工程1项或地上18~24层的民用建筑工程2项;②高度100米以上的构筑物工程1项或高度80~100米(不含)的构筑物工程2项;③建筑面积12万平方米以上的建筑工程1项或建筑面积10万平方米以上的建筑工程2项;④钢筋混凝土结构单跨30米以上(或钢结构单跨36米以上)的建筑工程1项或钢筋混凝土结构单跨27~30米(不含)(或钢结构单跨30~36米(不含))的建筑工程2项。

对申请建筑工程、市政公用工程施工总承包特级、一级资质的企业,未进入全国建筑市场监管与诚信信息发布平台的企业业绩,不作为有效业绩认定。

(4)有符合规定的技术装备。施工单位必须使用与其从事施工活动相适应的技术装备,而许多大中型机械设备都可以采用租赁或融资租赁的方式取得。因此,目前的企业资质标准中对技术装备的要求并不多。

(二)施工企业的资质序列、类别和等级

1. 施工企业的资质序列

按照住房和城乡建设部《建设工程企业资质管理制度改革方案》(建市〔2020〕94号)的规定,施工资质分为综合资质、施工总承包资质、专业承包资质和专业作业资质。

2. 施工企业的资质类别和等级

施工总承包资质分为13个类型,分别是建筑工程施工总承包、公路工程施工总承包、铁路工程施工总承包、港口与航道工程施工总承包、水利水电工程施工总承包、电力工程施工总承包、矿山工程施工总承包、冶金工程施工总承包、石油化工工程施工总承包、市政公用工程施工总承包、通信工程施工总承包、机电工程施工总承包、民航工程施工总承包。

专业承包资质分为18个类型,分别是地基基础工程专业承包、起重设备安装工程专业承包、预拌混凝土专业承包、模板脚手架专业承包、桥梁工程专业承包、隧道工程专业承包、通用专业承包、建筑装修装饰工程专业承包、防水防腐保温工程专业承包、建筑机电工程专业承包、消防设施工程专业承包、古建筑工程专业承包、公路工程类专业承包或公路工程施工总承包、铁路电务电气化工程专业承包、港口与航道工程类专业承包、水利水电工程类专业承包、输变电工程专业承包、核工程专业承包。将施工劳务企业资质改为专业作业资质,由审批制改为备案制。

二、禁止无资质或越级承揽工程的规定

施工单位的资质等级是施工单位人员素质、资金数量、技术装备、管理水平、工程业绩等综合能力的体现,反映了该施工单位从事某项施工活动的资格和能力,是国家对建设市场准入管理的重要手段。为此,我国的法律规定施工单位除应具备企业法人营业执照外,还应取得相应的资质证书,并严格在其资质等级许可的经营范围内从事施工活动。

(一)禁止无资质承揽工程

《建筑法》规定,承包建筑工程的单位应当持有依法取得的资质证书,并在其资质等级许可的业务范围内承揽工程。

《建设工程质量管理条例》也规定,施工单位应当依法取得相应等级的资质证书,并在其资质等级许可的范围内承揽工程。《建设工程安全生产管理条例》进一步规定,施工单位从事建设工程的新建、扩建、改建和拆除等活动,应当具备国家规定的注册资本、专业技术人员、技术装备和安全生产等条件,依法取得相应等级的资质证书,并在其资质等级许可的范围内承揽工程。

(二)禁止越级承揽工程

《建筑法》和《建设工程质量管理条例》均规定,禁止施工单位超越本单位资质等级许可的业务范围承揽工程。

1.联合共同承包对资质的有关法律规定

《建筑法》规定,两个以上不同资质等级的单位实行联合共同承包的,应当按照资质等级低的单位的业务许可范围承揽工程。

2.分包工程对资质的有关法律规定

《建筑法》规定,禁止总承包单位将工程分包给不具备相应资质条件的单位。以下属于违法分包:①总承包单位将建设工程分包给不具备相应资质条件的单位的;②分包工程发包人将专业工程或者劳务作业分包给不具备相应资质条件的分包工程承包人的。

三、禁止以他企业或他企业以本企业名义承揽工程的规定

《建筑法》规定,禁止建筑施工企业超越本企业资质等级许可的业务范围或者以任何形式用其他建筑施工企业的名义承揽工程。禁止建筑施工企业以任何形式允许其他单位或者个人使用本企业的资质证书、营业执照,以本企业的名义承揽工程。《建设工程质量管理条例》也规定,禁止施工单位超越本单位资质等级许可的业务范围或者以其他施工单位的名义承揽工程。禁止施工单位允许其他单位或者个人以本单位的名义承揽工程。

同时,在分包工程中还要防止出现以他企业或他企业以本企业名义承揽工程的违法行为《房屋建筑和市政基础设施工程施工分包管理办法》规定,分包工程发包人没有将其承包的工程进行分包,在施工现场所设项目管理机构的项目负责人、技术负责人、项目核算负责人、质量管理人员、安全管理人员不是工程承包人本单位人员的,视同允许他人以本企业名义承揽工程。

四、违法行为应承担的法律责任

施工企业资质违法行为应承担以下主要法律责任。

(一)企业申请办理资质违法行为应承担的法律责任

《建筑法》规定,以欺骗手段取得资质证书的,吊销资质证书,处以罚款;构成犯罪的,依法追究刑事责任。

《建筑业企业资质管理规定》规定,申请人隐瞒有关情况或者提供虚假材料申请建筑业企业资质的,不予受理或者不予行政许可,并给予警告,申请人在一年内不得再次申请建筑业企业资质。

以欺骗、贿赂等不正当手段取得建筑业企业资质证书的,由县级以上地方人民政府建设主管部门或者有关部门给予警告,并依法处以罚款,申请人三年内不得再次申请建筑业企业资质。

建筑业企业未按照规定及时办理资质证书变更手续的,由县级以上地方人民政府建设主管部门责令限期办理;逾期不办理的,可处以一千元以上一万元以下的罚款。

(二)无资质承揽工程应承担的法律责任

《建筑法》规定,发包单位将工程发包给不具有相应资质条件的承包单位的,或者违反本法规定将建筑工程肢解发包的,责令改正,处以罚款。未取得资质证书承揽工程的,予以取缔,并处罚款;有违法所得的,予以没收。

《建设工程质量管理条例》进一步规定,建设单位将建设工程发包给不具有相应资质等级的勘察、设计、施工单位或者委托给不具有相应资质等级的工程监理单位的,责令改正,处五十万元以上一百万元以下的罚款。

未取得资质证书承揽工程的,予以取缔,对施工单位处工程合同价款2%以上4%以下的罚款;有违法所得的,予以没收。

(三)超越资质等级承揽工程应承担的法律责任

《建筑法》规定,超越本单位资质等级承揽工程的,责令停止违法行为,处以罚款,可以责令停业整顿,降低资质等级;情节严重的,吊销资质证书;有违法所得的,予以没收。

《建设工程质量管理条例》进一步规定,勘察、设计、施工、工程监理单位超越本单位资质等级承揽工程的,责令停止违法行为;对施工单位处工程合同价款2%以上4%以下的罚款,可以责令停业整顿,降低资质等级;情节严重的,吊销资质证书;有违法所得的,予以没收。

(四)允许其他单位或者个人以本单位名义承揽工程应承担的法律责任

《建筑法》规定,建筑施工企业转让、出借资质证书或者以其他方式允许他人以本企业的名义承揽工程的,责令改正,没收违法所得,并处罚款,可以责令停业整顿,降低资质等级;情节严重的,吊销资质证书。对因该项承揽工程不符合规定的质量标准造成的损失,建筑施工企业与使用本企业名义的单位或者个人承担连带赔偿责任。

《建设工程质量管理条例》规定,勘察、设计、施工、工程监理单位允许其他单位或者个人以本单位名义承揽工程的,责令改正,没收违法所得;对施工单位处工程合同价款2%以上4%以下的罚款;可以责令停业整顿,降低资质等级;情节严重的,吊销资质证书。

(五)转包、违法分包等行为应承担的法律责任

《建筑法》规定,承包单位将承包的工程转包的,或者违反本法规定进行分包的,责令改正,没收违法所得,并处罚款,可以责令停业整顿,降低资质等级;情节严重的,吊销资质证书。承包单位有以上规定的违法行为的,对因转包工程或者违法分包的工程不符合规定的质量标准造成的损失,与接受转包或者分包的单位承担连带赔偿责任。

《建设工程质量管理条例》规定,承包单位将承包的工程转包或者违法分包的,责令改正,没收违法所得;对施工单位处工程合同价款0.5%以上1%以下的罚款;可以责令停业整顿,降低资质等级;情节严重的,吊销资质证书。

(六)以欺骗手段取得资质证书承揽工程应承担的法律责任

《建设工程质量管理条例》规定,以欺骗手段取得资质证书承揽工程的,吊销资质证书,处工程合同价款2%以上4%以下的罚款;有违法所得的,予以没收。

模块3　建造师注册执业制度

执业资格制度是对具有一定专业学历和资历并从事特定专业技术活动的专业技术人员，以考试和注册形式确定其执业技术资格，获得相应文件签字权的一种制度。

➤一、建设工程专业人员执业资格的准入管理

《建筑法》规定，从事建筑活动的专业技术人员，应当依法取得相应的执业资格证书，并在执业资格证书许可的范围内从事建筑活动。因为建设工程的技术要求比较复杂，责任极为重大。因此，对从事建设工程活动的专业技术人员，应当建立起必要的个人执业资格制度。

➤二、建造师考试、注册和继续教育的规定

注册建造师是指通过考核认定或考试合格取得中华人民共和国建造师资格证书，并按照规定注册，取得中华人民共和国建造师注册证书和执业印章，担任施工单位项目负责人及从事相关活动的专业技术人员。

《建造师执业资格制度暂行规定》中规定，建造师分为一级建造师和二级建造师。

（一）二级建造师的考试

《建造师执业资格制度暂行规定》和原人事部、建设部《建造师执业资格考试实施办法》（国人部发〔2004〕16号）中规定，建设部负责拟定二级建造师执业资格考试大纲，人事部负责审定考试大纲。二级建造师执业资格实行全国统一大纲，各省、自治区、直辖市命题并组织考试的制度。

凡遵纪守法并具备工程类或工程经济类中等专科以上学历并从事建设工程项目施工管理工作满两年，可报名参加二级建造师执业资格考试。二级建造师执业资格考试设"建设工程施工管理""建设工程法规及相关知识""专业工程管理与实务"三个科目。

二级建造师执业资格考试合格者，由省、自治区、直辖市人事部门颁发统一格式的中华人民共和国二级建造师执业资格证书。二级建造师资格考试专业工程管理与实务科目设置六个专业类别：建筑工程、公路工程、水利水电工程、市政公用工程、矿业工程和机电工程。

（二）二级建造师的注册

2016年9月住房和城乡建设部经修改后发布的《注册建造师管理规定》中规定，取得二级建造师资格证书的人员申请注册，由省、自治区、直辖市人民政府住房城乡建设主管部门负责受理和审批。

1.申请初始注册和延续注册

申请初始注册时应当具备以下条件：①经考核认定或考试合格取得资格证书；②受聘于一个相关单位；③达到继续教育要求；④没有《注册建造师管理规定》中规定的不予注册的情形。初始注册者，可自资格证书签发之日起三年内提出申请。

2. 变更注册和增加执业专业

《注册建造师管理规定》中规定，在注册有效期内，注册建造师变更执业单位，应当与原聘用单位解除劳动关系，并按照规定办理变更注册手续，变更注册后仍延续原注册有效期。申请变更注册的，应当提交下列材料：①注册建造师变更注册申请表；②注册证书和执业印章；③申请人与新聘用单位签订的聘用合同复印件或有效证明文件；④工作调动证明（与原聘用单位解除聘用合同或聘用合同到期的证明文件、退休人员的退休证明）。

3. 不予注册和注册证书、执业印章失效及注销

《注册建造师管理规定》中规定，申请人有下列情形之一的，不予注册：①不具有完全民事行为能力的；②申请在两个或者两个以上单位注册的；③未达到注册建造师继续教育要求的；④受到刑事处罚，刑事处罚尚未执行完毕的；⑤因执业活动受到刑事处罚，自刑事处罚执行完毕之日起至申请注册之日止不满五年的；⑥因前项规定以外的原因受到刑事处罚，自处罚决定之日起至申请注册之日止不满三年的；⑦被吊销注册证书，自处罚决定之日起至申请注册之日止不满二年的；⑧在申请注册之日前三年内担任项目经理期间，所负责项目发生过重大质量和安全事故的；⑨申请人的聘用单位不符合注册单位要求的；⑩年龄超过65周岁的；⑪法律、法规规定不予注册的其他情形。

（三）二级建造师的继续教育

住房和城乡建设部《注册建造师继续教育管理暂行办法》（建市〔2010〕192号）规定，各省级住房城乡建设主管部门组织二级注册建造师参加继续教育。

1. 必修课、选修课的学时和内容

注册一个专业的建造师在每一注册有效期内应参加继续教育不少于120学时，其中必修课60学时，选修课60学时。注册两个及以上专业的，每增加一个专业还应参加所增加专业60学时的继续教育，其中必修课30学时，选修课30学时。

必修课内容如下：①工程建设相关的法律法规和有关政策；②注册建造师职业道德和诚信制度；③建设工程项目管理的新理论、新方法、新技术和新工艺；④建设工程项目管理案例分析。选修课内容如下：各省级住房城乡建设主管部门认为二级建造师需要补充的与建设工程项目管理有关的知识。

2. 可充抵继续教育选修课部分学时的规定

注册建造师在每一注册有效期内从事以下工作并取得相应证明的，可充抵继续教育选修课部分学时：①参加全国建造师执业资格考试大纲编写及命题工作，每次计20学时。②从事注册建造师继续教育教材编写工作，每次计20学时。③在公开发行的省部级期刊上发表有关建设工程项目管理的学术论文的，第一作者每篇计10学时；公开出版5万字以上专著、教材的，第一、二作者每人计20学时。④参加建造师继续教育授课工作的按授课学时计算。

每一注册有效期内，充抵继续教育选修课学时累计不得超过60学时。二级注册建造师继续教育学时的充抵认定，由各省级住房城乡建设主管部门负责。

三、建造师的受聘单位和执业岗位范围

（一）建造师的受聘单位

《注册建造师管理规定》中规定，取得资格证书的人员应当受聘于一个具有建设工程勘察、设计、施工、监理、招标代理、造价咨询等一项或者多项资质的单位，经注册后方可从事相应的执业活动。担任施工单位项目负责人的，应当受聘并注册于一个具有施工资质的企业。

（二）二级建造师执业岗位范围

《建造师执业资格制度暂行规定》中规定，建造师的执业范围：①担任建设工程项目施工的项目经理；②从事其他施工活动的管理工作；③法律、行政法规或国务院建设行政主管部门规定的其他业务。二级建造师可以担任二级及以下建筑业企业资质的建设工程项目施工的项目经理。

习题巩固

➤ 一、单选题

(1)某建设单位领取施工许可证后因故四个月未能开工,又未申请延期,该施工许可证(　　)。

A. 自行废止

B. 重新核验

C. 继续有效

D. 自行延期

(2)根据《建筑法》,下列情形中,符合施工许可证办理和报告制度的是(　　)。

A. 某工程因故延期开工,向发证机关报告后施工许可证自动延期

B. 某工程因地震中止施工,一年后向发证机关报告

C. 某工程因洪水中止施工,一个月内向发证机关报告,两个月后自行恢复施工

D. 某工程因政府宏观调控停建,一个月内向发证机关报告,一年后恢复施工前报发证机关核验施工许可证

(3)关于施工许可证适用范围的说法,正确的是(　　)。

A. 实行开工报告批准制度的建设工程,不再领取施工许可证

B. 工程投资额在50万元以下的建筑工程,可以不申请办理施工许可证

C. 房屋建筑配套的线路、管道、设备的安装工程,无需申请办理施工许可证

D. 建筑面积超过300平方米的临时性房屋建筑需办理施工许可证

(4)关于承揽工程业务的说法,正确的是(　　)。

A. 企业承揽分包工程,应当取得相应建筑业企业资质

B. 不具有相应资质等级的施工企业,可以采取同一专业联合承包的方式满足承揽工程业务要求

C. 施工企业与项目经理部签订内部承包协议,属于允许他人以本企业名义承揽工程

D. 自然人可以成为承揽分包工程业务的主体

(5)根据《建筑业企业资质管理规定》,建筑业企业资质分为(　　)三个序列。

A. 特级、一级、二级

B. 施工总承包、专业承包、施工劳务资质

C. 工程总承包、施工总承包、施工分包承包资质

D. 甲级、乙级、丙级

(6)某建造师因工作调动与原聘用单位解除了劳动关系,其注册证书应当(　　)。

A. 注销注册或变更注册

B. 被吊销

C. 被撤销

D. 延续有效

(7)关于二级建造师执业范围的说法,正确的是( )。

A. 注册建造师不得同时担任两个及以上建设工程施工项目负责人,项目均为小型工程施工项目的除外

B. 注册建造师担任施工项目负责人期间,经受聘企业同意,可以变更注册另一企业

C. 发包人与注册建造师受聘企业已解除承包合同的,办理书面交接手续后可以更换施工项目负责人

D. 因非承包人原因致使工程项目停工超过一百二十日,注册建造师可同时担任另一工程施工项目负责人

(8)根据《注册建造师管理规定》,不予注册的情形是( )。

A. 申请人年龄达到60周岁

B. 申请人因执业活动受到刑事处罚,自刑罚执行完毕之日起至申请注册之日止不满五年

C. 申请人被吊销注册证书,自处罚决定之日起至申请注册之日止不满五年

D. 申请人申请注册之日五年前担任项目经理期间,所负责项目发生过重大质量和安全事故

(9)关于二级建造师执业岗位的说法,正确的是( )。

A. 二级建造师可以在设计单位担任注册结构工程师

B. 二级建造师只能受聘并注册于施工企业

C. 二级建造师可以担任中小型项目的项目经理

D. 二级建造师执业岗位限于工程项目施工的项目经理

(10)关于二级建造师执业的说法,正确的是( )。

A. 二级建造师可以在造价咨询企业执业

B. 建造师未受聘于施工企业也可以担任该企业施工项目负责人

C. 注册建造师担任施工项目负责人期间一律不得更换

D. 注册建造师担任施工项目负责人期间一律不得变更注册到另一企业

项目小结

项目四 建设工程发承包法律制度

一、项目目标

素质目标

(1)能够公平、公开、公正地处理和处置工程发承包的相关工作环节。
(2)明白谦让是一种美德,也是一种"报酬"。

知识目标

(1)了解建设工程发包与承包的方式,即建设工程招标、投标与直接发包。
(2)了解工程招标的方式,即公开招标和邀请招标。
(3)掌握有关招标项目的范围和规模标准、招标及投标活动的原则。
(4)熟悉建设工程招标、投标的基本程序。
(5)掌握招标、投标人的资格及招标、投标各个阶段的法律规定。
(6)掌握工程开标的时间、地点、参加人员、开标主持人、标书检查人、评标委员会组成等规定。
(7)了解工程承包制度和分包管理的规定。
(8)了解建筑市场信用体系建设相关知识。

能力目标

(1)能熟练掌握必须招标、投标的工程项目范围和规模标准。
(2)能熟练掌握工程招标、投标的程序。
(3)能熟练进行对无效标书的认定。
(4)能熟练掌握开标、评标、定标的各项规定。
(5)能熟练掌握招标、投标的违法责任。

二、项目知识点

(1)建设工程招标、投标制度。
(2)建设工程承包制度。
(3)建筑市场信用体系建设。

模块1　建设工程招标、投标制度

建设工程招标、投标是建设单位对拟建的建设工程项目通过法定的程序和方式吸引承包单位进行公平竞争,并从中选择条件优越者来完成建设工程任务的行为。

➢ 一、建设工程法定招标的范围、招标方式和交易场所

(一)建设工程必须招标的范围

2017年12月修改后公布的《中华人民共和国招标投标法》(以下简称《招标投标法》)规定,在中华人民共和国境内进行下列工程建设项目包括项目的勘察、设计、施工、监理以及与工程建设有关的重要设备、材料等的采购,必须进行招标:①大型基础设施、公用事业等关系社会公共利益、公众安全的项目;②全部或者部分使用国有资金投资或者国家融资的项目;③使用国际组织或者外国政府贷款、援助资金的项目。

经国务院批准,2018年3月国家发展和改革委员会发布的《必须招标的工程项目规定》中规定,全部或者部分使用国有资金投资或者国家融资的项目包括:①使用预算资金200万元人民币以上,并且该资金占投资额10%以上的项目;②使用国有企业事业单位资金,并且该资金占控股或者主导地位的项目。

使用国际组织或者外国政府贷款、援助资金的项目包括:①使用世界银行、亚洲开发银行等国际组织贷款、援助资金的项目;②使用外国政府及其机构贷款、援助资金的项目。

本规定范围内的项目,其勘察、设计、施工、监理以及与工程建设有关的重要设备、材料等的采购达到下列标准之一的,必须招标:①施工单项合同估算价在400万元人民币以上;②重要设备、材料等货物的采购,单项合同估算价在200万元人民币以上;③勘察、设计、监理等服务的采购,单项合同估算价在100万元人民币以上。同一项目中可以合并进行的勘察、设计、施工、监理以及与工程建设有关的重要设备、材料等的采购,合同估算价合计达到以上规定标准的,必须招标。

国家发展和改革委员会《必须招标的基础设施和公用事业项目范围规定》(发改法规规〔2018〕843号)规定,大型基础设施、公用事业等关系社会公共利益、公众安全的项目,必须招标的具体范围如下:①煤炭、石油、天然气、电力、新能源等能源基础设施项目;②铁路、公路、管道、水运,以及公共航空和A1级通用机场等交通运输基础设施项目;③电信枢纽、通信信息网络等通信基础设施项目;④防洪、灌溉、排涝、引(供)水等水利基础设施项目;⑤城市轨道交通等城建项目。

(二)可以不进行招标的建设工程项目

《招标投标法》规定,涉及国家安全、国家秘密、抢险救灾或者属于利用扶贫资金实行以工代赈、需要使用农民工等特殊情况,不适宜进行招标的项目,按照国家有关规定可以不进行招标。

《中华人民共和国招标投标法实施条例》(以下简称《招标投标法实施条例》)还规定,除《招

标投标法》规定可以不进行招标的特殊情况外,有下列情形之一的,可以不进行招标:①需要采用不可替代的专利或者专有技术;②采购人依法能够自行建设、生产或者提供;③已通过招标方式选定的特许经营项目投资人依法能够自行建设、生产或者提供;④需要向原中标人采购工程、货物或者服务,否则将影响施工或者功能配套要求。

(三)建设工程招标方式

1. 公开招标和邀请招标

《招标投标法》规定,招标分为公开招标和邀请招标。

公开招标是指招标人以招标公告的方式邀请不特定的法人或者其他组织进行投标。对于依法必须进行招标的项目,其招标公告应当通过国家指定的报刊、信息网络或者其他媒介发布。

邀请招标是指招标人以投标邀请书的方式邀请特定的法人或者其他组织进行投标。招标人采用邀请招标方式的,应当向三个以上具备承担招标项目能力且资信良好的特定的法人或者其他组织发出投标邀请书。国务院发展计划部门确定的国家重点项目和省、自治区、直辖市人民政府确定的地方重点项目不适宜公开招标的,经国务院发展计划部门或者省、自治区、直辖市人民政府批准,可以进行邀请招标。

《招标投标法实施条例》进一步规定,国有资金占控股或者主导地位的依法必须进行招标的项目,应当公开招标,但有下列情形之一的,可以邀请招标:①技术复杂、有特殊要求或者受自然环境限制,只有少量潜在投标人可供选择;②采用公开招标方式的费用占项目合同金额的比例过大。

2. 总承包招标和两阶段招标

《招标投标法实施条例》规定,招标人可以依法对工程以及与工程建设有关的货物、服务全部或者部分实行总承包招标。以暂估价形式包括在总承包范围内的工程、货物、服务属于依法必须进行招标的项目范围且达到国家规定规模标准的,应当依法进行招标。以上所称暂估价,是指总承包招标时不能确定价格而由招标人在招标文件中暂时估定的工程、货物、服务的金额。

对技术复杂或者无法精确拟定技术规格的项目,招标人可以分两阶段进行招标。第一阶段,投标人按照招标公告或者投标邀请书的要求提交不带报价的技术建议,招标人根据投标人提交的技术建议确定技术标准和要求,编制招标文件。第二阶段,招标人向在第一阶段提交技术建议的投标人提供招标文件,投标人按照招标文件的要求提交包括最终技术方案和投标报价的投标文件。

(四)建设工程招标、投标交易场所和招标公告发布

《招标投标法实施条例》规定,设区的市级以上地方人民政府可以根据实际需要,建立统一规范的招标、投标交易场所,为招标、投标活动提供服务。招标、投标交易场所不得与行政监督部门存在隶属关系,不得以营利为目的。国家鼓励利用信息网络进行电子招标、投标。

依法必须招标项目的资格预审公告和招标公告,应当载明以下内容:①招标项目名称、内容、范围、规模、资金来源;②投标资格能力要求,以及是否接受联合体投标;③获取资格预审文

件或招标文件的时间、方式;④交资格预审文件或投标文件的截止时间、方式;⑤招标人及其招标代理机构的名称、地址、联系人及联系方式;⑥采用电子招标、投标方式的,潜在投标人访问电子招标、投标交易平台的网址和方法;⑦其他依法应当载明的内容。

依法必须招标项目的中标候选人公示应当载明以下内容:①中标候选人排序、名称、投标报价、质量、工期(交货期),以及评标情况;②中标候选人按照招标文件要求承诺的项目负责人姓名及其相关证书名称和编号;③中标候选人响应招标文件要求的资格能力条件;④提出异议的渠道和方式;⑤招标文件规定公示的其他内容。依法必须招标项目的中标结果公示应当载明中标人名称。

二、招标基本程序和禁止肢解发包、限制排斥投标人的规定

(一)招标基本程序

《招标投标法》规定,招标、投标活动应当遵循公开、公平、公正和诚实信用的原则。

建设工程招标的基本程序主要包括履行项目审批手续、委托招标代理机构、编制招标文件及标底、发布招标公告或投标邀请书、资格审查、开标、评标、中标和签订合同,以及终止招标等。

1. 履行项目审批手续

《招标投标法》规定,招标项目按照国家有关规定需要履行项目审批手续的,应当先履行审批手续,取得批准。招标人应当有进行招标项目的相应资金或者资金来源已经落实,并应当在招标文件中如实载明。

《招标投标法实施条例》进一步规定,按照国家有关规定需要履行项目审批、核准手续的依法必须进行招标的项目,其招标范围、招标方式、招标组织形式应当报项目审批、核准部门审批、核准。项目审批、核准部门应当及时将审批、核准确定的招标范围、招标方式、招标组织形式通报有关行政监督部门。

2. 委托招标代理机构

《招标投标法》规定,招标人具有编制招标文件和组织评标能力的,可以自行办理招标事宜。任何单位和个人不得强制其委托招标代理机构办理招标事宜。依法必须进行招标的项目,招标人自行办理招标事宜的,应当向有关行政监督部门备案。

《招标投标法实施条例》进一步规定,招标人应具有编制招标文件和组织评标的能力。这是指招标人具有与招标项目规模和复杂程度相适应的技术、经济等方面的专业人员。

《招标投标法》规定,招标代理机构是依法设立、从事招标代理业务并提供相关服务的社会中介组织。招标代理机构应当具备下列条件:①有从事招标代理业务的营业场所和相应资金;②有能够编制招标文件和组织评标的相应专业力量。

按照《招标投标法实施条例》的规定,招标代理机构在招标人委托的范围内开展招标代理业务,任何单位和个人不得非法干涉。招标代理机构不得在所代理的招标项目中投标或者代理投标,也不得为所代理的招标项目的投标人提供咨询。

3. 编制招标文件、标底及工程量清单计价

《招标投标法》规定,招标人应当根据招标项目的特点和需要编制招标文件。招标文件应

当包括招标项目的技术要求、对投标人资格审查的标准、投标报价要求和评标标准等所有实质性要求、条件及拟签订合同的主要条款。国家对招标项目的技术、标准有规定的,招标人应当按照其规定在招标文件中提出相应要求。

《招标投标法》还规定,招标文件不得要求或者标明特定的生产供应者以及含有倾向或者排斥潜在投标人的其他内容。招标人对已发出的招标文件进行必要的澄清或者修改的,应当在招标文件要求提交投标文件截止时间至少十五日前,以书面形式通知所有招标文件收受人。该澄清或者修改的内容为招标文件的组成部分。

招标人应当确定投标人编制投标文件所需要的合理时间;但是,依法必须进行招标的项目,自招标文件开始发出之日起至投标人提交投标文件截止之日止,最短不得少于二十日。

《招标投标法实施条例》进一步规定,招标人可以对已发出的资格预审文件或者招标文件进行必要的澄清或者修改。澄清或者修改的内容可能影响资格预审申请文件或者投标文件编制的,招标人应当在提交资格预审申请文件截止时间至少三日前,或者投标截止时间至少十五日前,以书面形式通知所有获取资格预审文件或者招标文件的潜在投标人;不足三日或者十五日的,招标人应当顺延提交资格预审申请文件或者投标文件的截止时间。

《招标投标实施条例》还规定,招标人对招标项目划分标段的,应当遵守《招标投标法》的有关规定,不得利用划分标段限制或者排斥潜在投标人。依法必须进行招标的项目的招标人不得利用划分标段规避招标。招标人应当在招标文件中载明投标有效期。投标有效期从提交投标文件的截止之日起计算。

潜在投标人或者其他利害关系人对招标文件有异议的,应当在投标截止时间十日前提出。招标人应当自收到异议之日起三日内作出答复;作出答复前,应当暂停招标、投标活动。招标人编制招标文件的内容违反法律、行政法规的强制性规定,违反公开、公平、公正和诚实信用原则,影响潜在投标人投标的,依法必须进行招标的项目的招标人应当在修改招标文件后重新招标。

招标人可以自行决定是否编制标底。一个招标项目只能有一个标底。标底必须保密。接受委托编制标底的中介机构不得参加受托编制标底项目的投标,也不得为该项目的投标人编制投标文件或者提供咨询。招标人设有最高投标限价的,应当在招标文件中明确最高投标限价或者最高投标限价的计算方法。招标人不得规定最低投标限价。

4. 发布招标公告或投标邀请书

《招标投标法》规定,招标人采用公开招标方式的,应当发布招标公告。招标公告应当载明招标人的名称和地址、招标项目的性质、数量、实施地点和时间以及获取招标文件的办法等事项。招标人采用邀请招标方式的,应当向三个以上具备承担招标项目能力、资信良好的特定的法人或者其他组织发出投标邀请书。投标邀请书也应当载明招标人的名称和地址、招标项目的性质、数量、实施地点和时间及获取招标文件的办法等事项。

《招标投标法》还规定,招标人可以根据招标项目本身的要求,在招标公告或者投标邀请书中,要求潜在投标人提供有关资质证明文件和业绩情况,并对潜在投标人进行资格审查。招标人不得以不合理的条件限制或者排斥潜在投标人,不得对潜在投标人实行歧视待遇。

招标人不得向他人透露已获取招标文件的潜在投标人的名称、数量以及可能影响公平竞争的有关招标、投标的其他情况。招标人设有标底的,标底必须保密。招标人根据招标项目的具体情况,可以组织潜在投标人踏勘项目现场。

《招标投标法实施条例》进一步规定,招标人应当按照资格预审公告、招标公告或者投标邀请书规定的时间、地点发售资格预审文件或者招标文件。资格预审文件或者招标文件的发售期不得少于五日。招标人发售资格预审文件、招标文件收取的费用应当限于补偿印刷、邮寄的成本支出,不得以营利为目的。

5. 资格审查

资格审查分为资格预审和资格后审。

《招标投标法实施条例》规定,招标人采用资格预审办法对潜在投标人进行资格审查的,应当发布资格预审公告、编制资格预审文件。招标人应当合理确定提交资格预审申请文件的时间。依法必须进行招标的项目提交资格预审申请文件的时间,自资格预审文件停止发售之日起不得少于五日。

资格预审应当按照资格预审文件载明的标准和方法进行。国有资金占控股或者主导地位的、依法必须进行招标的项目,招标人应当组建资格审查委员会审查资格预审申请文件,资格审查委员会及其成员应当遵守招标投标法和本条例有关评标委员会及其成员的规定。资格预审结束后,招标人应当及时向资格预审申请人发出资格预审结果通知书,未通过资格预审的申请人不具有投标资格。通过资格预审的申请人少于三个的,应重新招标。

潜在投标人或者其他利害关系人对资格预审文件有异议的,应当在提交资格预审申请文件截止时间两日前提出。招标人应当自收到异议之日起三日内作出答复;作出答复前,应当暂停招标、投标活动。招标人编制资格预审文件的内容违反法律、行政法规的强制性规定,违反公平、公正和诚实信用原则,影响资格预审结果的,依法必须进行招标的项目的招标人应当在修改资格预审文件后重新招标。

招标人采用资格后审办法对投标人进行资格审查的,应当在开标后由评标委员会按照招标文件规定的标准和方法对投标人的资格进行审查。

6. 开标

《招标投标法》规定,开标应当在招标文件确定的提交投标文件截止时间的同一时间公开进行;开标地点应当为招标文件中预先确定的地点。开标由招标人主持,邀请所有投标人参加。开标时,由投标人或者其推选的代表检查投标文件的密封情况,也可以由招标人委托的公证机构检查并公证;经确认无误后,由工作人员当众拆封,宣读投标人名称、投标价格和投标文件的其他主要内容。招标人在招标文件要求提交投标文件的截止时间前收到的所有投标文件,开标时都应当当众予以拆封、宣读。开标过程应当记录,并存档备查。

《招标投标法实施条例》进一步规定,招标人应当按照招标文件规定的时间、地点开标。投标人少于三个的,不得开标;招标人应当重新招标。投标人对开标有异议的,应当在开标现场提出,招标人应当当场作出答复,并记录。

7. 评标

《招标投标法》规定,评标由招标人依法组建的评标委员会负责。招标人应当采取必要的措施,保证评标在严格保密的情况下进行。任何单位和个人不得非法干预、影响评标的过程和结果。

依法必须进行招标的项目,其评标委员会由招标人的代表和有关技术、经济等方面的专家组成,成员人数为五人以上的单数,其中技术、经济等方面的专家不得少于成员总数的三分之二。与投标人有利害关系的人不得进入相关项目的评标委员会;已经进入的应当更换。评标委员会成员的名单在中标结果确定前应当保密。

评标委员会可以要求投标人对投标文件中含义不明确的内容作必要的澄清或者说明,但是澄清或者说明不得超出投标文件的范围或者改变投标文件的实质性内容。评标委员会应当按照招标文件确定的评标标准和方法,对投标文件进行评审和比较;设有标底的,应当参考标底。评标委员会完成评标后,应当向招标人提出书面评标报告,并推荐合格的中标候选人。评标委员会经评审,认为所有投标都不符合招标文件要求的,可以否决所有投标。依法必须进行招标的项目的所有投标被否决的,招标人应当依法重新招标。

招标项目设有标底的,招标人应当在开标时公布。标底只能作为评标的参考,不得以投标报价是否接近标底作为中标条件,也不得以投标报价超过标底上下浮动范围作为否决投标的条件。有下列情形之一的,评标委员会应当否决其投标:①投标文件未经投标单位盖章和单位负责人签字;②投标联合体没有提交共同投标协议;③投标人不符合国家或者招标文件规定的资格条件;④同一投标人提交两个以上不同的投标文件或者投标报价,但招标文件要求提交备选投标的除外;⑤投标报价低于成本或者高于招标文件设定的最高投标限价;⑥投标文件没有对招标文件的实质性要求和条件作出响应;⑦投标人有串通投标、弄虚作假、行贿等违法行为。

投标文件中有含义不明确的内容、明显文字或者计算错误,评标委员会认为需要投标人作出必要澄清、说明的,应当书面通知该投标人。投标人的澄清、说明应当采用书面形式,并不得超出投标文件的范围或者改变投标文件的实质性内容。评标委员会不得暗示或者诱导投标人作出澄清、说明,不得接受投标人主动提出的澄清、说明。

评标完成后,评标委员会应当向招标人提交书面评标报告和中标候选人名单。中标候选人应当不超过三个,并标明排序。评标报告应当由评标委员会全体成员签字。对评标结果有不同意见的评标委员会成员应当以书面形式说明其不同意见和理由,评标报告应当注明该不同意见。评标委员会成员拒绝在评标报告上签字又不书面说明其不同意见和理由的,视为同意评标结果。

8. 中标和签订合同

《招标投标法》规定,招标人根据评标委员会提出的书面评标报告和推荐的中标候选人确定中标人。招标人也可以授权评标委员会直接确定中标人。招标人和中标人应当自中标通知书发出之日起三十日内,按照招标文件和中标人的投标文件订立书面合同。招标人和中标人不得再行订立背离合同实质性内容的其他协议。

9. 终止招标

《招标投标法实施条例》规定,招标人终止招标的,应当及时发布公告,或者以书面形式通知被邀请的或者已经获取资格预审文件、招标文件的潜在投标人。已经发售资格预审文件、招标文件或者已经收取投标保证金的,招标人应当及时退还所收取的资格预审文件、招标文件的费用,以及所收取的投标保证金及银行同期存款利息。

(二)禁止肢解发包、限制排斥投标人的规定

1. 禁止肢解发包的规定

肢解发包是指建设单位将本应由一个承包单位整体承建完成的建筑工程肢解成若干部分,分别发包给不同承包单位的行为。为此,《建筑法》还规定,提倡对建筑工程实行总承包,禁止将建筑工程肢解发包。建筑工程的发包单位可以将建筑工程的勘察、设计、施工、设备采购一并发包给一个工程总承包单位,也可以将建筑工程的勘察、设计、施工、设备采购的一项或者多项发包给一个工程总承包单位;但是,不得将应当由一个承包单位完成的建筑工程肢解成若干部分发包给几个承包单位。

2019年4月修改后公布的《建设工程质量管理条例》进一步规定,建设单位不得将建设工程肢解发包。建设单位将建设工程肢解发包的,责令改正,处工程合同价款0.5%以上1%以下的罚款;对全部或者部分使用国有资金的项目,并可以暂停项目执行或者暂停资金拨付。

2. 禁止限制、排斥投标人的规定

《招标投标法》规定,依法必须进行招标的项目,其招标、投标活动不受地区或者部门的限制。任何单位和个人不得违法限制或者排斥本地区、本系统以外的法人或者其他组织参加投标,不得以任何方式非法干涉招标、投标活动。

《招标投标法实施条例》规定,招标人不得以不合理的条件限制、排斥潜在投标人或者投标人。招标人有下列行为之一的,属于以不合理条件限制、排斥潜在投标人或者投标人:①就同一招标项目向潜在投标人或者投标人提供有差别的项目信息;②设定的资格、技术、商务条件与招标项目的具体特点和实际需要不相适应或者与合同履行无关;③依法必须进行招标的项目以特定行政区域或者特定行业的业绩、奖项作为加分条件或者中标条件;④对潜在投标人或者投标人采取不同的资格审查或者评标标准;⑤限定或者指定特定的专利、商标、品牌、原产地或者供应商;⑥依法必须进行招标的项目非法限定潜在投标人或者投标人的所有制形式或者组织形式;⑦以其他不合理条件限制、排斥潜在投标人或者投标人。

招标人不得组织单个或者部分潜在投标人踏勘项目现场。

2019年10月公布的《优化营商环境条例》规定,招标、投标和政府采购应当公开透明、公平公正,依法平等对待各类所有制和不同地区的市场主体,不得以不合理条件或者产品产地来源等进行限制或者排斥。政府有关部门应当加大反垄断和反不正当竞争执法力度,有效预防和制止市场经济活动中的垄断行为、不正当竞争行为以及滥用行政权力排除、限制竞争的行为,营造公平竞争的市场环境。

➤ 三、投标人、联合体投标和投标文件

(一)投标人

《招标投标法》规定,投标人是响应招标、参加投标竞争的法人或者其他组织。投标人应当具备承担招标项目的能力;国家有关规定对投标人资格条件或者招标文件对投标人资格条件有规定的,投标人应当具备规定的资格条件。

《招标投标法实施条例》规定,投标人参加依法必须进行招标的项目的投标,不受地区或者

部门的限制,任何单位和个人不得非法干涉。

与招标人存在利害关系可能影响招标公正性的法人、其他组织或者个人,不得参加投标。单位负责人为同一人或者存在控股、管理关系的不同单位,不得参加同一标段投标或者未划分标段的同一招标项目投标。违反以上规定的,相关投标均无效。

投标人发生合并、分立、破产等重大变化的,应当及时书面告知招标人。投标人不再具备资格预审文件、招标文件规定的资格条件或者其投标影响招标公正性的,其投标无效。

(二)联合体投标

联合体投标是一种特殊的投标人组织形式,一般适用于大型的或结构复杂的建设项目。

《招标投标法》规定,两个以上法人或者其他组织可以组成一个联合体,以一个投标人的身份共同投标。联合体各方均应当具备承担招标项目的相应能力;国家有关规定或者招标文件对投标人资格条件有规定的,联合体各方均应当具备规定的相应资格条件。由同一专业的单位组成的联合体,按照资质等级较低的单位确定资质等级。

联合体各方应当签订共同投标协议,明确约定各方拟承担的工作和责任,并将共同投标协议连同投标文件一并提交招标人。联合体中标的,联合体各方应当共同与招标人签订合同,就中标项目向招标人承担连带责任。招标人不得强制投标人组成联合体共同投标,不得限制投标人之间的竞争。

《招标投标法实施条例》进一步规定,招标人应当在资格预审公告、招标公告或者投标邀请书中载明是否接受联合体投标。招标人接受联合体投标并进行资格预审的,联合体应当在提交资格预审申请文件前组成。资格预审后联合体增减、更换成员的,其投标无效。联合体各方在同一招标项目中以自己名义单独投标或者参加其他联合体投标的,相关投标均无效。

(三)投标文件

1. 投标文件的内容要求

《招标投标法》规定,投标人应当按照招标文件的要求编制投标文件。投标文件应当对招标文件提出的实质性要求和条件作出响应。招标项目属于建设施工项目的,投标文件的内容应当包括拟派出的项目负责人与主要技术人员的简历、业绩和拟用于完成招标项目的机械设备等。

2013年3月,经国家发展和改革委员会、财政部、住房和城乡建设部等九部门修改后发布的《〈标准施工招标资格预审文件〉和〈标准施工招标文件〉暂行规定》中进一步明确,投标文件应包括下列内容:①投标函及投标函附录;②法定代表人身份证明或附有法定代表人身份证明的授权委托书;③联合体协议书;④投标保证金;⑤已标价工程量清单;⑥施工组织设计;⑦项目管理机构;⑧拟分包项目情况表;⑨资格审查资料;⑩投标人须知前附表规定的其他材料。但是,投标人须知前附表规定不接受联合体投标的,或投标人没有组成联合体的,投标文件不包括联合体协议书。

《建筑工程施工发包与承包计价管理办法》中规定,投标报价不得低于工程成本,不得高于最高投标限价。投标报价应当依据工程量清单、工程计价有关规定、企业定额和市场价格信息等编制。

2. 投标文件的修改与撤回

《招标投标法》规定，投标人在招标文件要求提交投标文件的截止时间前，可以补充、修改或者撤回已提交的投标文件，并书面通知招标人。补充、修改的内容为投标文件的组成部分。

《招标投标法实施条例》进一步规定，投标人撤回已提交的投标文件，应当在投标截止时间前书面通知招标人。

3. 投标文件的送达与签收

《招标投标法》规定，投标人应当在招标文件要求提交投标文件的截止时间前，将投标文件送达投标地点。招标人收到投标文件后，应当签收保存，不得开启。投标人少于三个的，招标人应当依法重新招标。在招标文件要求提交投标文件的截止时间后送达的投标文件，招标人应当拒收。

《招标投标法实施条例》进一步规定，未通过资格预审的申请人提交的投标文件，以及逾期送达或者不按照招标文件要求密封的投标文件，招标人应当拒收。招标人应当如实记载投标文件的送达时间和密封情况，并存档备查。

▶ 四、投标保证金

《工程建设项目施工招标投标办法》进一步规定，投标保证金不得超过项目估算价的2%，且最高不得超过八十万元人民币。

实行两阶段招标的，招标人要求投标人提交投标保证金的，应当在第二阶段提出。招标人终止招标，已经收取投标保证金的，招标人应当及时退还所收取的投标保证金及银行同期存款利息。投标人撤回已提交的投标文件，招标人已收取投标保证金的，应当自收到投标人书面撤回通知之日起五日内退还。投标截止后投标人撤回投标文件的，招标人可以不退还投标保证金。

招标人最迟应当在书面合同签订后五日内向中标人和未中标的投标人退还投标保证金及银行同期存款利息。

▶ 五、禁止串通投标和其他不正当竞争行为的规定

在建设工程招标、投标活动中，投标人的不正当竞争行为主要是：投标人相互串通投标、招标人与投标人串通投标、投标人以行贿手段谋取中标、投标人以低于成本的报价竞标、投标人以他人名义投标或者以其他方式弄虚作假骗取中标。

(一)禁止投标人相互串通投标

《招标投标法》规定，投标人不得相互串通投标报价，不得排挤其他投标人的公平竞争，损害招标人或者其他投标人的合法权益。《招标投标法实施条例》进一步规定，禁止投标人相互串通投标。有下列情形之一的，属于投标人相互串通投标：①投标人之间协商投标报价等投标文件的实质性内容；②投标人之间约定中标人；③投标人之间约定部分投标人放弃投标或者中标；④属于同一集团、协会、商会等组织成员的投标人按照该组织要求协同投标；⑤投标人之间为谋取中标或者排斥特定投标人而采取的其他联合行动。

有下列情形之一的，视为投标人相互串通投标：①不同投标人的投标文件由同一单位或者个人编制；②不同投标人委托同一单位或者个人办理投标事宜；③不同投标人的投标文件载明的项

目管理成员为同一人;④不同投标人的投标文件异常一致或者投标报价呈规律性差异;⑤不同投标人的投标文件相互混装;⑥不同投标人的投标保证金从同一单位或者个人的账户转出。

(二)禁止招标人与投标人串通投标

《招标投标法》规定,投标人不得与招标人串通投标,损害国家利益、社会公共利益或者他人的合法权益。《招标投标法实施条例》进一步规定,禁止招标人与投标人串通投标。有下列情形之一的,属于招标人与投标人串通投标:①招标人在开标前开启投标文件并将有关信息泄露给其他投标人;②招标人直接或者间接向投标人泄露标底、评标委员会成员等信息;③招标人明示或者暗示投标人压低或者抬高投标报价;④招标人授意投标人撤换、修改投标文件;⑤招标人明示或者暗示投标人为特定投标人中标提供方便;⑥招标人与投标人为谋求特定投标人中标而采取的其他串通行为。

六、中标的法定要求和招标、投标投诉处理

(一)中标的法定要求

1. 公示中标候选人

《招标投标法实施条例》规定,依法必须进行招标的项目,招标人应当自收到评标报告之日起三日内公示中标候选人,公示期不得少于三日。

投标人或者其他利害关系人对依法必须进行招标的项目的评标结果有异议的,应当在中标候选人公示期间提出。招标人应当自收到异议之日起三日内作出答复;作出答复前,应当暂停招标、投标活动。

2. 确定中标人

《招标投标法》规定,招标人根据评标委员会提出的书面评标报告和推荐的中标候选人确定中标人。招标人也可以授权评标委员会直接确定中标人。中标人的投标应当符合下列条件之一:①能够最大限度地满足招标文件中规定的各项综合评价标准;②能够满足招标文件的实质性要求,并且经评审的投标价格最低,但是投标价格低于成本的除外。在确定中标人前,招标人不得与投标人就投标价格、投标方案等实质性内容进行谈判。

3. 中标通知书和报告招标、投标情况

《招标投标法》规定,中标人确定后,招标人应当向中标人发出中标通知书,同时将中标结果通知所有未中标的投标人。中标通知书对招标人和中标人具有法律效力。中标通知书发出后,招标人改变中标结果的,或者中标人放弃中标项目的,应当依法承担法律责任。

依法必须进行招标的项目,招标人应当自确定中标人之日起十五日内,向有关行政监督部门提交招标、投标情况的书面报告。

4. 履约保证金

《招标投标法》规定,招标文件要求中标人提交履约保证金的,中标人应当提交,履约保证金不得超过中标合同金额的10%,中标人应当按照合同约定履行义务,完成中标项目。

(二)招标、投标的投诉规定

《招标投标法实施条例》规定,投标人或者其他利害关系人认为招标、投标活动不符合法律、行政法规规定的,可以自知道或者应当知道之日起十日内向有关行政监督部门投诉。

模块 2　建设工程承包制度

建设工程承包制度包括总承包、共同承包、分包等制度。

《建筑法》规定，建筑工程实行招标发包的，发包单位应当将建筑工程发包给依法中标的承包单位。建筑工程实行直接发包的，发包单位应当将建筑工程发包给具有相应资质条件的承包单位。

承包建筑工程的单位应当持有依法取得的资质证书，并在其资质等级许可的业务范围内承揽工程。禁止建筑施工企业超越本企业资质等级许可的业务范围或者以任何形式用其他建筑施工企业的名义承揽工程。禁止建筑施工企业以任何形式允许其他单位或者个人使用本企业的资质证书、营业执照，以本企业的名义承揽工程。

➢ 一、建设工程总承包的规定

《建筑法》规定，建筑工程的发包单位可以将建筑工程的勘察、设计、施工、设备采购一并发包给一个工程总承包单位，也可以将建筑工程勘察、设计、施工、设备采购的一项或者多项发包给一个工程总承包单位。

（一）工程总承包项目的发包和承包

建设单位依法采用招标或者直接发包等方式选择工程总承包单位。工程总承包项目范围内的设计、采购或者施工中，有任意一项属于依法必须进行招标的项目范围且达到国家规定规模标准的，应当采用招标的方式选择工程总承包单位。

工程总承包单位应当同时具有与工程规模相适应的工程设计资质和施工资质，或者由具有相应资质的设计单位和施工单位组成联合体。工程总承包单位应当具有相应的项目管理体系和项目管理能力、财务和风险承担能力，以及与发包工程相类似的设计、施工或者工程总承包业绩。设计单位和施工单位组成联合体的，应当根据项目的特点和复杂程度，合理确定牵头单位，并在联合体协议中明确联合体成员单位的责任和权利。联合体各方应当共同与建设单位签订工程总承包合同，就工程总承包项目承担连带责任。

（二）工程总承包项目的实施

政府投资项目所需资金应当按照国家有关规定确保落实到位，不得由工程总承包单位或者分包单位垫资建设。政府投资项目，建设投资原则上不得超过经核定的投资概算。建设单位不得设置不合理工期，不得任意压缩合理工期。

工程总承包项目经理应当具备下列条件：①取得相应工程建设类注册执业资格，包括注册建筑师、勘察设计注册工程师、注册建造师或者注册监理工程师等；未实施注册执业资格的，取得高级专业技术职称。②担任过与拟建项目相类似的工程总承包项目经理、设计项目负责人、施工项目负责人或者项目总监理工程师。③熟悉工程技术和工程总承包项目管理知识以及相关法律法规、标准规范。④具有较强的组织协调能力和良好的职业道德。工程总承包项目经理不得同时在两个或者两个以上工程项目担任工程总承包项目经理、施工项目负责人。

工程总承包单位可以采用直接发包的方式进行分包。但以暂估价形式包括在总承包范围内的工程、货物、服务分包时，属于依法必须进行招标的项目范围且达到国家规定规模标准的，应当依法招标。

(三)工程总承包企业的责任

《建筑法》规定，建筑工程总承包单位按照总承包合同的约定对建设单位负责；分包单位按照分包合同的约定对总承包单位负责。总承包单位和分包单位就分包工程对建设单位承担连带责任。

二、建设工程共同承包的规定

共同承包是指由两个以上具备承包资格的单位共同组成非法人的联合体，以共同的名义对工程进行承包的行为。

(一)共同承包的适用范围

《建筑法》规定，大型建筑工程或者结构复杂的建筑工程，可以由两个以上的承包单位联合共同承包。大型的建筑工程或结构复杂的建筑工程，一般投资额大、技术要求复杂、建设周期长、潜在风险较大，如果采取联合共同承包的方式，有利于更好发挥各承包单位在资金、技术、管理等方面的优势，增强抗风险能力，保证工程质量和工期，提高投资效益。

(二)共同承包的资质要求

《建筑法》规定，两个以上不同资质等级的单位实行联合共同承包的，应当按照资质等级低的单位的业务许可范围承揽工程。

(三)共同承包的责任

《招标投标法》规定，联合体中标的，联合体各方应当共同与招标人签订合同，就中标项目向招标人承担连带责任。《建筑法》也规定，共同承包的各方对承包合同的履行承担连带责任。

三、建设工程分包的规定

建设工程施工分包可分为专业工程分包与劳务作业分包：①专业工程分包是指施工总承包企业将其承包工程中的专业工程发包给具有相应资质的其他建筑业企业完成的活动；②劳务作业分包是指施工总承包企业或者专业承包企业将其承包工程中的劳务作业发包给劳务分包企业完成的活动。

(一)分包工程的范围

《建筑法》规定，建筑工程总承包单位可以将承包工程中的部分工程发包给具有相应资质条件的分包单位。禁止承包单位将其承包的全部建筑工程转包给他人，禁止承包单位将其承包的全部建筑工程肢解以后以分包的名义分别转包给他人。施工总承包的，建筑工程主体结构的施工必须由总承包单位自行完成。

《招标投标法》也规定，中标人按照合同约定或者经招标人同意，可以将中标项目的部分非主体、非关键性工作分包给他人完成。

总承包单位承包工程后可以全部自行完成,也可以将其中的部分工程分包给其他承包单位完成,但只能依法分包部分工程,并且是非主体、非关键性工作;如果是施工总承包,其主体结构的施工则须由总承包单位自行完成。

2019年3月,住房和城乡建设部修改后发布的《房屋建筑和市政基础设施工程施工分包管理办法》中规定,分包工程发包人可以就分包合同的履行,要求分包工程承包人提供分包工程履约担保;分包工程承包人在提供担保后,要求分包工程发包人同时提供分包工程付款担保的,分包工程发包人应当提供。

(二)分包单位的条件与认可

《建筑法》规定,建筑工程总承包单位可以将承包工程中的部分工程发包给具有相应资质条件的分包单位;但是,除总承包合同中约定的分包外,必须经建设单位认可。禁止总承包单位将工程分包给不具备相应资质条件的单位。

劳务作业分包由劳务作业发包人与劳务作业承包人通过劳务合同约定,可不经建设单位认可。

(三)分包单位不得再分包

《建筑法》规定,禁止分包单位将其承包的工程再分包。《招标投标法》也规定,接受分包的人不得再次分包。

(四)转包、违法分包和挂靠行为的界定

按照我国法律的规定,转包是必须禁止的,而依法实施的工程分包则是允许的。因此,违法分包同样是在法律的禁止之列。

《建设工程质量管理条例》规定,违法分包是指下列行为:①总承包单位将建设工程分包给不具备相应资质条件的单位的;②建设工程总承包合同中未有约定,又未经建设单位认可,承包单位将其承包的部分建设工程交由其他单位完成的;③施工总承包单位将建设工程主体结构的施工分包给其他单位的;④分包单位将其承包的建设工程再分包的。

《建筑工程施工发包与承包违法行为认定查处管理办法》规定,存在下列情形之一的,应当认定为转包,但有证据证明属于挂靠或者其他违法行为的除外:①承包单位将其承包的全部工程转给其他单位(包括母公司承接建筑工程后将所承接工程交由具有独立法人资格的子公司施工的情形)或个人施工的;②承包单位将其承包的全部工程肢解以后,以分包的名义分别转给其他单位或个人施工的;③施工总承包单位或专业承包单位未派驻项目负责人、技术负责人、质量管理负责人、安全管理负责人等主要管理人员,或派驻的项目负责人、技术负责人、质量管理负责人、安全管理负责人中一人及以上与施工单位没有订立劳动合同且没有建立劳动工资和社会养老保险关系,或派驻的项目负责人未对该工程的施工活动进行组织管理,又不能进行合理解释并提供相应证明的;④合同约定由承包单位负责采购的主要建筑材料、构配件及工程设备或租赁的施工机械设备,由其他单位或个人采购、租赁,或施工单位不能提供有关采购、租赁合同及发票等证明,又不能进行合理解释并提供相应证明的;⑤专业作业承包人承包的范围是承包单位承包的全部工程,专业作业承包人计取的是除上缴给承包单位"管理费"之外的全部工程价款的;⑥承包单位通过采取合作、联营、个人承包等形式或名义,直接或变相将其承包的全部工程转给其他单位或个人施工的;⑦专业工程的发包单位不是该工程的施工总承包或专业承包单位的,但建设单位依约作为发包单位的除外;⑧专业作业的发包单位不是该工程承包单位的;⑨施工合同主体之间没有工程款收付关系,或者承包单位收到款项后又将款项转拨给其他单位和个人,又不能进行合理解释并提供材料证明的。

两个以上的单位组成联合体承包工程,在联合体分工协议中约定或者在项目实际实施过程中,联合体一方不进行施工也未对施工活动进行组织管理的,并且向联合体其他方收取管理费或者其他类似费用的,视为联合体一方将承包的工程转包给联合体其他方。

存在下列情形之一的,属于挂靠:①没有资质的单位或个人借用其他施工单位的资质承揽工程的;②有资质的施工单位相互借用资质承揽工程的,包括资质等级低的借用资质等级高的,资质等级高的借用资质等级低的,相同资质等级相互借用的;③在上述认定转包第③至⑨项规定的情形,有证据证明属于挂靠的。

存在下列情形之一的,属于违法分包:①承包单位将其承包的工程分包给个人的;②施工总承包单位或专业承包单位将工程分包给不具备相应资质单位的;③施工总承包单位将施工总承包合同范围内工程主体结构的施工分包给其他单位的,钢结构工程除外;④专业分包单位将其承包的专业工程中非劳务作业部分再分包的;⑤专业作业承包人将其承包的劳务再分包的;⑥专业作业承包人除计取劳务作业费用外,还计取主要建筑材料款和大中型施工机械设备、主要周转材料费用的。

(五)分包单位的责任

《建筑法》规定,建筑工程总承包单位按照总承包合同的约定对建设单位负责;分包单位按照分包合同的约定对总承包单位负责。总承包单位和分包单位就分包工程对建设单位承担连带责任。《招标投标法》也规定,中标人应当就分包项目向招标人负责,接受分包的人就分包项目承担连带责任。

模块3　建筑市场信用体系建设

中共中央办公厅、国务院办公厅《关于加快推进失信被执行人信用监督、警示和惩戒机制建设的意见的通知》(中办发〔2016〕64号)中规定,将房地产、建筑企业不依法履行生效法律文书确定的义务情况,记入房地产和建筑市场信用档案,向社会披露有关信息,对其企业资质作出限制。公安、检察机关和人民法院对拒不执行生效判决、裁定及其他妨碍执行构成犯罪的行为,要及时依法侦查、提起公诉和审判。

国务院办公厅《关于进一步完善失信约束制度构建诚信建设长效机制的指导意见》(国办发〔2020〕49号)中规定,严格依法依规推动社会信用体系建设,依法依规严格规范信用信息采集、共享、公开范围,严格规范严重失信主体名单认定、失信惩戒和信用修复工作,确保社会信用体系建设各项工作在法治轨道运行。

国务院《关于建立完善守信联合激励和失信联合惩戒制度加快推进社会诚信建设的指导意见》(国发〔2016〕33号)中规定,在有关部门和社会组织依法依规对本领域失信行为作出处理和评价基础上,通过信息共享,推动其他部门和社会组织依法依规对严重失信行为采取联合惩戒措施。重点包括:一是严重危害人民群众身体健康和生命安全的行为,包括食品药品、生态环境、工程质量、安全生产、消防安全、强制性产品认证等领域的严重失信行为。二是严重破坏市场公平竞争秩序和社会正常秩序的行为,包括贿赂、逃税骗税、恶意逃废债务、恶意拖欠货款或服务费、恶意欠薪、非法集资、合同欺诈、传销、无证照经营、制售假冒伪劣产品和故意侵犯知识产权、出借和借用资质投标、围标串标、虚假广告、侵害消费者或证券期货投资者合法权益、严重破坏网络空间传播秩序、聚众扰乱社会秩序等严重失信行为。三是拒不履行法定义务,严重影响司法机关、行政机关公信力的行为,包括当事人在司法机关、行政机关作出判决或决定后,有履行能力但拒不履行、逃避执行等严重失信行为。四是拒不履行国防义务,拒绝、逃避兵役,拒绝、拖延民用资源征用或者阻碍对被征用的民用资源进行改造,危害国防利益,破坏国防设施等行为。

《招标投标法实施条例》规定,国家建立招标、投标信用制度。有关行政监督部门应当依法公告对招标人、招标代理机构、投标人、评标委员会成员等当事人违法行为的行政处理决定。

国务院办公厅《关于全面治理拖欠农民工工资问题的意见》中规定,完善企业守法诚信管理制度。将劳动用工、工资支付情况作为企业诚信评价的重要依据,实行分类分级动态监管。建立拖欠工资企业"黑名单"制度,定期向社会公开有关信息。推进相关信用信息系统互联互通,实现对企业信用信息互认共享。

2018年12月修改后发布的《建筑业企业资质管理规定》中规定,建筑业企业信用档案应当包括企业基本情况、资质、业绩、工程质量和安全、合同履约、社会投诉和违法行为等情况。企业的信用档案信息按照有关规定向社会公开。取得建筑业企业资质的企业应当按照有关规定,向资质许可机关提供真实、准确、完整的企业信用档案信息。

一、建筑市场诚信行为信息的分类

住房和城乡建设部《建筑市场信用管理暂行办法》(建市〔2017〕241号)规定,建筑市场信用信息由基本信息、优良信用信息、不良信用信息构成。

(一)基本信息

基本信息是指注册登记信息、资质信息、工程项目信息、注册执业人员信息等。

(二)优良信用信息

优良信用信息是指建筑市场各方主体在工程建设活动中获得的县级以上行政机关或群团组织表彰奖励等信息。

(三)不良信用信息

不良信用信息是指建筑市场各方主体在工程建设活动中违反有关法律、法规、规章或工程建设强制性标准等,受到县级以上住房城乡建设主管部门行政处罚的信息,以及经有关部门认定的其他不良信用信息。

国家发展和改革委员会等十部门《招标投标违法行为记录公告暂行办法》(发改法规〔2008〕1531号)中规定,招标、投标违法行为记录是指有关行政主管部门在依法履行职责过程中,对招标、投标当事人违法行为所作行政处理决定的记录。

二、建筑市场施工单位不良行为记录认定标准

《全国建筑市场各方主体不良行为记录认定标准》(建市〔2007〕9号)和《注册建造师执业管理办法(试行)》(建市〔2008〕48号)中,分别对施工单位、注册建造师的不良行为制定了具体认定标准。

(一)施工单位不良行为记录的认定标准

施工单位的不良行为记录认定标准分为如下几类。

1. 资质不良行为认定标准

资质不良行为认定标准:①未取得资质证书承揽工程的,或超越本单位资质等级承揽工程的;②以欺骗手段取得资质证书承揽工程的;③允许其他单位或个人以本单位名义承揽工程的;④未在规定期限内办理资质变更手续的;⑤涂改、伪造、出借、转让《建筑业企业资质证书》的;⑥按照国家规定需要持证上岗的技术工种的作业人员未经培训、考核,未取得证书上岗,情节严重的。

2. 承揽业务不良行为认定标准

承揽业务不良行为认定标准:①利用向发包单位及其工作人员行贿、提供回扣或者给予其他好处等不正当手段承揽业务的;②相互串通投标或与招标人串通投标的,以向招标人或评标委员会成员行贿的手段谋取中标的;③以他人名义投标或以其他方式弄虚作假,骗取中标的;④不按照与招标人订立的合同履行义务,情节严重的;⑤将承包的工程转包或违法分包的。

3. 工程质量不良行为认定标准

工程质量不良行为认定标准:①在施工中偷工减料的,使用不合格建筑材料、建筑构配件

和设备的,或者有不按照工程设计图纸或施工技术标准施工的其他行为的;②未按照节能设计进行施工的;③未对建筑材料、建筑构配件、设备和商品混凝土进行检测,或未对涉及结构安全的试块、试件以及有关材料取样检测的;④工程竣工验收后,不向建设单位出具质量保修书的,或质量保修书的内容、期限违反规定的;⑤不履行保修义务或者拖延履行保修义务的。

4. 工程安全不良行为认定标准

工程安全不良行为认定标准:①在本单位发生重大生产安全事故时,主要负责人不立即组织抢救或在事故调查处理期间擅离职守或逃匿的,主要负责人对生产安全事故隐瞒不报、谎报或拖延不报的;②对建筑安全事故隐患不采取措施予以消除的;③不设立安全生产管理机构、配备专职安全生产管理人员或分部分项工程施工时无专职安全生产管理人员现场监督的;④主要负责人、项目负责人、专职安全生产管理人员、作业人员或特种作业人员,未经安全教育培训或经考核不合格即从事相关工作的;⑤未在施工现场的危险部位设置明显的安全警示标志,或未按照国家有关规定在施工现场设置消防通道、消防水源、配备消防设施和灭火器材的;⑥未向作业人员提供安全防护用具和安全防护服装的;⑦未按照规定在施工起重机械和整体提升脚手架、模板等自升式架设设施验收合格后登记的;⑧使用国家明令淘汰、禁止使用的危及施工安全的工艺、设备、材料的;⑨违法挪用列入建设工程概算的安全生产作业环境及安全施工措施所需费用的;⑩施工前未对有关安全施工的技术要求作出详细说明的;⑪未根据不同施工阶段和周围环境及季节、气候的变化,在施工现场采取相应的安全施工措施,或在城市市区内的建设工程的施工现场未实行封闭围挡的;⑫在尚未竣工的建筑物内设置员工集体宿舍的;⑬施工现场临时搭建的建筑物不符合安全使用要求的;⑭未对因建设工程施工可能造成损害的毗邻建筑物、构筑物和地下管线等采取专项防护措施的;⑮安全防护用具、机械设备、施工机具及配件在进入施工现场前未经查验或查验不合格即投入使用的;⑯使用未经验收或验收不合格的施工起重机械和整体提升脚手架、模板等自升式架设设施的;⑰委托不具有相应资质的单位承担施工现场安装、拆卸施工起重机械和整体提升脚手架、模板等自升式架设设施的;⑱在施工组织设计中未编制安全技术措施、施工现场临时用电方案或专项施工方案的;⑲主要负责人、项目负责人未履行安全生产管理职责的,或不服管理、违反规章制度和操作规程冒险作业的;⑳施工单位取得资质证书后,降低安全生产条件的,或经整改仍未达到与其资质等级相适应的安全生产条件的;㉑取得安全生产许可证发生重大安全事故的;㉒未取得安全生产许可证擅自进行生产的;㉓安全生产许可证有效期满未办理延期手续,继续进行生产的,或逾期不办理延期手续,继续进行生产的;㉔转让安全生产许可证的,接受转让的,冒用或使用伪造的安全生产许可证的。

(二)注册建造师不良行为记录的认定标准

《注册建造师执业管理办法(试行)》第22条规定,注册建造师不得有下列行为:①不按设计图纸施工;②使用不合格建筑材料;③使用不合格设备、建筑构配件;④违反工程质量、安全、环保和用工方面的规定;⑤在执业过程中,索贿、行贿、受贿或者谋取合同约定费用外的其他不法利益;⑥签署弄虚作假或在不合格文件上签章的;⑦以他人名义或允许他人以自己的名义从事执业活动;⑧同时在两个或者两个以上企业受聘并执业;⑨超出执业范围和聘用企业业务范围从事执业活动;⑩未变更注册单位,而在另一家企业从事执业活动;⑪所负责工程未办理竣工验收或移交手续前,变更注册到另一家企业;⑫伪造、涂改、倒卖、出租、出借或以其他形式非法转让资格证书、注册证书和执业印章;⑬不履行注册建造师义务和法律、法规、规章禁止的其他行为。

注册建造师有下列行为之一,经有关监督部门确认后,由工程所在地建设主管部门或有关部门记入注册建造师执业信用档案:①《注册建造师执业管理办法(试行)》第二十二条所列行为;②未履行注册建造师职责造成质量、安全、环境事故的;③泄露商业秘密的;④无正当理由拒绝或未及时签字盖章的;⑤未按要求提供注册建造师信用档案信息的;⑥未履行注册建造师职责造成不良社会影响的;⑦未履行注册建造师职责导致项目未能及时交付使用的;⑧不配合办理交接手续的;⑨不积极配合有关部门监督检查的。

(三)建筑市场诚信行为的公布

《建筑市场信用管理暂行办法》规定,各级住房城乡建设主管部门应当完善信用信息公开制度,通过省级建筑市场监管一体化工作平台和全国建筑市场监管公共服务平台,及时公开建筑市场各方主体的信用信息。

公开建筑市场各方主体信用信息不得危及国家安全、公共安全、经济安全和社会稳定,不得泄露国家秘密、商业秘密和个人隐私。

1. 公布的时限

建筑市场各方主体的信用信息公开期限为:①基本信息长期公开;②优良信用信息公开期限一般为三年;③不良信用信息公开期限一般为六个月至三年,并不得低于相关行政处罚期限。具体公开期限由不良信用信息的认定部门确定。

《建筑市场诚信行为信息管理办法》(建市〔2007〕9号)规定,省、治区和直辖市建设行政主管部门负责审查整改结果,对整改确有实效的,由企业提出申请,经批准,可缩短其不良行为记录信息公布期限,但公布期限最短不得少于三个月,同时将整改结果列于相应不良行为记录后,供有关部门和社会公众查询;对于拒不整改或整改不力的单位,信息发布部门可延长其不良行为记录信息公布期限。

《招标投标违法行为记录公告暂行办法》规定,国务院有关行政主管部门和省级人民政府有关行政主管部门应自招标、投标违法行为行政处理决定作出之日起二十个工作日内对违法行为记录公告期限为六个月。依法限制招标、投标当事人资质(资格)等方面的行政处理决定,所认定的限制期限长于六个月的,公告期限从其决定。

2. 公布的内容和范围

《建筑市场诚信行为信息管理办法》规定,属于《全国建筑市场各方主体不良行为记录认定标准》范围的不良行为记录除在当地发布外,还将由建设部统一在全国公布,公布期限与地方确定的公布期限相同。通过与工商、税务、纪检、监察、司法、银行等部门建立的信息共享机制,获取的有关建筑市场各方主体不良行为记录的信息,省、自治区、直辖市建设行政主管部门也应在本地区统一公布。

《招标投标违法行为记录公告暂行办法》规定,对招标、投标违法行为所作出的以下行政处理决定应给予公告：①警告；②罚款；③没收违法所得；④暂停或者取消招标代理资格；⑤取消在一定时期内参加依法必须进行招标的项目的投标资格；⑥取消担任评标委员会成员的资格；⑦暂停项目执行或追回已拨付资金；⑧暂停安排国家建设资金；⑨暂停建设项目的审查批准；⑩行政主管部门依法作出的其他行政处理决定。

招标、投标违法行为记录公告不得公开涉及国家秘密、商业秘密、个人隐私的记录。但是，权利人同意公开或者行政机关认为不公开可能会对公共利益造成重大影响的涉及商业秘密、个人隐私的违法行为记录，可以公开。

3. 公告的变更

《建筑市场诚信行为信息管理办法》规定，对发布有误的信息，由发布该信息的省、自治区和直辖市建设行政主管部门进行修正，根据被曝光单位对不良行为的整改情况，调整其信息公布期限，保证信息的准确和有效。

《招标投标违法行为记录公告暂行办法》规定，被公告的招标、投标当事人认为公告记录与行政处理决定的相关内容不符的，可向公告部门提出书面更正申请，并提供相关证据。公告部门接到书面申请后，应在五个工作日内进行核对。公告的记录与行政处理决定的相关内容不一致的，应当给予更正并告知申请人；公告的记录与行政处理决定的相关内容一致的，应当告知申请人。公告部门在作出答复前不停止对违法行为记录的公告。

(四)建筑市场诚信行为的奖惩机制

《建筑市场信用管理暂行办法》规定，县级以上住房城乡建设主管部门按照"谁处罚、谁列入"的原则，将存在下列情形的建筑市场各方主体，列入建筑市场主体"黑名单"：①利用虚假材料、以欺骗手段取得企业资质的；②发生转包、出借资质，受到行政处罚的；③发生重大及以上工程质量安全事故，或一年内累计发生二次及以上较大工程质量安全事故，或发生性质恶劣、危害性严重、社会影响大的较大工程质量安全事故，受到行政处罚的；④经法院判决或仲裁机构裁决，认定为拖欠工程款，且拒不履行生效法律文书确定的义务的。各级住房城乡建设主管部门应当将列入建筑市场主体"黑名单"和拖欠农民工工资"黑名单"的建筑市场各方主体作为重点监管对象，在市场准入、资质资格管理、招标、投标等方面依法给予限制。各级住房城乡建设主管部门可以将建筑市场主体"黑名单"通报有关部门，实施联合惩戒。

《建筑业企业资质管理规定》中规定，企业未按照本规定要求提供企业信用档案信息的，由县级以上地方人民政府住房城乡建设主管部门或者其他有关部门给予警告，责令限期改正；逾期未改正的，可处以一千元以上一万元以下的罚款。

《注册建造师管理规定》中规定，注册建造师或者其聘用单位未按照要求提供注册建造师信用档案信息的，由县级以上地方人民政府建设主管部门或者其他有关部门责令限期改正；逾期未改正的，可处以一千元以上一万元以下的罚款。

➤三、建筑市场主体诚信评价的基本规定

《建筑市场信用管理暂行办法》规定，省级住房城乡建设主管部门可以结合本地实际情况，开展建筑市场信用评价工作。鼓励第三方机构开展建筑市场信用评价。

（一）信用评价的主要内容

建筑市场信用评价主要包括企业综合实力、工程业绩、招标、投标、合同履约、工程质量控制、安全生产、文明施工、建筑市场各方主体优良信用信息及不良信用信息等内容。

（二）信用评价结果的应用

地方各级住房城乡建设主管部门可以结合本地实际，在行政许可、招标、投标、工程担保与保险、日常监管、政策扶持、评优表彰等工作中应用信用评价结果。

（三）建筑工程"四库一平台"体系

"四库一平台"是以工程建设企业、注册人员、工程项目、诚信信息等数据库为基础，建立的"数据一个库、监管一张网、管理一条线"建筑市场和工程质量安全监管一体化工作平台。是在建筑市场快速发展与管理机制不健全的作用下逐步建立起来的一个开放性信息平台，是一种以"诚信"管理"混乱"的手段，只为完善我国建筑市场监管，促进我国建筑行业健康发展。

1. 四库

（1）企业：与建筑工程相关的设计、施工、监理、管理、造价、勘测等所有注册公司，基本囊括建筑市场所有企业集团信息。

（2）一级二级建筑注册人员：建筑市场内已取得注册资格证书（一级二级建造师、一级二级结构师等）全部人员信息。

（3）工程项目：32个省、自治区、直辖市内所有在建新建等项目信息。

（4）诚信信息：各公司接受到的行政处罚、处理、通报、奖励等信息。

2. 一平台

建立工程建设企业、注册人员、工程项目、诚信信息等基础数据库，动态记录工程项目各方主体市场和现场行为，有效实现建筑市场和施工现场监管的联动，全面实现全国建筑市场"数据一个库、监管一张网、管理一条线"的信息化监管的建筑市场和工程质量安全监管一体化工作平台——"全国建筑市场监管与诚信信息发布平台"。

习题巩固

➢ 一、单选题

(1)关于投标报价的说法,正确的是(   )。

A. 低于成本报价是指低于社会平均成本报价

B. 报价不可以低于成本,但可以高于最高投标限价

C. 报价低于成本的,评标委员会应当否决其投标

D. 报价可以低于成本,但不可以高于最高投标限价

(2)关于中标后订立建设工程施工合同的说法,正确的是(   )。

A. 合同的主要条款应当与招标文件和中标人投标文件的内容一致

B. 招标人和中标人应自中标通知书收到之日起三十日内订立书面合同

C. 对备案的中标合同不得进行协商变更

D. 人工、材料价格行情发生变化,双方应当就合同价款订立新的协议

(3)关于投标文件的补充、修改与撤回的说法,正确的是(   )。

A. 撤回已提交的投标文件,应当在投标截止时间前进行

B. 撤回已提交的投标文件,应当经过招标人的同意

C. 补充、修改已提交的投标文件,应当在提交投标保证金之前进行

D. 撤回已提交的投标文件,应当以书面形式通知其他投标人

(4)关于招标文件澄清或者修改的说法,正确的是(   )。

A. 招标文件的效力高于其澄清或修改文件

B. 澄清或者修改的内容可能影响投标文件编制的,招标人应在投标截止时间至少十五日前澄清或者修改

C. 澄清或者修改可以以口头形式通知所有获取招标文件的潜在投标人

D. 澄清或者修改通知至投标截止时间不足十五日的,在征得全部投标人同意后,可按原投标截止时间开标

(5)根据《招标投标法实施条例》,关于联合体投标的说法,正确的是(   )。

A. 招标人接受联合体投标并进行资格预审的,联合体可以在资格预审后组成

B. 资格预审后联合体增减、更换成员的,应当书面通知招标人

C. 招标人应当在资格预审公告、招标公告或者投标邀请书中载明是否接受联合体投标

D. 联合体各方在同一招标项目中可以以自己的名义单独投标

(6)关于履约保证金的说法,正确的是(   )。

A. 履约保证金不得低于中标合同金额的10%

B. 中标人不履行与招标人订立的合同的,履约保证金不予退还,给招标人造成的损失超过履约保证金数额的,对超过部分不予赔偿

C. 施工企业不得以银行保函或担保公司保函的形式,向建设单位提供履约担保

D. 招标文件要求中标人提交履约保证金的,中标人应当提交

(7)下列情形中,属于投标人相互串通投标的是( )。

A. 两个以上投标人的投标文件具有特殊标记

B. 不同投标人的投标文件在同一文印店装订

C. 投标人之间协商投标投价等投标文件的实质性内容

D. 不同投标人的投标保函由同一银行开具

(8)关于标底的说法,正确的是( )。

A. 招标人可以自行决定是否编制标底

B. 招标人可以根据实际情况确定招标项目标底的数量

C. 国有资金投资的建筑工程招标的,应当设有招标标底

D. 在保密的前提下,接受招标人委托编制标底的中介机构可以为该项目的投标人提供咨询

(9)下列投标文件中,应当拒收的是( )。

A. 提前送达的投标文件

B. 投标联合体提交的未附共同投标协议的投标文件

C. 未通过资格预审的申请人提交的投标文件

D. 未提交投标保证金的投标文件

(10)关于两阶段招标的说法,正确的是( )。

A. 对技术复杂或者无法精确拟定技术规格的项目,招标人必须分两阶段进行招标

B. 第二阶段,投标人按照招标文件的要求提交包括最终技术方案和投标报价的投标文件

C. 第一阶段,投标人按照招标公告或者投标邀请书的要求提交带报价的技术建议

D. 招标人要求投标人提交投标保证金的,应当在第一阶段提出

(11)招标、投标违法行为记录公告,绝对禁止公开涉及( )的记录。

A. 国家秘密

B. 个人隐私

C. 商业隐私

D. 政府信息

(12)下列不良行为中,属于施工企业资质不良行为的是( )。

A. 不按照与招标人订立的合同履行义务,情节严重的

B. 将承包的工程转包或违法分包的

C. 未按照节能设计进行施工的

D. 允许其他单位或个人以本企业名义承揽工程

(13)下列行为中,属于施工企业承揽业务不良行为的是( )。

A. 超越本单位资质承揽工程的

B. 允许其他单位或者个人以本单位名义承揽工程的

C. 涂改、伪造、出借、转让《建筑业企业资质证书》的

D. 不按照与招标人订立的合同履行义务,情节严重的

(14)根据《全国建筑市场各方主体不良行为记录认定标准》,以他人名义投标骗取中标的,属于( )行为。

A. 资质不良

B. 工程质量不良

C. 承揽业务不良

D. 工程安全不良

(15)注册建造师的下列行为中,可以记入注册建造师执业信用档案的是( )。

A. 泄露商业秘密的

B. 对设计变更有异议的

C. 经常外出参会的

D. 拒绝执行监理工程师指令的

二、多选题

(1)根据《招标投标法》,可以不进行招标的工程项目有( )。

A. 涉及国家秘密的工程项目

B. 涉及抢险救灾的工程项目

C. 利用扶贫资金实行以工代赈,需要使用农民工的工程项目

D. 涉及国家安全的工程项目

E. 国有企业开发建设的商住两用的工程项目

(2)关于联合体投标的说法,正确的有( )。

A. 联合体至少一方应当具备承担招标项目的相应能力

B. 联合体投标一般适用于大型的或者结构复杂的建设项目

C. 由同一专业的单位组成的联合体,按照资质等级较高的单位确定资质等级

D. 联合体中标的,联合体各方就中标项目向招标人承担按份责任

E. 联合体中标的,联合体各方应当共同与招标人订立合同

(3)根据《建筑工程施工发包与承包违法行为认定处管理办法》,属于违法分包行为的有( )。

A. 施工总承包单位将钢结构工程的施工分包给其他具备相应资质的单位的

B. 专业分包单位将其承包的专业工程中劳务作业部分再分包的

C. 专业作业承包人将其承包的劳务再分包的

D. 承包单位将其承包的工程分包给个人的

E. 有资质的施工企业相互借用资质承揽工程的

(4)根据《房屋建筑和市政基础设施项目工程总承包管理办法》,关于工程总承包单位的说法正确的( )。

A. 工程总承包单位应当同时具有与工程规模相适应的工程设计资质和施工资质

B. 工程总承包单位可以由具有相应资质的设计单位和施工企业组成联合体

C. 工程总承包单位应当具有相应的项目管理体系和项目管理能力、财务和风险承担能力

D. 工程总承包单位可以是工程总承包项目的代建单位或者造价咨询单位

E. 工程总承包单位应当具有与发包工程相类似设计、施工或者工程总承包业绩

(5)下列投标人投标的情形中,评标委员会应当否决的有( )。

A. 投标人主动提出了对投标文件的澄清、修改

B. 联合体未提交共同投标协议

C. 投标报价高于招标文件设定的最高投标限价

D. 投标文件未经投标人盖章和单位负责人签字

E. 投标文件未对招标文件的实质性要求和条件作出响应

项目小结

项目五 建设工程合同和劳动合同法律制度

➤ 一、项目目标

素质目标

(1)能够运用法律处理工作中的纠纷、争端。
(2)认识到"凡事预则立,不预则废",做有计划的人。

知识目标

(1)了解建筑工程合同的特征。
(2)了解企业违规行为的规定及承担的责任。
(3)掌握合同的订立、生效。
(4)掌握劳动合同的履行、变更、解除和终止。
(5)了解劳动合同及劳动者权益保障制度。

能力目标

(1)具备签订建设工程施工合同的能力,能解决合同履行中的各种问题。
(2)能熟练地掌握建设工程施工合同文本中的具体规定,为正常的建设工程施工活动服务。

➤ 二、项目知识点

(1)合同基础知识。
(2)建设工程合同制度。
(3)劳动合同及劳动者权益保护制度。
(4)相关合同制度。

模块 1 合同基础知识

➤ 一、合同的订立

(1)当事人订立合同可以采用书面形式、口头形式或者其他形式。书面形式是指合同、信件、电报、电传、传真等可以有形地表现所载内容的形式。

(2)合同的内容由当事人约定,一般包括下列条款:

①当事人的姓名或者名称和住所;

②标的;

③数量;

④质量;

⑤价款或者报酬;

⑥履行期限、地点和方式;

⑦违约责任;

⑧解决争议的方法。

(3)当事人订立合同可以采取要约、承诺或者其他方式。

(4)要约是希望与他人订立合同的意思表示,该意思表示应当符合下列条件:

①内容具体确定;

②表明经受要约人承诺,要约人即受该意思表示约束。

(5)要约邀请是希望他人向自己发出要约的表示。拍卖公告、招公告、招股说明书、债券募集办法、基金招募说明书、商业广告和宣传、寄送的价目表等为要约邀请。商业广告和宣传的内容符合要约条件的,构成要约。

(6)要约可以撤销,但是有下列情形之一的除外:

①要约人以确定承诺期限或者其他形式明示要约不可撤销;

②受要约人有理由认为要约是不可撤销的,并已经为履行合同做了合理准备工作。

(7)撤销要约的意思表示以对话方式作出的,该意思表示的内容应当在受要约人作出承诺之前为受要约人所知道;撤销要约的意思表示以非对话方式作出的,应当在受要约人作出承诺之前到达受要约人。

(8)有下列情形之一的,要约失效:

①要约被拒绝;

②要约被依法撤销;

③承诺期限届满,受要约人未作出承诺;

④受要约人对要约的内容作出实质性变更;

⑤承诺是受要约人同意要约的意思表示。

(9)承诺应当在要约确定的期限内到达要约人。要约没有确定承诺期限的,承诺应当依照下列规定到达：

①要约以对话方式作出的，应当即时作出承诺；

②要约以非对话方式作出的，承诺应当在合理期限内到达。

(10)要约以信件或者电报作出的，承诺期限自信件载明的日期或者电报交发之日开始计算。信件未载明日期的，自投寄该信件的邮戳日期开始计算。要约以电话、传真、电子邮件等快速通信方式作出的，承诺期限自要约到达受要约人时开始计算。

(11)承诺生效时合同成立，但是法律另有规定或者当事人另有约定的除外。

(12)承诺可以撤回。

(13)受要约人超过承诺期限发出承诺，或者在承诺期限内发出承诺，按照通常情形不能及时到达要约人的，为新要约。但是，要约人及时通知受要约人该承诺有效的除外。

(14)受要约人在承诺期限内发出承诺，按照通常情形能够及时到达要约人，但是因其他原因致使承诺到达要约人时超过承诺期限的，除要约人及时通知受要约人因承诺超过期限不接受该承诺外，该承诺有效。

(15)承诺的内容应当与要约的内容一致。受要约人对要约的内容作出实质性变更的，为新要约。有关合同标的、数量、质量、价款或者报酬、履行期限、履行地点和方式、违约责任和解决争议方法等的变更，是对要约内容的实质性变更。

(16)承诺对要约的内容作出非实质性变更的，除要约人及时表示反对或者要约表明承诺不得对要约的内容作出任何变更外，该承诺有效，合同的内容以承诺的内容为准。

(17)当事人采用合同书形式订立合同的，自当事人均签名、盖章或者按指印时合同成立。在签名、盖章或者按指印之前，当事人一方已经履行主要义务，对方接受时，该合同成立。法律、行政法规规定或者当事人约定合同应当采用书面形式订立，当事人未采用书面形式但是一方已经履行主要义务，对方接受时，该合同成立。

(18)承诺生效的地点为合同成立的地点。采用数据电文形式订立合同的，收件人的主营业地为合同成立的地点；没有主营业地的，其住所地为合同成立的地点。当事人另有约定的，按照其约定。

(19)当事人采用合同书形式订立合同的，最后签名、盖章或者按指印的地点为合同成立的地点，但是当事人另有约定的除外。

(20)国家根据抢险救灾、疫情防控或者其他需要下达国家订货任务、指令性任务的，有关民事主体之间应当依照有关法律、行政法规规定的权利和义务订立合同。依照法律、行政法规的规定负有发出要约义务的当事人，应当及时发出合理的要约。依照法律、行政法规的规定负有作出承诺义务的当事人，不得拒绝对方合理的订立合同要求。

(21)格式条款是当事人为了重复使用而预先拟定，并在订立合同时未与对方协商的条款。采用格式条款订立合同的，提供格式条款的一方应当遵循公平原则确定当事人之间的权利和义务，并采取合理的方式提示对方注意免除或者减轻其责任等与对方有重大利害关系的条款，按照对方的要求，对该条款予以说明。提供格式条款的一方未履行提示或者说明义务，致使对方没有注意或者理解与其有重大利害关系的条款的对方可以主张该条款不成为合同的内容。

(22)有下列情形之一的,该格式条款无效:
①提供格式条款一方不合理地免除或者减轻其责任、加重对方责任、限制对方主要权利;
②提供格式条款一方排除对方主要权利。
(23)对格式条款的理解发生争议的,应当按照通常理解予以解释。对格式条款有两种以上解释的,应当作出不利于提供格式条款一方的解释。格式条款和非格式条款不一致的,应当采用非格式条款。
(24)当事人在订立合同过程中有下列情形之一,造成对方损失的,应当承赔偿责任:
①假借订立合同,恶意进行磋商;
②故意隐瞒与订立合同有关的重要事实或者提供虚假情况;
③有其他违背诚信原则的行为。

➢ 二、合同的效力

(1)依法成立的合同,自成立时生效,但是法律另有规定或者当事人另有约定的除外。依照法律、行政法规的规定,合同应当办理批准等手续的,依照其规定。未办理批准等手续影响合同生效的,不影响合同中履行报批等义务条款以及相关条款的效力。应当办理申请批准等手续的当事人未履行义务的,对方可以请求其承担违反该义务的责任依照法律、行政法规的规定,合同的变更、转让、解除等情形应当办理批准等手续的,适用前款规定。

(2)无权代理人以被代理人的名义订立合同,被代理人已经开始履行合同义务或者接受相对人履行的,视为对合同的追认。

(3)法人的法定代表人或者非法人组织的负责人超越权限订立的合同,除相对人知道或者应当知道其超越权限外,该代表行为有效,订立的合同对法人或者非法人组织发生效力。

(4)合同中的下列免责条款无效:
①造成对方人身损害的;
②因故意或者重大过失造成对方财产损失的。

(5)合同不生效、无效、被撤销或者终止的,不影响合同中有关解决争议方法的条款的效力。

➢ 三、合同的履行

(1)合同生效后,当事人就质量、价款或者报酬、履行地点等内容没有约定或者约定不明确的,可以协议补充;不能达成补充协议的,按照合同相关条款或者交易习惯确定。

(2)当事人就有关合同内容约定不明确,依据前条规定仍不能确定的,适用下列规定:
①质量要求不明确的,按照强制性国家标准履行;没有强制性国家标准的,按照推荐性国家标准履行;没有推荐性国家标准的,按照行业标准履行;没有国家标准、行业标准的,按照通常标准或者符合合同目的的特定标准履行。
②价款或者报酬不明确的,按照订立合同时履行地的市场价格履行;依法应当执行政府定价或者政府指导价的,依照规定履行。
③履行地点不明确,给付货币的,在接受货币一方所在地履行;交付不动产的,在不动产所

在地履行;其他标的,在履行义务一方所在地履行。

④履行期限不明确的,债务人可以随时履行,债权人也可以随时请求履行,但是应当给对方必要的准备时间。

⑤履行方式不明确的,按照有利于实现合同目的的方式履行。

⑥履行费用的负担不明确的,由履行义务一方负担;因债权人原因增加的履行费用,由债权人负担。

⑦通过互联网等信息网络订立的电子合同的标的为交付商品并采用快递物流方式交付的,收货人的签收时间为交付时间。电子合同的标的为提供服务的,生成的电子凭证或者实物凭证中载明的时间为提供服务时间;前述凭证没有载明时间或者载明时间与实际提供服务时间不一致的,以实际提供服务的时间为准。电子合同的标的物为采用在线传输方式交付的,合同标的物进入对方当事人指定的特定系统且能够检索识别的时间为交付时间。电子合同当事人对交付商品或者提供服务的方式、时间另有约定的,按照其约定。

⑧执行政府定价或者政府指导价的,在合同约定的交付期限内政府价格调整时,按照交付时的价格计价。逾期交付标的物的,遇价格上涨时,按照原价格执行;价格下降时,按照新价格执行。逾期提取标的物或者逾期付款的,遇价格上涨时,按照新价格执行;价格下降时,按照原价格执行。

⑨以支付金钱为内容的债,除法律另有规定或者当事人另有约定外,债权人可以请求债务人以实际履行地的法定货币履行。

⑩标的有多项而债务人只需履行其中一项的,债务人享有选择权;但是,法律另有规定、当事人另有约定或者另有交易习惯的除外。享有选择权的当事人在约定期限内或者履行期限届满未作选择,经催告后在合理期限内仍未选择的,选择权转移至对方。

⑪当事人行使选择权应当及时通知对方,通知到达对方时,标的确定。标的确定后不得变更,但是经对方同意的除外。可选择的标的发生不能履行情形的,享有选择权的当事人不得选择不能履行的标的,但是该不能履行的情形是由对方造成的除外。

⑫应当先履行债务的当事人,有确切证据证明对方有下列情形之一的,可以中止履行:

a.经营状况严重恶化;

b.转移财产、抽逃资金,以逃避债务;

c.丧失商业信誉;

d.有丧失或者可能丧失履行债务能力的其他情形。

▶四、合同的变更和转让

(1)当事人协商一致,可以变更合同。

(2)当事人对合同变更的内容约定不明确的推定为未变更。

(3)债权人可以将债权的全部或者部分转让给第三人,但是有下列情形之一的除外:

①根据债权性质不得转让;

②按照当事人约定不得转让;

③依照法律规定不得转让。

(4)债权人转让债权,未通知债务人的,该转让对债务人不发生效力。债权转让的通知不得撤销,但是经受让人同意的除外。

(5)债权人转让债权的,受让人取得与债权有关的从权利,但是该从权利专属于债权人自身的除外。受让人取得从权利不因该从权利未办理转移登记手续或者未转移占有而受到影响。

(6)有下列情形之一的,债务人可以向受让人主张抵销:

①债务人接到债权转让通知时,债务人对让与人享有债权,且债务人的债权先于转让的债权到期或者同时到期;

②债务人的债权与转让的债权是基于同一合同产生。

➢ 五、合同的权利义务终止

(1)有下列情形之一的,债权债务终止:

①债务已经履行;

②债务相互抵销;

③债务人依法将标的物提存;

④债权人免除债务;

⑤债权债务同归于一人;

⑥法律规定或者当事人约定终止的其他情形。

(2)债务人在履行主债务外还应当支付利息和实现债权的有关费用,其给付不足以清偿全部债务的,除当事人另有约定外应当按照下列顺序履行:

①实现债权的有关费用;

②利息;

③主债务。

(3)有下列情形之一的,当事人可以解除合同:

①因不可抗力致使不能实现合同目的;

②在履行期限届满前,当事人一方明确表示或者以自己的行为表明不履行主要债务;

③当事人一方迟延履行主要债务,经催告后在合理期限内仍未履行;

④当事人一方迟延履行债务或者有其他违约行为致使不能实现合同目的;

⑤法律规定的其他情形。

(4)有下列情形之一,难以履行债务的,债务人可以将标的物提存:

①债权人无正当理由拒绝受领;

②债权人下落不明;

③债权人死亡未确定继承人、遗产管理人,或者丧失民事行为能力未确定监护人;

④法律规定的其他情形。

➢ 六、违约责任

(1)当事人一方不履行非金钱债务或者履行非金钱债务不符合约定的,对方可以请求履

行,但是有下列情形之一的除外:

①法律上或者事实上不能履行;

②债务的标的不适于强制履行或者履行费用过高;

③债权人在合理期限内未请求履行。

(2)当事人一方不履行债务或者履行债务不符合约定,根据债务的性质不得强制履行的,对方可以请求其负担由第三人替代履行的费用。

(3)当事人一方不履行合同义务或者履行合同义务不符合约定,造成对方损失的,损失赔偿额应当相当于因违约所造成的损失,包括合同履行后可以获得的利益。但是,不得超过违约一方订立合同时预见到或者应当预见到的因违约可能造成的损失。

(4)因国际货物买卖合同和技术进出口合同争议提起诉讼或者申请仲裁的时效期间为四年。

模块2　建设工程合同制度

建设工程合同是承包人进行工程建设,发包人支付价款的合同。建设工程合同包括建设工程勘察合同、建设工程设计合同、建设工程施工合同等。

➤一、建设工程施工合同的法定形式、内容和双方主要义务

建设工程施工合同是建设工程合同中的重要部分,是指施工人(承包人)根据发包人的委托完成建设工程项目的施工工作,发包人接受工作成果并支付报酬的合同。

(一)建设工程施工合同的法定形式

《民法典》规定,当事人订立合同,可以采用书面形式、口头形式或者其他形式。书面形式是合同书、信件、电报、电传、传真等可以有形地表现所载内容的形式。以电子数据交换、电子邮件等方式能够有形地表现所载内容,并可以随时调取查用的数据电文,视为书面形式。

书面形式合同的内容明确,有据可查,对于防止和解决争议有积极意义。口头形式合同具有直接、简便、快速的特点,但缺乏凭证,一旦发生争议,难以取证,且不易分清责任。其他形式合同可以根据当事人的行为或者特定情形推定合同的成立,也称为默示合同。

《民法典》明确规定,建设工程合同应当采用书面形式。

(二)建设工程施工合同的内容

合同的内容,即合同当事人的权利、义务,除法律规定的以外,主要由合同的条款确定。合同的内容由当事人约定,一般包括以下条款:①当事人的姓名或者名称和住所。②标的,如有形财产、无形财产、劳务、工作成果等。③数量,应选择使用共同接受的计量单位、计量方法和计量工具。④质量,可约定质量检验方法、质量责任期限与条件、对质量提出异议的条件与期限。质量要求不明确的,按照强制性国家标准履行;没有强制性国家标准的,按照推荐性国家标准履行;没有推荐性国家标准的,按照行业标准履行;没有国家标准、行业标准的,按照通常标准或者符合合同目的的特定标准履行。⑤价款或者报酬,应规定清楚计算价款或者报酬的方法。⑥履行期限、地点和方式。⑦违约责任,可在合同中约定定金、违约金、赔偿金额以及赔偿金的计算方法等。⑧解决争议的方法。当事人可以参照各类合同的示范文本订立合同。

《民法典》规定,施工合同的内容一般包括工程范围、建设工期、中间交工工程的开工和竣工时间、工程质量、工程造价、技术资料交付时间、材料和设备供应责任、拨款和结算、竣工验收、质量保修范围及质量保证期、相互协作等条款。

1.工程范围

工程范围是指施工的界区,是施工人进行施工的工作范围。

2.建设工期

建设工期是指施工人完成施工任务的期限。为了保证工程质量,双方当事人应当在施工合同中确定合理的建设工期。

3. 中间交工工程的开工和竣工时间

中间交工工程是指施工过程中的阶段性工程。为了保证工程各阶段的交接，顺利完成工程建设，当事人应当明确中间交工工程的开工和竣工时间。

4. 工程质量

工程质量条款是明确施工人施工要求，确定施工人责任的依据。施工人必须按照工程设计图纸和施工技术标准施工，不得擅自修改工程设计，不得偷工减料。发包人也不得明示或者暗示施工人违反工程建设强制性标准，降低建设工程质量。

5. 工程造价

工程造价是指进行工程建设所需的全部费用，包括人工费、材料费、施工机械使用费、措施费等。

6. 技术资料交付时间

技术资料主要是指勘察、设计文件以及其他施工人据以施工所必需的基础资料。

7. 材料和设备供应责任

材料和设备供应责任是指由哪一方当事人提供工程所需材料设备及其应承担的责任。材料和设备可以由发包人负责提供，也可以由施工人采购。

8. 拨款和结算

拨款是指工程款的拨付。结算是指施工人按照合同约定和已完成的工程量向发包人办理工程款清算。拨款和结算条款是施工人请求发包人支付工程款和报酬的依据。

9. 竣工验收

竣工验收条款一般应当包括验收范围与内容、验收标准与依据、验收人员组成、验收方式和日期等内容。

10. 质量保修范围和质量保证期

建设工程质量保修范围和质量保证期，应当按照2019年4月修改后公布的《建设工程质量管理条例》的规定执行。

11. 双方相互协作条款

双方相互协作条款一般包括双方当事人在施工前的准备工作，施工人及时向发包人提出开工通知书、施工进度报告书、对发包人的监督检查提供必要协助等。

(三)建设工程施工合同发承包双方的主要义务

1. 发包人的主要义务

(1)不得违法发包。

《民法典》规定，发包人不得将应当由一个承包人完成的建设工程支解成若干部分发包给数个承包人。

(2)提供必要施工条件。

发包人未按照约定的时间和要求提供原材料、设备、场地、资金、技术资料的，承包人可以顺延工程日期，并有权请求赔偿停工、窝工等损失。

(3)及时检查隐蔽工程。

隐蔽工程在隐蔽以前,承包人应当通知发包人检查。发包人没有及时检查的,承包人可以顺延工程日期,并有权请求赔偿停工、窝工等损失。

(4)及时验收工程。

建设工程竣工后,发包人应当根据施工图纸及说明书、国家颁发的施工验收规范和质量检验标准及时进行验收。

(5)支付工程价款。

发包人应当按照合同约定的时间、地点和方式等,向承包人支付工程价款。

2. 承包人的主要义务

(1)不得转包和违法分包工程。

承包人不得将其承包的全部建设工程转包给第三人或者将其承包的全部建设工程支解以后以分包的名义分别转包给第三人。禁止承包人将工程分包给不具备相应资质条件的单位。禁止分包单位将其承包的工程再分包。

(2)自行完成建设工程主体结构施工。

建设工程主体结构的施工必须由承包人自行完成。承包人将建设工程主体结构的施工,分包给第三人的,该分包合同无效。

(3)接受发包人有关检查。

发包人在不妨碍承包人正常作业的情况下,可以随时对作业进度、质量进行检查。隐蔽工程在隐蔽以前,承包人应当通知发包人检查。

(4)交付竣工验收合格的建设工程。

建设工程竣工经验收合格后,方可交付使用;未经验收或者验收不合格的,不得交付使用。

(5)建设工程质量不符合约定的无偿修理。

因施工人的原因致使建设工程质量不符合约定的,发包人有权请求施工人在合理期限内无偿修理或者返工、改建。经过修理或者返工、改建后,造成逾期交付的,施工人应当承担违约责任。

▶二、建设工程工期和价款的规定

(一)建设工程工期

住房和城乡建设部、原工商行政管理总局《建设工程施工合同(示范文本)》(GF—2017—0201)规定,工期是指在合同协议书中约定的承包人完成工程所需的期限,以及按照合同约定所作的期限变更。

1. 开工日期及开工通知

开工日期包括计划开工日期和实际开工日期。

经发包人同意后,监理人发出的开工通知应符合法律规定。监理人应在计划开工日期七日前向承包人发出开工通知,工期自开工通知中载明的开工日期起算。

最高人民法院《关于审理建设工程施工合同纠纷案件适用法律问题的解释(一)》(法释

〔2020〕25号)规定,当事人对建设工程开工日期有争议的,人民法院应当分别按照以下情形予以认定:①开工日期为发包人或者监理人发出的开工通知载明的开工日期;开工通知发出后,尚不具备开工条件的,以开工条件具备的时间为开工日期;因承包人原因导致开工时间推迟的,以开工通知载明的时间为开工日期。②承包人经发包人同意已经实际进场施工的,以实际进场施工时间为开工日期。③发包人或者监理人未发出开工通知,亦无相关证据证明实际开工日期的,应当综合考虑开工报告、合同、施工许可证、竣工验收报告或者竣工验收备案表等载明的时间,并结合是否具备开工条件的事实,认定开工日期。

2. 工期顺延

当事人约定顺延工期应当经发包人或者监理人签证等方式确认,承包人虽未取得工期顺延的确认,但能够证明在合同约定的期限内向发包人或者监理人申请过工期顺延且顺延事由符合合同约定,承包人以此为由主张工期顺延的,人民法院应予支持。

当事人约定承包人未在约定期限内提出工期顺延申请视为工期不顺延的,按照约定处理,但发包人在约定期限后同意工期顺延或者承包人提出合理抗辩的除外。

3. 竣工日期

《建设工程施工合同(示范文本)》规定,竣工日期包括计划竣工日期和实际竣工日期。

最高人民法院《关于审理建设工程施工合同纠纷案件适用法律问题的解释(一)》规定,当事人对建设工程实际竣工日期有争议的,人民法院应当分别按照以下情形予以认定:①建设工程经竣工验收合格的,以竣工验收合格之日为竣工日期;②承包人已经提交竣工验收报告,发包人拖延验收的,以承包人提交验收报告之日为竣工日期;③建设工程未经竣工验收,发包人擅自使用的,以转移占有建设工程之日为竣工日期。

(二)工程价款

按照合同约定的时间、金额和支付条件支付工程价款,是发包人的主要合同义务,也是承包人的主要合同权利。

《民法典》第五百一十条规定,合同生效后,当事人就质量、价款或者报酬、履行地点等内容没有约定或者约定不明确的,可以协议补充;不能达成补充协议的,按照合同相关条款或者交易习惯确定。

1. 合同价款的确定

招标工程的合同价款由发包人、承包人依据中标通知书中的中标价格在协议书内约定。非招标工程的合同价款由发包人、承包人依据工程预算书在协议书内约定。合同价款在协议书内约定后,任何一方不得擅自改变。

合同价款的确定方式有固定价格合同、可调价格合同、成本加酬金合同,双方可在专用条款内约定采用其中一种。

2. 工程价款的支付和竣工结算

《建筑工程施工发包与承包计价管理办法》规定,预付工程款按照合同价款或者年度工程计划额度的一定比例确定和支付,并在工程进度款中予以抵扣。承包方应当按照合同约定向发包方提交已完成工程量报告。发包方收到工程量报告后,应当按照合同约定及时核对并确认。

工程完工后,应当按照下列规定进行竣工结算:①承包方应当在工程完工后的约定期限内提交竣工结算文件。②国有资金投资建筑工程的发包方,应当委托具有相应资质的工程造价咨询企业对竣工结算文件进行审核,并在收到竣工结算文件后的约定期限内向承包方提出由工程造价咨询企业出具的竣工结算文件审核意见;逾期未答复的,按照合同约定处理,合同没有约定的,竣工结算文件视为已被认可。非国有资金投资的建筑工程发包方,应当在收到竣工结算文件后的约定期限内予以答复,逾期未答复的,按照合同约定处理,合同没有约定的,竣工结算文件视为已被认可;发包方对竣工结算文件有异议的,应当在答复期内向承包方提出,并可以在提出异议之日起的约定期限内与承包方协商;发包方在协商期内未与承包方协商或者经协商未能与承包方达成协议的,应当委托工程造价咨询企业进行竣工结算审核,并在协商期满后的约定期限内向承包方提出由工程造价咨询企业出具的竣工结算文件审核意见。③承包方对发包方提出的工程造价咨询企业竣工结算审核意见有异议的,在接到该审核意见后一个月内,可以向有关工程造价管理机构或者有关行业组织申请调解,调解不成的,可以依法申请仲裁或者向人民法院提起诉讼。国家没有规定的,可认为其约定期限均为二十八日。

3. 合同价款的调整

《建筑工程施工发包与承包计价管理办法》规定,发承包双方应当在合同中约定,发生下列情形时合同价款的调整方法:①法律、法规、规章或者国家有关政策变化影响合同价款的;②工程造价管理机构发布价格调整信息的;③经批准变更设计的;④发包方更改经审定批准的施工组织设计造成费用增加的;⑤双方约定的其他因素。

➤ 三、建设工程赔偿损失的规定

(一)赔偿损失的概念和特征

赔偿损失是指合同违约方因不履行或不完全履行合同义务而给对方造成的损失,依法或依据合同约定赔偿对方所蒙受损失的一种违约责任形式。

《民法典》规定,当事人一方不履行合同义务或者履行合同义务不符合约定的,应当承担继续履行、采取补救措施或者赔偿损失等违约责任。

赔偿损失具有以下特征:①赔偿损失是合同违约方违反合同义务所产生的责任形式。②赔偿损失具有补偿性,是强制违约方给非违约方所受损失的一种补偿。③赔偿损失具有一定的任意性。当事人订立合同时,可以预先约定对违约的赔偿损失的计算方法,或者直接约定违约方付给非违约方一定数额的金钱。当事人也可以事先约定免责的条款。④赔偿损失以赔偿非违约方实际遭受的全部损害为原则。

(二)建设工程施工合同中的赔偿损失

1. 发包人应当承担的赔偿损失

(1)未及时检查隐蔽工程造成的损失。

《民法典》规定,隐蔽工程在隐蔽以前,承包人应当通知发包人检查;发包人没有及时检查的,承包人可以顺延工程日期,并有权请求赔偿停工、窝工等损失。

(2)未按照约定提供原材料、设备等造成的损失。

发包人未按照约定的时间和要求提供原材料、设备、场地、资金、技术资料的,承包人可以顺延工程日期,并有权请求赔偿停工、窝工等损失。

(3)因发包人原因致使工程中途停建、缓建造成的损失。

因发包人的原因致使工程中途停建、缓建的,发包人应当采取措施弥补或者减少损失,赔偿承包人因此造成的停工、窝工、倒运、机械设备调迁、材料和构件积压等损失及实际费用。

(4)提供图纸或者技术要求不合理且怠于答复等造成的损失。

承揽人(承包人)发现定作人(发包人)提供的图纸或者技术要求不合理的,应当及时通知定作人(发包人)因定作人(发包人)怠于答复等原因造成承揽人(承包人)损失的,应当赔偿损失。

(5)中途变更承揽工作要求造成的损失。

定作人(发包人)中途变更承揽工作的要求,造成承揽人(承包人)损失的,应当赔偿损失。

(6)要求压缩合同约定工期造成的损失。

2019年4月修改后公布的《建设工程质量管理条例》中规定,建设单位有下列行为之一并造成损失的,应依法承担赔偿责任:①未组织竣工验收,擅自交付使用的;②验收不合格,擅自交付使用的;③对不合格的建设工程按照合格工程验收的。

2. 承包人应当承担的赔偿损失

(1)转让、出借资质证书等造成的损失。

《建筑法》规定,建筑施工企业转让、出借资质证书或者以其他方式允许他人以本企业的名义承揽工程的。对因该项承揽工程不符合规定的质量标准造成的损失,建筑施工企业与使用本企业名义的单位或者个人承担连带赔偿责任。

(2)转包、违法分包造成的损失。

承包单位将承包的工程转包的,或者违反规定进行分包的,对因转包工程或者违法分包的工程不符合规定的质量标准造成的损失,与接受转包或者分包的单位承担连带赔偿责任。

(3)偷工减料等造成的损失。

建筑施工企业在施工中偷工减料的,使用不合格的建筑材料、建筑构配件和设备的,或者有其他不按照工程设计图纸或者施工技术标准施工的行为的,造成建筑工程质量不符合规定的质量标准的,负责返工、修理,并赔偿因此造成的损失。

(4)与监理单位串通造成的损失。

工程监理单位与承包单位串通,为承包单位谋取非法利益,给建设单位造成损失的,应当与承包单位承担连带赔偿责任。

(5)不履行保修义务造成的损失。

建筑施工企业违反规定,不履行保修义务或者拖延履行保修义务的,并对在保修期内因屋顶、墙面渗漏、开裂等质量缺陷造成的损失,承担赔偿责任。

(6)保管不善造成的损失。

承揽人(承包人)应当妥善保管定作人(发包人)提供的材料以及完成的工作成果,因保管不善造成毁损、灭失的,应当承担赔偿责任。

(7)合理使用期限内造成的损失。

《建筑法》规定,在建筑物的合理使用寿命内,因建筑工程质量不合格受到损害的,有权向责任者要求赔偿。

四、无效合同和效力待定合同的规定

(一)无效合同

无效合同是指合同内容或者形式违反了法律、行政法规的强制性规定和社会公共利益,因而不能产生法律约束力,不受法律保护的合同。

无效合同的特征是:①具有违法性;②具有不可履行性;③自订立之时就不具有法律效力。

1. 有效的民事法律行为

《民法典》规定,具备下列条件的民事法律行为是有效的:①行为人具有相应的民事行为能力;②意思表示真实;③不违反法律、行政法规的强制性规定,不违背公序良俗。

《民法典》规定,无民事行为能力人实施的民事法律行为无效。

民事行为能力是指民事主体以自己独立的行为去取得民事权利、承担民事义务的能力。自然人的行为能力分三种情况:完全行为能力、限制行为能力、无行为能力。法人的行为能力由法人的机关或者代表行使。

2. 建设工程无效施工合同的主要情形

最高人民法院《关于审理建设工程施工合同纠纷案件适用法律问题的解释(一)》规定,建筑工程施工合同具有下列情形之一的,应当依据《民法典》第一百五十三条第一款的规定,认定无效:①承包人未取得建筑业企业资质或者超越资质等级的;②没有资质的实际施工人借用有资质的建筑施工企业名义的;③建设工程必须进行招标而未招标或者中标无效的。承包人因转包、违法分包建设工程与他人签订的建设工程施工合同,应当依据《民法典》第一百五十三条第一款及第七百九十一条第二款、第三款的规定,认定无效。

3. 无效合同的法律后果

《民法典》规定,无效的或者被撤销的民事法律行为自始没有法律约束力。民事法律行为部分无效,不影响其他部分效力的,其他部分仍然有效。

合同不生效、无效、被撤销或者终止的,不影响合同中有关解决争议方法的条款的效力。

民事法律行为无效、被撤销或者确定不发生效力后,行为人因该行为取得的财产,应当予以返还;不能返还或者没有必要返还的,应当折价补偿。有过错的一方应当赔偿对方由此所受到的损失;双方都有过错的,应当各自承担相应的责任。

4. 无效施工合同的工程款结算

建设工程施工合同无效,且建设工程经验收不合格的,按照以下情形处理:①修复后的建设工程经验收合格的,发包人可以请求承包人承担修复费用;②修复后的建设工程经验收不合格的,承包人无权请求参照合同关于工程价款的约定折价补偿。发包人对因建设工程不合格造成的损失有过错的,应当承担相应的责任。

(二)效力待定合同

效力待定合同是指合同虽然已经成立,但因其不完全符合有关生效要件的规定,其合同效力能否发生尚未确定,须经法律规定的条件具备才能生效。

1. 限制行为能力人订立的合同

《民法典》规定,限制民事行为能力人实施的纯获利益的民事法律行为或者与其年龄、智力、精神健康状况相适应的民事法律行为有效;实施的其他民事法律行为经法定代理人同意或者追认后有效。

相对人可以催告法定代理人自收到通知之日起三十日内予以追认。法定代理人未作表示的,视为拒绝追认。民事法律行为被追认前,善意相对人有撤销的权利。撤销应当以通知的方式作出。

2. 无权代理人订立的合同

行为人没有代理权、超越代理权或者代理权终止后,仍然实施代理行为,未经被代理人追认的,对被代理人不发生效力。

相对人可以催告被代理人自收到通知之日起三十日内予以追认。被代理人未作表示的,视为拒绝追认。行为人实施的行为被追认前,善意相对人有撤销的权利。撤销应当以通知的方式作出。

行为人实施的行为未被追认的,善意相对人有权请求行为人履行债务或者就其受到的损害请求行为人赔偿。但是,赔偿的范围不得超过被代理人追认时相对人所能获得的利益。

相对人知道或者应当知道行为人无权代理的,相对人和行为人按照各自的过错承担责任。无权代理人以被代理人的名义订立合同,被代理人已经开始履行合同义务或者接受相对人履行的,视为对合同的追认。

五、合同的履行、变更、转让、撤销和终止

(一)合同的履行

当事人应当遵循诚信原则,根据合同的性质、目的和交易习惯履行通知、协助、保密等义务。

(二)合同的变更

当事人协商一致,可以变更合同。当事人对合同变更的内容约定不明确的,推定为未变更。

1. 合同的变更须经当事人双方协商一致

如果双方当事人就变更事项达成一致意见,则变更后的内容取代原合同的内容,当事人应当按照变更后的内容履行合同。如果一方当事人未经对方同意就改变合同的内容,不仅变更的内容对另一方没有约束力,其做法还是一种违约行为,应当承担违约责任。

2. 对合同变更内容约定不明确的推定

合同变更的内容必须明确约定。如果当事人对于合同变更的内容约定不明确,则将被推定为未变更。任何一方不得要求对方履行约定不明确的变更内容。

(三)合同权利义务的转让

1. 合同权利(债权)的转让

(1)合同权利(债权)的转让范围。

《民法典》规定,债权人可以将债权的全部或者部分转让给第三人,但是有下列情形之一的除外:①根据债权性质不得转让;②按照当事人约定不得转让;③依照法律规定不得转让。当事人约定非金钱债权不得转让的,不得对抗善意第三人。

(2)根据债权性质不得转让的债权。债权是在债的关系中权利主体具备的能够要求义务主体为一定行为或者不为一定行为的权利。债权和债务一起共同构成债的内容。

(3)按照当事人约定不得转让的债权。当事人订立合同时可以对债权的转让做出特别约定,禁止债权人将债权转让给第三人。

(4)依照法律规定不得转让的债权。《民法典》规定,最高额抵押担保的债权确定前,部分债权转让的,最高额抵押权不得转让,但是当事人另有约定的除外。

2. 合同权利(债权)的转让应当通知债务人

《民法典》规定,债权人转让债权,未通知债务人的,该转让对债务人不发生效力。债权转让的通知不得撤销,但是经受让人同意的除外。

需要说明的是,债权人转让权利应当通知债务人,未经通知的转让行为对债务人不发生效力,但债权人债权的转让无需得到债务人的同意。这一方面是尊重债权人对其权利的行使,另一方面也防止债权人滥用权利损害债务人的利益。当债务人接到权利转让的通知后,权利转让即行生效,原债权人被新的债权人替代,或者新债权人的加入使原债权人不再完全享有原债权。

3. 债务人对让与人的抗辩

《民法典》规定,债务人接到债权转让通知后,债务人对让与人的抗辩,可以向受让人主张。

抗辩权是指债权人行使债权时,债务人根据法定事由对抗债权人行使请求权的权利。债务人的抗辩权是其固有的一项权利,并不随权利的转让而消灭。在权利转让的情况下,债务人可以向新债权人行使该权利。受让人不得以任何理由拒绝债务人权利的行使。

4. 合同义务(债务)的转让

《民法典》规定,债务人将债务的全部或者部分转移给第三人的,应当经债权人同意。债务人或者第三人可以催告债权人在合理期限内予以同意,债权人未作表示的,视为不同意。

债务转移分为两种情况:一是债务的全部转移,在这种情况下,新的债务人完全取代了旧的债务人,新的债务人负责全面履行债务;另一种情况是债务的部分转移,即新的债务人加入到原债务中,与原债务人一起向债权人履行义务。无论是转移全部债务还是部分债务,债务人都需要征得债权人同意。未经债权人同意,债务人转移债务的行为对债权人不发生效力。

5. 合同中权利和义务的一并转让

《民法典》规定,当事人一方经对方同意,可以将自己在合同中的权利和义务一并转让给第三人。合同的权利和义务一并转让的,适用债权转让、债务转移的有关规定。

(四)可撤销合同

可撤销合同就是因意思表示不真实,当事人通过行使撤销权,使已经生效的意思表示归于无效的合同。

1. 可撤销合同的种类

(1)因重大误解订立的合同。

重大误解是指误解者作出意思表示时,对涉及合同法律效果的重要事项存在着认识上的显著缺陷,其后果是使误解者的利益受到较大的损失,或者达不到误解者订立合同的目的。

(2)在订立合同时显失公平的合同。

所谓显失公平的合同,就是一方当事人在利用对方处于危困状态、缺乏判断能力等情形,使当事人之间享有的权利和承担的义务严重不对等,致使民事法律行为成立时显失公平的合同。

(3)以欺诈手段订立的合同。

第三人实施欺诈行为,使一方在违背真实意思的情况下实施的民事法律行为,对方知道或者应当知道该欺诈行为的,受欺诈方有权请求人民法院或者仲裁机构予以撤销。

(4)以胁迫的手段订立的合同。

一方或者第三人以胁迫手段,使对方在违背真实意思的情况下实施的民事法律行为,受胁迫方有权请求人民法院或者仲裁机构予以撤销。

2. 合同撤销权的行使

《民法典》规定,有下列情形之一的,撤销权消灭:①当事人自知道或者应当知道撤销事由之日起一年内、重大误解的当事人自知道或者应当知道撤销事由之日起九十日内没有行使撤销权;②当事人受胁迫,自胁迫行为终止之日起一年内没有行使撤销权;③当事人知道撤销事由后明确表示或者以自己的行为表明放弃撤销权。当事人自民事法律行为发生之日起五年内没有行使撤销权的,撤销权消灭。

3. 被撤销合同的法律后果

《民法典》规定,无效的或者被撤销的民事法律行为自始没有法律约束力。民事法律行为部分无效,不影响其他部分效力的,其他部分仍然有效。

(五)合同的终止

合同的终止,是指依法生效的合同,因具备法定的或当事人约定的情形,合同的债权、债务归于消灭,债权人不再享有合同的权利,债务人也不必再履行合同的义务。

《民法典》规定,有下列情形之一的,债权债务终止:①债务已经履行;②债务相互抵销;③债务人依法将标的物提存;④债权人免除债务;⑤债权债务同归于一人;⑥法律规定或者当事人约定终止的其他情形。合同解除的,该合同的权利义务关系终止。

1. 合同解除的种类

(1)约定解除合同。《民法典》规定,当事人协商一致,可以解除合同。当事人可以约定一方解除合同的事由。解除合同的事由发生时,解除权人可以解除合同。

(2)法定解除合同。《民法典》规定,有下列情形之一的,当事人可以解除合同:①因不可抗力致使不能实现合同目的;②在履行期限届满前,当事人一方明确表示或者以自己的行为表明不履行主要债务;③当事人一方延迟履行主要债务,经催告后在合理期限内仍未履行;④当事人一方延迟履行债务或者有其他违约行为致使不能实现合同目的;⑤法律规定的其他情形。以持续履行的债务为内容的不定期合同,当事人可以随时解除合同,但是应当在合理期限之前通知对方。

法定解除是法律直接规定解除合同的条件,当条件具备时,解除权人可直接行使解除权;约定解除则是双方的法律行为,单方行为不能导致合同的解除。

2. 解除合同的程序

《民法典》规定,当事人一方依法主张解除合同的,应当通知对方。合同自通知到达对方时解除;通知载明债务人在一定期限内不履行债务则合同自动解除,债务人在该期限内未履行债务的,合同自通知载明的期限届满时解除。对方对解除合同有异议的,任何一方当事人均可以请求人民法院或者仲裁机构确认解除行为的效力。当事人一方未通知对方,直接以提起诉讼或者申请仲裁的方式依法主张解除合同,人民法院或者仲裁机构确认该主张的,合同自起诉状副本或者仲裁申请书副本送达对方时解除。

当事人对异议期限有约定的依照约定,没有约定的,最长期限三个月。

3. 施工合同的解除

(1)发包人解除施工合同。

《民法典》规定,承包人将建设工程转包、违法分包的,发包人可以解除合同。

(2)承包人解除施工合同。

《民法典》规定,发包人提供的主要建筑材料、建筑构配件和设备不符合强制性标准或者不履行协助义务,致使承包人无法施工,经催告后在合理期限内仍未履行相应义务的,承包人可以解除合同。

(3)施工合同解除的法律后果。

《民法典》规定,合同解除后,已经完成的建设工程质量合格的,发包人应当按照约定支付相应的工程价款;已经完成的建设工程质量不合格的,施工合同无效的规定处理。

▶六、违约责任及违约责任的免除

(一)违约责任的概念和特征

违约责任是指合同当事人因违反合同义务所承担的责任。《民法典》规定,当事人一方不履行合同义务或者履行合同义务不符合约定的,应当承担继续履行、采取补救措施或者赔偿损失等违约责任。

违约责任具有如下特征:①违约责任的产生是以合同当事人不履行合同义务为条件的;②违约责任具有相对性;③违约责任主要具有补偿性,即旨在弥补或补偿因违约行为造成的损害后果;④违约责任可以由合同当事人约定,但约定不符合法律要求的,将会被宣告无效或被撤销;⑤违约责任是民事责任的一种形式。

(二)承担违约责任的种类

合同当事人违反合同义务,承担违约责任的种类主要有继续履行、采取补救措施、停止违约行为、赔偿损失、支付违约金或定金等。

1. 继续履行

继续履行是一种违约后的补救方式,是否要求违约方继续履行是非违约方的一项权利。继续履行可以与违约金、定金、赔偿损失并用,但不能与解除合同的方式并用。

2. 违约金和定金

违约金有法定违约金和约定违约金两种:由法律规定的违约金为法定违约金;由当事人约定的违约金为约定违约金。

约定的违约金低于造成的损失的,人民法院或者仲裁机构可以根据当事人的请求,以增加;约定的违约金过分高于造成的损失的,人民法院或者仲裁机构可以根据当事人的请求予以适当减少。

当事人可以约定一方向对方给付定金作为债权的担保。定金合同自实际交付定金时成立。定金的数额由当事人约定;但是,不得超过主合同标的额的20%,超过部分不产生定金的效力。实际交付的定金数额多于或者少于约定数额的,视为变更约定的定金数额。债务人履行债务的,定金应当抵作价款或者收回。给付定金的一方不履行债务或者履行债务不符合约定,致使不能实现合同目的的,无权请求返还定金;收受定金的一方不履行债务或者履行债务不符合约定,致使不能实现合同目的的,应当双倍返还定金。

当事人既约定违约金,又约定定金的,一方违约时,对方可以选择适用违约金或者定金条款。定金不足以弥补一方违约造成的损失的,对方可以请求赔偿超过定金数额的损失。

七、建设工程合同示范文本的性质与作用

《民法典》规定,当事人可以参照各类合同的示范文本订立合同。

(一)合同示范文本的作用

合同示范文本,是指由规定的国家机关事先拟定的对当事人订立合同起示范作用的合同文本。多年的实践表明,如果缺乏合同示范文本,一些当事人签订的合同不规范,条款不完备,漏洞较多,则将给合同履行带来很大困难,不仅影响合同履约率,还会导致合同纠纷增多,解决纠纷的难度增大。

(二)建设工程合同示范文本

国务院建设行政主管部门和国务院原工商行政管理部门,相继制定了《建设项目工程总承包合同(示范文本)》《建设工程勘察合同(示范文本)》《建设工程设计合同(示范文本)》《建设工程委托监理合同(示范文本)》《建设工程施工合同(示范文本)》《建设工程施工专业分包合同(示范文本)》《建设工程施工劳务分包合同(示范文本)》等。其中,《建设工程施工合同(示范文本)》由合同协议书、通用合同条款和专用合同条款三部分组成。

模块3　劳动合同及劳动者权益保护制度

劳动合同是在市场经济体制下，用人单位与劳动者进行双向选择、确定劳动关系、明确双方权利与义务的协议，是保护劳动者合法权益的基本依据。劳动关系是指劳动者与用人单位在实现劳动过程中建立的社会经济关系。由于存在着劳动关系，劳动者和用人单位都要受劳动法律的约束与规范。

➤一、劳动合同订立的规定

(一)订立劳动合同应当遵守的原则

2012年12月修改后公布的《中华人民共和国劳动合同法》(本书简称《劳动合同法》)规定，订立劳动合同，应当遵循合法、公平、平等自愿、协商一致、诚实信用的原则。

用人单位招用劳动者，不得扣押劳动者的居民身份证和其他证件，不得要求劳动者提供担保或者以其他名义向劳动者收取财物。

住房和城乡建设部、人力资源社会保障部《建筑工人实名制管理办法(试行)》(建市〔2019〕18号)规定，全面实行建筑业农民工实名制管理制度，坚持建筑企业与农民工先签订劳动合同后进场施工。

住房和城乡建设部等部门公布的《关于加快培育新时代建筑产业工人队伍的指导意见》(建市〔2020〕105号)规定，用人单位应与招用的建筑工人依法签订劳动合同，严禁用劳务合同代替劳动合同，依法规范劳务派遣用工。施工总承包单位或者分包单位不得安排未订立劳动合同并实名登记的建筑工人进入项目现场施工。

(二)劳动合同的种类

《劳动合同法》规定，劳动合同分为固定期限劳动合同、无固定期限劳动合同和以完成一定工作任务为期限的劳动合同。

人力资源社会保障部办公厅公布的《电子劳动合同订立指引》(人社厅发〔2021〕54号)规定，依法订立的电子劳动合同具有法律效力，用人单位与劳动者应当按照电子劳动合同的约定，全面履行各自的义务。鼓励用人单位和劳动者使用政府发布的劳动合同示范文本订立电子劳动合同。

1. 劳动合同期限

劳动合同的期限是指劳动合同的有效时间，是劳动关系当事人双方享有权利和履行义务的时间。该期限一般始于劳动合同的生效之日，终于劳动合同的终止之时。

2. 固定期限劳动合同

固定期限劳动合同，是指用人单位与劳动者约定合同终止时间的劳动合同，即劳动合同双方当事人在劳动合同中明确规定了合同效力的起始和终止的时间；劳动合同期限届满，劳动关系即告终止。固定期限劳动合同可以是一年、两年，也可以是五年、十年，甚至更长时间。

3. 无固定期限劳动合同

无固定期限劳动合同,是指用人单位与劳动者约定无确定终止时间的劳动合同。无确定终止时间的劳动合同并不是没有终止时间,一旦出现了法定的解除情形(如到了法定退休年龄)或者双方协商一致解除的,无固定期限劳动合同同样可以解除。

(三)劳动合同的基本条款

劳动合同应当具备以下条款:①用人单位的名称、住所和法定代表人或者主要负责人;②劳动者的姓名、住址和居民身份证或者其他有效身份证件号码;③劳动合同期限;④工作内容和工作地点;⑤工作时间和休息休假;⑥劳动报酬;⑦社会保险;⑧劳动保护、劳动条件和职业危害防护;⑨法律、法规规定应当纳入劳动合同的其他事项。

劳动合同除上述规定的必备条款外,用人单位与劳动者可以约定试用期、培训、保守秘密、补充保险和福利待遇等其他事项。

(四)订立劳动合同应当注意的事项

用人单位自用工之日起即与劳动者建立劳动关系。《劳动合同法》规定,建立劳动关系,应当订立书面劳动合同。已建立劳动关系,未同时订立书面劳动合同的,应当自用工之日起一个月内订立书面劳动合同。用人单位与劳动者在用工前订立劳动合同的,劳动关系自用工之日起建立。

合同有书面形式、口头形式和其他形式。按照《劳动合同法》的规定,除了非全日制用工(即以小时计酬为主,劳动者在同一用人单位一般平均每日工作时间不超过 4 小时,每周工作时间累计不超过 24 小时的用工形式)可以订立口头协议外,建立劳动关系应当订立书面劳动合同。如果没有订立书面合同,不订立书面合同的一方将要承担相应的法律后果。劳动合同文本由用人单位和劳动者各执一份。

(五)劳动报酬和试用期

《劳动合同法》规定,劳动合同对劳动报酬和劳动条件等标准约定不明确,引发争议的,用人单位与劳动者可以重新协商;协商不成的,适用集体合同规定;没有集体合同或者集体合同未规定劳动报酬的,实行同工同酬;没有集体合同或者集体合同未规定劳动条件等标准的,适用国家有关规定。

劳动合同期限三个月以上不满一年的,试用期不得超过一个月;劳动合同期限一年以上不满三年的,试用期不得超过两个月;三年以上固定期限和无固定期限的劳动合同,试用期不得超过六个月。同一用人单位与同一劳动者只能约定一次试用期。以完成一定工作任务为期限的劳动合同或者劳动合同期限不满三个月的,不得约定试用期。试用期包含在劳动合同期限内。劳动合同仅约定试用期的,试用期不成立,该期限为劳动合同期限。

劳动者在试用期的工资不得低于本单位相同岗位最低档工资或者劳动合同约定工资的 80%,并不得低于用人单位所在地的最低工资标准。

(六)劳动合同的生效与无效

劳动合同由用人单位与劳动者协商一致,并经用人单位与劳动者在劳动合同文本上签字或者盖章生效。双方当事人签字或者盖章时间不一致的,以最后一方签字或者盖章的时间为准;如果一方没有写签字时间,则另一方写明的签字时间就是合同生效时间。

➤ 二、劳动合同的履行、变更、解除和终止

(一)劳动合同的履行和变更

劳动合同一经依法订立便具有法律效力。用人单位与劳动者应当按照劳动合同的约定,全面履行各自的义务。当事人双方既不能只履行部分义务,也不能擅自变更合同,更不能任意不履行合同或者解除合同,否则将承担相应的法律责任。

1. 用人单位应当履行向劳动者支付劳动报酬的义务

《劳动合同法》规定,用人单位应当按照劳动合同约定和国家规定,向劳动者及时足额支付劳动报酬。劳动报酬是指劳动者为用人单位提供劳动而获得的各种报酬,通常包括三个部分:①货币工资,包括各种工资、奖金、津贴、补贴等;②实物报酬,即用人单位以免费或低于成本价提供给劳动者的各种物品和服务等;③社会保险,即用人单位为劳动者支付的医疗、失业、养老、工伤等保险金。

用人单位和劳动者可以在法律允许的范围内对劳动报酬的金额、支付时间、支付方式等进行平等协商。劳动报酬的支付要遵守国家的有关规定:①用人单位支付劳动者的工资不得低于当地的最低工资标准;②工资应当以货币形式按月支付劳动者本人,即不得以实物或有价证券等形式代替货币支付;③用人单位应当依法向劳动者支付加班费;④劳动者在法定休假日、婚丧假期间、探亲假期间、产假期间和依法参加社会活动期间以及非因劳动者原因停工期间,用人单位应当依法支付工资。

用人单位拖欠或者未足额支付劳动报酬的,劳动者可以依法向当地人民法院申请支付令,人民法院应当依法发出支付令。

2. 依法限制用人单位安排劳动者加班

用人单位应当严格执行劳动定额标准,不得强迫或者变相强迫劳动者加班。用人单位安排加班的,应当按照国家有关规定向劳动者支付加班费。

3. 劳动者有权拒绝违章指挥、冒险作业

劳动者对危害生命安全和身体健康的劳动条件,有权对用人单位提出批评、检举和控告。劳动者拒绝用人单位管理人员违章指挥、强令冒险作业的,不视为违反劳动合同。

4. 用人单位发生变动不影响劳动合同的履行

用人单位如果变更名称、法定代表人、主要负责人或者投资人等事项,不影响劳动合同的履行。用人单位发生合并或者分立等情况,原劳动合同继续有效,劳动合同由承继其权利和义务的用人单位继续履行。

5. 劳动合同的变更

《劳动合同法》规定,用人单位与劳动者协商一致,可以变更劳动合同约定的内容。变更劳动合同,应当采用书面形式。变更后的劳动合同文本由用人单位和劳动者各执一份。

变更劳动合同时应当注意:①必须在劳动合同依法订立之后,在合同没有履行或者尚未履

行完毕之前的有效时间内进行;②必须坚持平等自愿、协商一致的原则,即须经用人单位和劳动者双方当事人的同意;③不得违反法律法规的强制性规定;④劳动合同的变更须采用书面形式。

(二)劳动合同的解除和终止

劳动合同的解除,是指当事人双方提前终止劳动合同、解除双方权利义务关系的法律行为,可分为协商解除、法定解除和约定解除三种情况。劳动合同的终止,是指劳动合同期满或者出现法定情形以及当事人约定的情形而导致劳动合同的效力消灭,劳动合同即行终止。

1. 劳动者可以单方解除劳动合同的规定

劳动者提前三十日以书面形式通知用人单位,可以解除劳动合同。劳动者在试用期内提前三日通知用人单位,可以解除劳动合同。

《劳动合同法》第三十八条规定,用人单位有下列情形之一的,劳动者可以解除劳动合同:①未按照劳动合同约定提供劳动保护或者劳动条件的;②未及时足额支付劳动报酬的;③未依法为劳动者缴纳社会保险费的;④用人单位的规章制度违反法律、法规的规定,损害劳动者权益的;⑤《劳动合同法》第二十六条第一款规定的情形致使劳动合同无效的;⑥法律、行政法规规定劳动者可以解除劳动合同的其他情形。

用人单位以暴力、威胁或者非法限制人身自由的手段强迫劳动者劳动的,或者用人单位违章指挥、强令冒险作业危及劳动者人身安全的,劳动者可以立即解除劳动合同,不需事先告知用人单位。

2. 用人单位可以单方解除劳动合同的规定

《劳动合同法》在赋予劳动者单方解除权的同时,也赋予用人单位对劳动合同的单方解除权,以保障用人单位的用工自主权。

《劳动合同法》第三十九条规定,劳动者有下列情形之一的,用人单位可以解除劳动合同:①在试用期间被证明不符合录用条件的;②严重违反用人单位的规章制度的;③严重失职,营私舞弊,给用人单位造成重大损害的;④劳动者同时与其他用人单位建立劳动关系,对完成本单位的工作任务造成严重影响,或者经用人单位提出,拒不改正的;⑤因《劳动合同法》第二十六条第一款第一项规定的情形致使劳动合同无效的;⑥被依法追究刑事责任的。

《劳动合同法》第四十条规定,有下列情形之一的,用人单位提前三十日以书面形式通知劳动者本人或者额外支付劳动者一个月工资后,可以解除劳动合同:①劳动者患病或者非因工负伤,在规定的医疗期满后不能从事原工作,也不能从事由用人单位另行安排的工作的;②劳动者不能胜任工作,经过培训或者调整工作岗位,仍不能胜任工作的;③劳动合同订立时所依据的客观情况发生重大变化,致使劳动合同无法履行,经用人单位与劳动者协商,未能就变更劳动合同内容达成协议的。

3. 用人单位经济性裁员的规定

经济性裁员是指用人单位由于经营不善等经济原因,一次性辞退部分劳动者的情形。经济性裁员仍属用人单位单方解除劳动合同。

《劳动合同法》规定,有下列情形之一,需要裁减人员二十人以上或者裁减不足二十人但占企业职工总数10%以上的,用人单位提前三十日向工会或者全体职工说明情况,听取工会或者职工的意见后,经向劳动行政部门报告裁减人员方案,可以裁减人员:①依照企业破产法规定进行重整的;②生产经营发生严重困难的;③企业转产、重大技术革新或者经营方式调整,经变更劳动合同后,仍需裁减人员的;④其他因劳动合同订立时所依据的客观经济情况发生重大变化,致使劳动合同无法履行的。

裁减人员时,应当优先留用下列三种人员:①与本单位订立较长期限的固定期限劳动合同的;②与本单位订立无固定期限劳动合同的;③家庭无其他就业人员,有需要扶养的老人或者未成年人的。用人单位在六个月内重新招用人员的,应当通知被裁减的人员,并在同等条件下优先招用被裁减人员。

4. 用人单位不得解除劳动合同的规定

为了保护一些特殊群体劳动者的权益,《劳动合同法》第四十二条规定,劳动者有下列情形之一的,用人单位不得依照该法第四十条、第四十一条的规定解除劳动合同:①从事接触职业病危害作业的劳动者未进行离岗前职业健康检查,或者疑似职业病病人在诊断或者医学观察期间的;②在本单位患职业病或者因工负伤并被确认丧失或者部分丧失劳动能力的;③患病或者非因工负伤,在规定的医疗期内的;④女职工在孕期、产期、哺乳期的;⑤在本单位连续工作满十五年,且距法定退休年龄不足五年的;⑥法律、行政法规规定的其他情形。

用人单位违反《劳动合同法》规定解除或者终止劳动合同,劳动者要求继续履行劳动合同的,用人单位应当继续履行;劳动者不要求继续履行劳动合同或者劳动合同已经不能继续履行的,用人单位应当依法向劳动者支付赔偿金。赔偿金标准为经济补偿标准的二倍。

5. 劳动合同的终止

《劳动合同法》第四十四条规定,有下列情形之一的,劳动合同终止:①劳动合同期满的;②劳动者开始依法享受基本养老保险待遇的;③劳动者死亡,或者被人民法院宣告死亡或者宣告失踪的;④用人单位被依法宣告破产的;⑤用人单位被吊销营业执照、责令关闭、撤销或者用人单位决定提前解散的;⑥法律、行政法规规定的其他情形。

▶三、违法用工模式与合法用工方式的规定

2021年4月公布的《中华人民共和国乡村振兴促进法》规定,各级人民政府及其有关部门应当采取措施鼓励农民进城务工,全面落实城乡劳动者平等就业、同工同酬,依法保障农民工工资支付和社会保障权益。

(一)违法用工——"包工头"用工模式

我国建筑业仍属于劳动密集型行业。20世纪80年代以来,随着建设规模不断扩大,建筑业的发展需要大量务工人员,而农村富余劳动力又迫切要求找到适当工作,"包工头"用工模式便应运而生了。可以说,"包工头"用工模式是在特殊历史条件下的产物。

《建筑法》明确规定,禁止建筑施工企业以任何形式允许其他单位或者个人使用本企业的资质证书、营业执照,以本企业的名义承揽工程。禁止总承包单位将工程分包给不具备相应资质条件的单位。禁止分包单位将其承包的工程再分包。

住房城乡建设部出台了《关于进一步加强和完善建筑劳务管理工作的指导意见》,保障劳务人员的合法权益。

(二)合法用工——劳务派遣

劳务派遣(又称劳动力派遣、劳动派遣或人才租赁),是指依法设立的劳务派遣单位与劳动者订立劳动合同,依据与接受劳务派遣单位(即实际用工单位)订立的劳务派遣协议,将劳动者派遣到实际用工单位工作,由派遣单位向劳动者支付工资、福利及社会保险费用,实际用工单位提供劳动条件并按照劳务派遣协议支付用工费用的新型用工方式。其显著特征是劳动者的聘用与使用分离。

1. 劳务派遣单位

《劳动合同法》规定,经营劳务派遣业务,应当向劳动行政部门依法申请行政许可;经许可的,依法办理相应的公司登记。未经许可,任何单位和个人不得经营劳务派遣业务。劳务派遣用工是补充形式,只能在临时性、辅助性或者替代性的工作岗位上实施。

2. 劳动合同与劳务派遣协议

劳务派遣单位与被派遣劳动者应当订立劳动合同。《劳动合同法》规定,劳务派遣单位是本法所称用人单位,应当履行用人单位对劳动者的义务。劳务派遣单位与被派遣劳动者订立的劳动合同,除应当载明《劳动合同法》第十七条规定的事项外,还应当载明被派遣劳动者的用工单位以及派遣期限、工作岗位等情况。劳务派遣单位应当与被派遣劳动者订立二年以上的固定期限劳动合同,按月支付劳动报酬;被派遣劳动者在无工作期间,劳务派遣单位应当按照所在地人民政府规定的最低工资标准,向其按月支付报酬。

3. 保障性待遇

(1)失业保险。

《社会保险法》规定,职工应当参加失业保险,由用人单位和职工按照国家规定共同缴纳失业保险费。职工跨统筹地区就业的,其失业保险关系随本人转移,缴费年限累计计算。

失业人员符合下列条件的,可从失业保险基金中领取失业保险金:①失业前用人单位和本人已经缴纳失业保险费满一年的;②非因本人意愿中断就业的;③已经进行失业登记,并有求职要求的。失业人员失业前用人单位和本人累计缴费满一年不足五年的,领取失业保险金的期限最长为十二个月;累计缴费满五年不足十年的,领取失业保险金的期限最长为十八个月;累计缴费十年以上的,领取失业保险金的期限最长为二十四个月。重新就业后,再次失业的,缴费时间重新计算,领取失业保险金的期限与前次失业应当领取而尚未领取的失业保险金的期限合并计算,最长不超过二十四个月。

(2)生育保险。

《社会保险法》规定,职工应当参加生育保险,由用人单位按照国家规定缴纳生育保险费,职工不缴纳生育保险费。用人单位已经缴纳生育保险费的,其职工享受生育保险待遇;职工未就业配偶按照国家规定享受生育医疗费用待遇。所需资金从生育保险基金中支付。

生育保险待遇包括生育医疗费用和生育津贴。生育医疗费用包括下列各项:①生育的医疗费用;②计划生育的医疗费用;③法律、法规规定的其他项目费用。

职工有下列情形之一的,可以按照国家规定享受生育津贴:①女职工生育享受产假;②享受计划生育手术休假;③法律、法规规定的其他情形。生育津贴按照职工所在用人单位上年度职工月平均工资计发。

4. 福利

《劳动法》规定,国家发展社会福利事业,兴建公共福利设施,为劳动者休息、休养和疗养提供条件。

用人单位应当创造条件,改善集体福利,提高劳动者的福利待遇。

四、劳动争议的解决

劳动争议(又称劳动纠纷),是指劳动关系当事人之间因劳动的权利与义务发生分歧而引起的争议。

(一)劳动争议的范围

按照2007年12月公布的《中华人民共和国劳动争议调解仲裁法》(本书简称《劳动争议仲裁法》)和最高人民法院《关于审理劳动争议案件适用法律问题的解释(一)》(法释〔2020〕26号)的规定,劳动争议的范围主要是:①因确认劳动关系发生的争议;②因订立、履行、变更、解除和终止劳动合同发生的争议;③因除名、辞退和辞职、离职发生的争议;④因工作时间、休息休假、社会保险、福利、培训及劳动保护发生的争议;⑤因劳动报酬、工伤医疗费、经济补偿或者赔偿金等发生的争议;⑥劳动者与用人单位在履行劳动合同过程中发生的纠纷;⑦劳动者与用人单位之间没有订立书面劳动合同,但已形成劳动关系后发生的纠纷;⑧劳动者与用人单位因劳动关系是否已经解除或者终止,以及应否支付解除或者终止劳动关系经济补偿金发生的纠纷;⑨劳动者与用人单位解除或者终止劳动关系后,请求用人单位返还其收取的劳动合同定金、保证金、抵押金、抵押物发生的纠纷,或者办理劳动者的人事档案、社会保险关系等移转手续发生的纠纷;⑩劳动者以用人单位未为其办理社会保险手续,且社会保险经办机构不能补办导致其无法享受社会保险待遇为由,要求用人单位赔偿损失发生的纠纷;⑪劳动者退休后,与尚未参加社会保险统筹的原用人单位因追索养老金、医疗费、工伤保险待遇和其他社会保险待遇而发生的纠纷;⑫劳动者因为工伤、职业病,请求用人单位依法给予工伤保险待遇发生的纠纷;⑬劳动者依据劳动合同法第八十五条规定,要求用人单位支付加付赔偿金发生的纠纷;⑭因企业自主进行改制发生的纠纷;⑮法律、法规规定的其他劳动争议。

(二)劳动争议的解决方式

《中华人民共和国劳动法》(本书简称《劳动法》)规定,用人单位与劳动者发生劳动争议,当事人可以依法申请调解、仲裁、提起诉讼,也可以协商解决。调解原则适用于仲裁和诉讼程序。

1. 调解

劳动争议发生后,当事人可以向本单位劳动争议调解委员会申请调解。

在用人单位内,可以设立劳动争议调解委员会。劳动争议调解委员会由职工代表、用人单位代表和工会代表组成。劳动争议调解委员会主任由工会代表担任。劳动争议经调解达成协议的,当事人应当履行。

2. 仲裁

对于调解不成,当事人一方要求仲裁的,可以向劳动争议仲裁委员会申请仲裁。当事人一方也可以直接向劳动争议仲裁委员会申请仲裁。

劳动争议仲裁委员会由劳动行政部门代表、同级工会代表、用人单位方面的代表组成。劳动争议仲裁委员会主任由劳动行政部门代表担任。

《劳动争议调解仲裁法》规定,劳动争议申请仲裁的时效期间为一年。仲裁时效期间从当事人知道或者应当知道其权利被侵害之日起计算。

3. 诉讼

《劳动法》规定,劳动争议当事人对仲裁裁决不服的,可以自收到仲裁裁决书之日起十五日内向人民法院提起诉讼。一方当事人在法定期限内不起诉又不履行仲裁裁决的,另一方当事人可以申请人民法院强制执行。

模块4 相关合同制度

同建设工程活动关系密切的相关合同,主要是承揽合同、买卖合同、借款合同、租赁合同、融资租赁合同、运输合同、委托合同等。

➤一、承揽合同的法律规定

《民法典》规定,承揽合同是承揽人按照定作人的要求完成工作,交付工作成果,定作人支付报酬的合同。承揽包括加工、定作、修理、复制、测试、检验等工作。

(一)承揽合同的特征

在承揽合同中,提出工作要求,按约定接受工作成果并给付酬金的一方称为定作人;完成工作并交付工作成果,按约定获取报酬的一方称为承揽人。承揽合同具有以下法律特征:

(1)承揽合同以完成一定的工作并交付工作成果为标的。

在承揽合同中,承揽人必须按照定作人的要求完成一定的工作。定作人所关心的是工作成果的品质好坏,而非承揽人的工作过程。

(2)承揽人须以自己的设备、技术和劳力完成所承揽的工作。

定作人将工作交给承揽人,其重要原因是定作人相信承揽人具有完成工作的条件和能力。因此,除当事人另有约定的外,承揽人应当以自己的设备、技术和劳力完成主要工作。未经定作人的同意,承揽人将承揽的主要工作交由第三人完成的,定作人可以解除合同;经定作人同意的,承揽人也应就第三人完成的工作成果向定作人负责。

承揽人有权将其承揽的辅助工作交由第三人完成。承揽人将承揽的辅助工作交由第三人完成的,应当就第三人完成的工作成果向定作人负责。

(3)承揽人工作具有独立性。

承揽人在完成工作过程中,不受定作人的指挥管理,独立承担完成合同约定的质量、数量、期限等责任。承揽人在工作期间,应当接受定作人必要的监督检验,但定作人不得因监督检验妨碍承揽人的正常工作。

(二)承揽合同当事人的权利义务

承揽合同属于双务合同。双方的权利和义务存在着对应关系,即承揽人的权利就是定作人的义务,承揽人的义务就是定作人的权利。

1.承揽人的义务

(1)按照合同约定完成承揽工作的义务。

承揽合同的内容一般包括承揽的标的、数量、质量、报酬,承揽方式,材料的提供,履行期限,验收标准和方法等条款。承揽人应当按照合同的约定,按时、按质、按量等完成工作。

(2)材料检验的义务。

承揽人提供材料的,应当按照约定选用材料,并接受定作人检验。

定作人提供材料的,应当按照约定提供材料。承揽人对定作人提供的材料应当及时检验,发现不符合约定时,应当及时通知定作人更换、补齐或者采取其他补救措施。承揽人不得擅自更换定作人提供的材料,不得更换不需要修理的零部件。

(3)通知和保密的义务。

承揽人发现定作人提供的图纸或者技术要求不合理的,应当及时通知定作人。承揽人应当按照定作人的要求保守秘密,未经定作人许可,不得留存复制品或者技术资料。

(4)接受监督检查和妥善保管工作成果的义务。

承揽人在工作期间,应当接受定作人必要的监督检验。承揽人应当妥善保管定作人提供的材料以及完成的工作成果,因保管不善造成毁损、灭失的,应当承担损害赔偿责任。

(5)交付符合质量要求工作成果的义务。

承揽人完成工作的,应当向定作人交付工作成果,并提交必要的技术资料和有关质量证明。承揽人交付的工作成果不符合质量要求的,定作人可以合理选择请求承揽人承担修理、重作、减少报酬、赔偿损失等违约责任。

共同承揽人对定作人承担连带责任,但是当事人另有约定的除外。

2. 定作人的义务

(1)按照约定提供材料和协助承揽人完成工作的义务。

定作人提供材料的,应当按照约定提供材料。承揽工作需要定作人协助的,定作人有协助的义务。

(2)支付报酬的义务。

定作人应当按照约定的期限支付报酬。对支付报酬的期限没有约定或者约定不明确的,可以协议补充;不能达成补充协议的,按照合同相关条款或者交易习惯确定。对于不能达成补充协议,也不能按照合同相关条款或者交易习惯确定的,定作人应当在承揽人交付工作成果时支付;工作成果部分交付的,定作人应当相应支付。

定作人未向承揽人支付报酬或者材料费等价款的,承揽人对完成的工作成果享有留置权或者有权拒绝交付,但是当事人另有约定的除外。

(3)依法赔偿损失的义务。

定作人中途变更承揽工作的要求,造成承揽人损失的,应当赔偿损失。

承揽人发现定作人提供的图纸或者技术要求不合理的,应当及时通知定作人。因定作人怠于答复等原因造成承揽人损失的,定作人应当赔偿损失。

承揽人在完成工作过程中造成第三人损害或者自己损害的,定作人不承担侵权责任。但是,定作人对定作、指示或者选任有过错的,应当承担相应的责任。

(4)验收工作成果的义务。

承揽人完成工作向定作人交付工作成果,并提交了必要的技术资料和有关质量证明的,定作人应当验收该工作成果。

(三)承揽合同的解除

承揽合同是以当事人之间的信赖关系为基础。在合同履行过程中,如果这种信赖关系遭到破坏,法律允许当事人解除合同。

(1)承揽人的法定解除权。

定作人不履行协助义务致使承揽工作不能完成的,承揽人可以催告定作人在合理期限内履行义务,并可以顺延履行期限;定作人逾期不履行的,承揽人可以依法解除合同。

(2)定作人的法定解除权。

承揽人将其承揽的主要工作交由第三人完成的,应当就该第三人完成的工作成果向定作人负责;未经定作人同意的,定作人也可以解除合同。

(3)定作人的法定任意解除权。

定作人在承揽人完成工作前可以随时解除承揽合同,造成承揽人损失的,应当赔偿损失。

二、买卖合同的法律规定

《民法典》规定,买卖合同是指出卖人转移标的物的所有权于买受人,买受人支付价款的合同。

(一)买卖合同的法律特征

在买卖合同中,取得标的物所有权的一方称为买受人,转移标的物并取得价款的一方称为出卖人。买卖合同具有以下法律特征:

(1)买卖合同是一种转移财产所有权的合同。

买受人不但要取得合同涉及的财产,更以依法获得其所有权作为根本目的。这也是区别于其他以行为、智力成果作为法律关系客体的合同的本质特征。

(2)买卖合同是有偿合同。

买卖合同的实质是以等价有偿方式转让标的物的所有权,即出卖人转移标的物的所有权于买方,买方向出卖人支付价款。这是买卖合同的基本特征。

(3)买卖合同是双务合同。

在买卖合同中,买方和卖方的权利与义务是对应的。也就是说,任何一方所享有的权利便意味着对方要承担相应的义务。

(4)买卖合同是诺成合同。

诺成合同自当事人双方意思表示一致时即可成立,不以一方交付标的物为合同的成立要件。买卖合同可以是书面的,也可以是口头的。但对于房屋买卖等标的额较大的财产买卖,应当签订书面合同。

(二)买卖合同当事人的权利义务

1. 出卖人的主要义务

(1)出卖人应当履行向买受人交付标的物或者交付提取标的物的单证,并转移标的物所有权。因出卖人未取得处分权致使标的物所有权不能转移的,买受人可以解除合同并请求出卖人承担违约责任。法律、行政法规禁止或者限制转让的标的物,依照其规定。

出卖人应当按照约定或者交易习惯向买受人交付提取标的物单证以外的有关单证和资料,主要包括保险单、保修单、普通发票、增值税专用发票、产品合格证、质量保证书、质量鉴定书、品质检验证书、产品进出口检疫书、原产地证明书、使用说明书、装箱单等。

(2)出卖人应当按照约定的时间交付标的物。约定交付期间的,出卖人可以在该交付期间内的任何时间交付。当事人没有约定标的物的交付期限或者约定不明确的,可以协议补充;不能达成补充协议的,按照合同相关条款或者交易习惯确定。对于不能达成补充协议,也不能按照合同相关条款或者交易习惯确定的,债务人可以随时履行,债权人也可以随时请求履行,但是应当给对方必要的准备时间。

(3)出卖人应当按照约定的地点交付标的物。当事人没有约定交付地点或者约定不明确,可以协议补充;不能达成补充协议的,按照合同相关条款或者交易习惯确定。对于不能达成补充协议,也不能按照合同相关条款或者交易习惯确定的,适用下列规定:①标的物需要运输的,出卖人应当将标的物交付给第一承运人以运交给买受人;②标的物不需要运输,出卖人和买受人订立合同时知道标的物在某一地点的,出卖人应当在该地点交付标的物;不知道标的物在某一地点的,应当在出卖人订立合同时的营业地交付标的物。

(4)出卖人应当按照约定的质量要求交付标的物,出卖人提供有关标的物质量说明的,交付的标的物应当符合该说明的质量要求。当事人对标的物的质量要求没有约定或者约定不明确,可以协议补充;不能达成补充协议的,按照合同相关条款或者交易习惯确定。对于不能达成补充协议,也不能按照合同相关条款或者交易习惯确定的,按照强制性国家标准履行;没有强制性国家标准的,按照推荐性国家标准履行;没有推荐性国家标准的,按照行业标准履行;没有国家标准、行业标准的,按照通常标准或者符合合同目的的特定标准履行。

(5)瑕疵担保义务。出卖人的瑕疵担保义务,可分为权利瑕疵担保义务和物的瑕疵担保义务。

①权利瑕疵担保义务。《民法典》规定,出卖人就交付的标的物,负有保证第三人对该标的物不享有任何权利的义务,但是法律另有规定的除外。

如果出卖人对于出卖的标的物没有所有权或处分权,或者没有完全的所有权或处分权,或者其处分涉及第三人的物权、知识产权等权益,则称其标的物存在权利瑕疵,出卖人因此应当承担权利瑕疵担保责任。

但是,买受人订立合同时知道或者应当知道第三人对买卖的标的物享有权利的,出卖人不承担《民法典》规定的义务。买受人有确切证据证明第三人对标的物享有权利的,可以中止支付相应的价款,但是出卖人提供适当担保的除外。

②物的瑕疵担保义务。物的瑕疵担保义务是指出卖人对其交付的标的物具备约定或法定品质所负有的担保义务。出卖人应当按照约定或者法定的质量要求交付标的物。

2. 买受人的主要义务

(1)支付价款的义务。

①买受人应当按照约定的数额和支付方式支付价款对价款的数额和支付方式没有约定或者约定不明确的,可以协议补充;不能达成补充协议的,按照合同相关条款或者交易习惯确定。对于不能达成补充协议,也不能按照合同相关条款或者交易习惯确定的,按照订立合同时履行地的市场价格履行;依法应当执行政府定价或者政府指导价的,依照规定履行。执行政府定价或者政府指导价的,在合同约定的交付期限内政府价格调整时,按照交付时的价格计价。逾期交付标的物的,遇价格上涨时,按照原价格执行;价格下降时,按照新价格执行。逾期提取标的

物或者逾期付款的,遇价格上涨时,按照新价格执行;价格下降时,按照原价格执行。

②买受人应当按照约定的地点支付价款。对支付地点没有约定或者约定不明确,可以协议补充;不能达成补充协议的,按照合同相关条款或者交易习惯确定。对于不能达成补充协议,也不能按合同相关条款或者交易习惯确定的,买受人应当在出卖人的营业地支付,但是,约定支付价款以交付标的物或者交付提取标的物单证为条件的,在交付标的物或者交付提取标的物单证的所在地支付。

③买受人应当按照约定的时间支付价款。对支付时间没有约定或者约定不明确,可以协议补充;不能达成补充协议的,按照合同相关条款或者交易习惯确定。对于不能达成补充协议,也不能按照合同相关条款或者交易习惯确定的,买受人应当在收到标的物或者提取标的物单证的同时支付。

当事人可以在买卖合同中约定买受人未履行支付价款或者其他义务的,标的物的所有权属于出卖人。出卖人对标的物保留的所有权,未经登记,不得对抗善意第三人。

(2)受领标的物的义务。

买受人应当按照约定接受买卖标的物及其有关权利和单证。没有正当理由拒不受领,致使标的物毁损灭失的风险由买受人承担。

出卖人多交标的物的,买受人可以接收或者拒绝接收多交的部分。买受人接收多交部分的,按照约定的价格支付价款;买受人拒绝接收多交部分的,应当及时通知出卖人。

(3)对标的物进行检验和及时通知的义务。

买受人收到标的物时应当在约定的检验期限内检验。没有约定检验期限的,应当及时检验。当事人约定检验期限的,买受人应当在检验期限内将标的物的数量或者质量不符合约定的情形通知出卖人。买受人怠于通知的,视为标的物的数量或者质量符合约定。

当事人没有约定检验期限的,买受人应当在发现或者应当发现标的物的数量或者质量不符合约定的合理期限内通知出卖人。买受人在合理期限内未通知或者自收到标的物之日起两年内未通知出卖人的,视为标的物的数量或者质量符合约定,但是,对标的物有质量保证期的,适用质量保证期,不适用该两年的规定。出卖人知道或者应当知道提供的标的物不符合约定的,买受人通知出卖人的时限不受上述检验期间、合理通知时间的限制。

当事人对检验期限未作约定,买受人签收的送货单、确认单等载明标的物数量、型号、规格的,推定买受人已经对数量和外观瑕疵进行检验,但是有相关证据足以推翻的除外。

(4)标的物毁损灭失风险的承担。

标的物毁损、灭失的风险,在标的物交付之前由出卖人承担,交付之后由买受人承担,但是法律另有规定或者当事人另有约定的除外。因买受人的原因致使标的物未按照约定的期限交付的,买受人应当自违反约定时起承担标的物毁损、灭失的风险。

(三)特殊买卖合同的规定

1. 凭样品买卖

凭样品买卖,是指标的物的品质须与特定的样品品质一致的买卖。

凭样品买卖的当事人应当封存样品,并可以对样品质量予以说明。出卖人交付的标的物应当与样品及其说明的质量相同。凭样品买卖的买受人不知道样品有隐蔽瑕疵的,即使交付的标的物与样品相同,出卖人交付的标的物的质量仍然应当符合同种物的通常标准。

2. 试用买卖

试用买卖是指出卖人将标的物交给买受人试用,买受人在试用期间决定是否购买的买卖。

试用买卖的当事人可以约定标的物的试用期限。对试用期限没有约定或者约定不明确的,可以协议补充;不能达成补充协议的,按照合同相关条款或者交易习惯确定。对于不能达成补充协议,也不能按照合同相关条款或者交易习惯确定的,由出卖人确定。试用买卖的买受人在试用期内可以购买标的物,也可以拒绝购买。试用期限届满,买受人对是否购买标的物未作表示的,视为购买。试用买卖的买受人在试用期内已经支付部分价款或者对标的物实施出卖、出租、设立担保物权等行为的,视为同意购买。标的物在试用期内毁损、灭失的风险由出卖人承担。

3. 招标投标买卖

招标投标买卖是指招标人采用招标的方式向投标人购买或出售标的物,投标人编制标书参与竞卖或竞买,招标人根据评标报告确定中标人的特殊买卖形式。

招标投标买卖的当事人的权利和义务以及招标、投标程序等,依照有关法律、行政法规的规定。《招标投标法》中对与工程建设有关的重要设备、材料等的采购,作出了明确规定。

4. 拍卖

拍卖是指以公开竞价的方式,将标的物出售给应价最高的竞买人的买卖方式。拍卖的当事人的权利和义务以及拍卖程序等,依照《拍卖法》等法律、行政法规的规定执行。

▶三、借款合同的法律规定

《民法典》规定,借款合同是借款人向贷款人借款,到期返还借款并支付利息的合同。

(一)借款合同的主要法律特征

1. 借款合同的标的物是货币

借款合同的标的物是作为一般等价交换物的货币,属于特殊种类物,原则上仅可能发生履行迟延,不会发生履行不能。

2. 借款合同一般为要式合同

借款合同应当采用书面形式,但是自然人之间借款另有约定的除外。借款合同的内容一般包括借款种类、币种、用途、数额、利率、期限和还款方式等条款。

3. 借款合同一般是有偿合同(有息借款)

借款合同原则上为有偿合同(有息借款),也可以是无偿合同(无息借款)。借款合同对支付利息没有约定的,视为没有利息。

(二)借款合同当事人的权利义务

1. 贷款人的义务

贷款人的主要义务是提供借款和不得预扣利息。

贷款人应当按照合同约定提供借款。贷款人未按照约定的日期、数额提供借款,造成借人损失的,应当赔偿损失。

借款的利息不得预先在本金中扣除。利息预先在本金中扣除的,应当按照实际借款数额返还借款并计算利息。

2. 借款人的义务

借款人的主要义务是提供担保、提供真实情况、按照约定收取借款、按照约定用途使用借款、按期归还本金和利息。

四、租赁合同的法律规定

《民法典》规定,租赁合同是出租人将租赁物交付承租人使用、收益,承租人支付租金的合同。

(一)租赁合同的法律特征

租赁合同是转移租赁物使用收益权的合同,也是诺成合同和双务、有偿合同。

在租赁合同中,承租人的目的是取得租赁物的使用收益权,出租人也只转让租赁物的使用收益权,而不转让其所有权;租赁合同终止时,承租人须返还租赁物。这是租赁合同区别于买卖合同的根本特征。

租赁合同的成立不以租赁物的交付为要件,当事人只要依法达成协议,合同即告成立。在租赁合同中,双方当事人互享权利、互负义务,一方权利的实现有赖于对方履行约定及法定的义务。同时,承租人须向出租人支付租金。

(二)租赁合同的内容和类型

1. 租赁合同的内容

租赁合同的内容一般包括租赁物的名称、数量、用途、租赁期限、租金及其支付期限和方式、租赁物维修等条款。

2. 租赁合同的类型

租赁合同根据租赁标的物不同,可分为动产租赁和不动产租赁。此外,根据是否约定租赁期限,还可分为定期租赁和不定期租赁。

租赁合同可以约定租赁期限,但租赁期限不得超过二十年。超过二十年的,超过部分无效。租赁期限届满,当事人可以续订租赁合同;但是,约定的租赁期限自续订之日起不得超过二十年。当事人未依照法律、行政法规规定办理租赁合同登记备案手续的,不影响合同的效力。租赁期限六个月以上的,应当采用书面形式。当事人未采用书面形式,无法确定租赁期限的,视为不定期租赁。

不定期租赁分为两种情形:①当事人没有约定租赁期限;②定期租赁合同期限届满,承租人继续使用租赁物,出租人没有提出异议的,原租赁合同继续有效,但租赁期限为不定期。租赁期限届满,房屋承租人享有以同等条件优先承租的权利。

此外,当事人对租赁期限没有约定或者约定不明确,可以协议补充;不能达成补充协议的,按照合同有关条款或者交易习惯确定。对于不能达成补充协议,也不能按照合同有关条款或者交易习惯确定的,视为不定期租赁。当事人可以随时解除合同,但应当在合理期限之前通知对方。

(三)租赁合同当事人的权利义务

1. 出租人的义务

出租人的主要义务是交付出租物、维修租赁物、权利瑕疵担保、物的瑕疵担保、保证承租人优先购买权和保证共同居住人继续承租。

2. 承租人的义务

承租人的主要义务是支付租金、按照约定使用租赁物、妥善保管租赁物、有关事项通知、返还租赁物和损失赔偿。

▶ 五、运输合同的法律规定

《民法典》规定,运输合同是承运人将旅客或者货物从起运地点运输到约定地点,旅客、托运人或者收货人支付票款或者运输费用的合同。

运输合同可分为客运合同和货运合同。鉴于建造师的执业特点,这里仅介绍货运合同。

(一)货运合同的法律特征

1. 货运合同是双务、有偿合同

承运人与托运人各承担一定的义务,互享一定的权利。承运人有义务安全、准时将货物运抵约定地点,并有权取得托运人支付的费用,而托运人或收货人有义务支付运输费用。

2. 货运合同的标的是运输行为

货运合同当事人的权利及义务关系,不是围绕货物本身产生的,而是围绕着运送货物的行为而产生。

3. 货运合同是诺成合同

货运合同一般以托运人提出运输货物的请求为要约,承运人同意运输为承诺,合同即告成立。

(二)货运合同当事人的权利义务

1. 承运人的权利义务

(1)承运人的权利。

承运人的主要权利是求偿权、特殊情况下的拒运权和留置权。

因托运人申报不实或者遗漏重要情况,造成承运人损失的,托运人应当承担赔偿责任。托运人应当按照约定的方式包装货物。托运人违反包装的规定的,承运人可以拒绝运输。

托运人或者收货人不支付运费、保管费或者其他费用的,承运人对相应的运输货物享有留置权,但当事人另有约定的除外。

(2)承运人的义务。

承运人的主要义务是运送货物、及时通知提领货物、按指示运输、货物毁损灭失的赔偿和因不可抗力灭失货物不得要求支付运费。

2. 托运人的权利义务

(1)托运人的权利。

托运人的主要权利是有条件的拒绝支付运费权和任意变更解除权。

承运人未按照约定路线或者通常路线运输增加运输费用的,托运人或者收货人可以拒绝支付增加部分的运输费用。在承运人将货物交付收货人之前,托运人可以要求承运人中止运输、返还货物、变更到达地或者将货物交给其他收货人,但应当赔偿承运人因此受到的损失。

(2)托运人的义务。

托运人的主要义务是支付运费、妥善包装和告知。

托运人或者收货人应当支付运输费用。托运人或者收货人不支付运费、保管费或者其他费用的,承运人对相应的运输货物享有留置权,但当事人另有约定的除外。

3. 收货人的权利义务

(1)收货人的权利。

承运人未按照约定路线或者通常路线运输增加运输费用的,托运人或者收货人可以拒绝支付增加部分的运输费用。

(2)收货人的义务。

收货人的主要义务是提货验收、支付托运人未付或者少付运费及其他费用。收货人应当及时提货。收货人逾期提货的,应当向承运人支付保管费等费用,收货人提货时应当按照约定的期限检验货物。

▶六、委托合同的法律规定

《民法典》规定,委托合同是委托人和受托人约定,由受托人处理委托人事务的合同。委托人可以特别委托受托人处理一项或者数项事务,也可以概括委托受托人处理一切事务。

(一)委托合同的法律特征

委托合同的目的是为他人处理或管理事务,委托合同的订立以双方相互信任为前提,但委托合同未必是有偿合同。

委托合同是一种典型的提供劳务的合同。合同订立后,受托人在委托的权限内所实施的行为,等同于委托人自己的行为;委托的事务可以是法律行为,也可以是事实行为。委托合同不同于民事代理,后者委托的只能是法律行为;它也不同于行纪合同,后者委托的仅是商事贸易行为。

在委托合同关系成立并生效后,如果一方对另一方产生了不信任,可随时终止委托合同。委托合同可以是有偿合同,也可以是无偿合同。

(二)委托合同当事人的权利义务

1. 委托人的义务

委托人的主要义务是支付费用、支付报酬和赔偿损失。

委托人应当预付处理委托事务的费用。受托人为处理委托事务垫付的必要费用,委托人应当偿还该费用并支付利息。

2. 受托人的义务

受托人的主要义务是按指示处理委托事务、亲自处理委托事务、委托事务报告和转交财产、披露委托人或第三人以及承担赔偿。

习题巩固

一、单选题

(1)关于建设工程施工合同变更的说法,正确的是( )。
A. 合同变更内容约定不明确,推定为未变更
B. 合同变更与工程变更范围一致
C. 合同变更协议自签字之日起生效
D. 发包人可依据其单方意见变更合同

(2)关于合同形式的说法,正确的是( )。
A. 书面形式是主要的合同形式
B. 当事人的行为可以构成默示合同
C. 书面形式合同是指纸质合同
D. 未依法采取书面形式订立合同的,合同无效

(3)关于建设工程合同承包人工程价款优先受偿权的说法,正确的是( )。
A. 承包人的优先受偿权优于抵押权
B. 承包人的优先受偿权可以对抗已经交付购买商品房大部分款项的消费者
C. 优先受偿权的范围包括承包人因发包人违约所造成的损失
D. 承包人行使优先受偿权的期限为一年

(4)关于施工合同解除的说法,正确的是( )。
A. 合同约定的期限内承包人没有完工,发包人可以解除
B. 承包人将承包的工程转包,发包人可以解除
C. 发包人未按约定支付工程价款,承包人可以解除
D. 承包人已经完工的建设工程质量不合格,发包人可以解除

(5)下列施工合同履行中的损失,应当由承包人承担的是( )。
A. 自行采购不合格建筑材料造成的损失
B. 监理工程师未及时检查隐蔽工程造成的损失
C. 中途设计变更造成的损失
D. 图纸不合理造成的损失

(6)《建设工程施工合同(示范文本)》由( )三部分组成。
A. 合同总则、合同分则、合同附则
B. 合同总则、通用条件、专用条件
C. 合同协议书、合同条款、合同附件
D. 合同协议书、通用合同条款、专用合同条款

(7)关于合同形式的说法,正确的是( )。

A. 合同可以采用书面形式、口头形式或者其他形式

B. 电子邮件不能视为书面形式

C. 书面形式仅指合同书形式

D. 默示合同是指当事人默认的合同

(8)某施工企业的下列工作人员中,有权要求公司签订无固定期限合同的是( )。

A. 张某在该企业连续工作满八年

B. 李某与该企业已经连续订立两次固定期限劳动合同,但因工负伤不能从事原工作

C. 王某到该企业工作两年,并被董事会任命为总经理

D. 赵某在该企业累计工作了十二年,但中间曾离开过企业

(9)关于承揽合同中解除权的说法,正确的是( )。

A. 定作人不履行协助义务的,承揽人可以解除合同

B. 承揽人将承揽的工作交由第三人完成的,定作人有权解除合同

C. 承揽人可以随时解除合同,造成定作人损失的,应当赔偿损失

D. 定作人可以随时解除合同,造成承揽人损失的,应该赔偿损失

➢ 二、多选题

(1)下列民事责任承担方式中,属于违约责任的有( )。

A. 继续履行

B. 赔礼道歉

C. 赔偿损失

D. 恢复原状

E. 支付违约金

(2)有效的民事法律行为的条件有( )。

A. 行为人具有相应的民事行为能力

B. 行为人意思表示真实

C. 不违反法律,法规的强制性规定

D. 行为人获得行政许可

E. 不违背公序良俗

(3)根据《建筑工程施工发包与承包计价管理办法》,下列情形中,属于发承包双方应当在合同中约定合同价款调整方法的有( )。

A. 施工企业根据施工现场实际情况更改施工组织设计造成费用增加的

B. 工程造价管理机构发布价格调整信息的

C. 国家有关政策变化影响合同价款的

D. 经批准变更设计的

E. 市场价格发生变化的

(4)下列情形中,用人单位不得解除劳动合同的有(　　)。
A. 在本单位患职业病或者因工负伤并被确认丧失或者部分丧失劳动能力的
B. 劳动者被依法追究刑事责任的
C. 患病或者非因工负伤,在规定的医疗期内的
D. 劳动者不能胜任工作,经过培训,仍不能胜任工作的
E. 女职工在孕期、产期、哺乳期的

项目小结

项目六 建设工程施工环境保护、节约能源和文物保护法律制度

一、项目目标

素质目标

(1)了解历史,尊重历史;爱护环境,建设美好家园;提高学生环境保护、节约能源与文物保护的意识。

(2)敢于想象,才能有惊人之举。

知识目标

(1)掌握《中华人民共和国环境保护法》中对施工环境保护的规定。
(2)掌握环境保护基本制度。
(3)掌握施工现场环境保护制度、施工现场噪声污染防治规定。
(4)掌握施工现场废气、废水污染防治的规定。
(5)了解水污染防治、大气污染防治、环境噪声污染防治和固体废物污染防治法律制度。

能力目标

(1)能熟练掌握环境保护法律制度。
(2)能掌握施工现场环境保护制度。
(3)能熟练应用施工现场噪声污染防治、施工现场废气、废水污染防治措施。
(4)熟悉"三同时"制度。

二、项目知识点

(1)施工现场环境保护制度。
(2)施工节约能源制度。
(3)施工文物保护制度。

模块1 施工现场环境保护制度

2014年4月修改后公布的《中华人民共和国环境保护法》(本书简称《环境保护法》)规定，排放污染物的企业事业单位和其他生产经营者，应当采取措施，防治在生产建设或者其他活动中产生的废气、废水、废渣、医疗废物、粉尘、恶臭气体、放射性物质以及噪声、振动、光辐射、电磁辐射等对环境的污染和危害。排放污染物的企业事业单位，应当建立环境保护责任制度，明确单位负责人和相关人员的责任。

《建筑法》中规定，建筑施工企业应当遵守有关环境保护和安全生产的法律、法规的规定，采取控制和处理施工现场的各种粉尘、废气、废水、固体废物以及噪声、振动对环境的污染和危害的措施。

2021年4月公布的《中华人民共和国乡村振兴促进法》规定，鼓励农村住房设计体现地域、民族和乡土特色，鼓励农村住房建设采用新型建造技术和绿色建材，引导农民建设功能现代、结构安全、成本经济、绿色环保、与乡村环境相协调的宜居住房。

2003年11月公布的《建设工程安全生产管理条例》进一步规定，施工单位应当遵守有关环境保护法律、法规的规定，在施工现场采取措施，防止或者减少粉尘、废气、废水、固体废物、噪声、振动和施工照明对人和环境的危害和污染。

2021年1月公布的《排污许可管理条例》规定，依照法律规定实行排污许可管理的企业事业单位和其他生产经营者，应当依照本条例规定申请取得排污许可证；未取得排污许可证的，不得排放污染物。

➤ 一、施工现场环境噪声污染防治的规定

环境噪声是指在工业生产、建筑施工、交通运输和社会生活中所产生的干扰周围生活环境的声音。环境噪声污染，则是指产生的环境噪声超过国家规定的环境噪声排放标准，并干扰他人正常生活、工作和学习的现象。

在工程建设领域，环境噪声污染的防治主要包括以下两个方面：

一是施工现场环境噪声污染的防治(解决建设工程施工过程中产生的施工噪声污染问题)。

二是建设项目环境噪声污染的防治(解决建设项目建成后使用过程中可能产生的环境噪声污染问题)。

(一)施工现场环境噪声污染的防治

施工噪声是指在建设工程施工过程中产生的干扰周围生活环境的声音。随着城市化的持续发展和大规模的工程建设，施工噪声污染问题日益突出，尤其是在城市中心地区施工所产生的噪声污染，不仅影响周围居民的正常生活，还损害城市的环境形象。因此，依法加强施工现场噪声管理、有效防治施工噪声污染是非常必要的。

1.建筑施工场界环境噪声排放标准的规定

2018年12月颁布的《中华人民共和国环境噪声污染防治法》(本书简称《环境噪声污染防

治法》)规定,在城市市区范围内向周围生活环境排放建筑施工噪声的,应当符合国家规定的建筑施工场界环境噪声排放标准。

建筑施工噪声是指建筑施工过程中产生的干扰周围生活环境的声音。建筑施工场界是指由有关主管部门批准的建筑施工场地边界或建筑施工过程中实际使用的施工场地边界。《建筑施工场界环境噪声排放标准》GB 12523—2011中规定,建筑施工过程中场界环境噪声不得超过规定的排放限值。建筑施工场界环境噪声排放限值,昼间70 dB(A),夜间55 dB(A)。夜间噪声最大声级超过限值的幅度不得高于15 dB(A)。其中,"昼间"是指6:00至22:00之间的时段,"夜间"是指22:00至次日06:00之间的时段。县级以上人民政府为环境噪声污染防治的需要(如考虑时差、作息习惯差异等)而对昼间、夜间的划分另有规定的,应按其规定执行。

dB是英文Decibel(分贝)的缩写,是声音强度的单位;(A)是指频率加权特性为A,A计权声级是目前世界上噪声测量中应用最广泛的一种。

2. 使用机械设备可能产生环境噪声污染时的申报规定

《环境噪声污染防治法》规定,在城市市区范围内,建筑施工过程中使用机械设备,可能产生环境噪声污染的,施工单位必须在工程开工十五日以前向工程所在地县级以上地方人民政府生态环境主管部门申报该工程的项目名称、施工场所和期限、可能产生的环境噪声值以及所采取的环境噪声污染防治措施的情况。

3. 禁止夜间进行产生环境噪声污染施工作业的规定

《环境噪声污染防治法》规定,在城市市区噪声敏感建筑物集中区域内,禁止夜间进行产生环境噪声污染的建筑施工作业,但抢修、抢险作业和因生产工艺上要求或者特殊需要必须连续作业的除外。因特殊需要必须连续作业的,必须有县级以上人民政府或者其有关主管部门的证明。以上规定的夜间作业,必须公告附近居民。

噪声敏感建筑物集中区域是指医疗区、文教科研区和以机关或者居民住宅为主的区域。所谓噪声敏感建筑物,就是医院、学校、机关、科研单位、住宅等需要保持安静的建筑物。

4. 政府监管部门现场检查的规定

《环境噪声污染防治法》规定,县级以上人民政府生态环境主管部门和其他环境噪声污染防治工作的监督管理部门、机构,有权依据各自的职责对管辖范围内排放环境噪声的单位进行现场检查。被检查的单位必须如实反映情况,并提供必要的资料。检查部门、机构应当为被检查的单位保守技术秘密和业务秘密。检查人员进行现场检查,应当出示证件。

(二)建设项目环境噪声污染的防治

城市道桥、铁路(包括轻轨)、工业厂房等建设项目,在建成后的使用过程中可能会对周围环境产生噪声污染。因此,建设单位必须在建设前期就依法规定防治措施,并同步建设环境噪声污染防治设施。

《环境噪声污染防治法》规定,新建、改建、扩建的建设项目,必须遵守国家有关建设项目环境保护管理的规定。

建设项目可能产生环境噪声污染的,建设单位必须提出环境影响报告书,规定环境噪声污染的防治措施,并按照国家规定的程序报生态环境主管部门批准。环境影响报告书中,应当有该建设项目所在地单位和居民的意见。

建设项目的环境噪声污染防治设施必须与主体工程同时设计、同时施工、同时投产使用。例如，建设经过已有的噪声敏感建筑物集中区域的高速公路和城市高架、轻轨道路，有可能造成环境噪声污染的，应当设置声屏障或者采取其他有效的控制环境噪声污染的措施；在已有的城市交通干线的两侧建设噪声敏感建筑物的，建设单位应当按照国家规定间隔一定距离，并采取减轻、避免交通噪声影响的措施等。

建设项目在投入生产或者使用之前，其环境噪声污染防治设施必须按照国家规定的标准和程序进行验收；达不到国家规定要求的，该建设项目不得投入生产或者使用。

▶二、施工现场大气污染防治的规定

按照国际标准化组织（ISO）的定义，大气污染通常是指由于人类活动或自然过程引起某些物质进入大气中，呈现出足够的浓度，达到足够的时间，并因此危害了人体的舒适、健康和福利或环境的现象。如果不对大气污染物的排放总量加以控制和防治，将会严重破坏生态系统和人类生存条件。

在工程建设领域，对于大气污染的防治，包括施工现场和建设项目两大方面。

(一)施工现场大气污染的防治

2018年10月修改后公布的《中华人民共和国大气污染防治法》(本书简称《大气污染防治法》)规定，企业事业单位和其他生产经营者应当采取有效措施，防止、减少大气污染，对所造成的损害依法承担责任。

建设单位应当将防治扬尘污染的费用列入工程造价，并在施工承包合同中明确施工单位扬尘污染防治责任。施工单位应当制定具体的施工扬尘污染防治实施方案。

从事房屋建筑、市政基础设施建设、河道整治以及建筑物拆除等施工单位，应当向负责监督管理扬尘污染防治的主管部门备案。

施工单位应当在施工工地设置硬质围挡，并采取覆盖、分段作业、择时施工、洒水抑尘、冲洗地面和车辆等有效防尘降尘措施。建筑土方、工程渣土、建筑垃圾应当及时清运；在场地内堆存的，应当采用密闭式防尘网遮盖。工程渣土、建筑垃圾应当进行资源化处理。

施工单位应当在施工工地公示扬尘污染防治措施、负责人、扬尘监督管理主管部门等信息。暂时不能开工的建设用地，建设单位应当对裸露地面进行覆盖；超过三个月的，应当进行绿化、铺装或者遮盖。

禁止在人口集中地区和其他依法需要特殊保护的区域内焚烧沥青、油毡、橡胶、塑料、皮革、垃圾以及其他产生有毒有害烟尘和恶臭气体的物质。

住房和城乡建设部办公厅《关于进一步加强施工工地和道路扬尘管控工作的通知》(建办质〔2019〕23号)规定，城市范围内主要路段的施工工地应设置高度不小于2.5 m的封闭围挡，一般路段的施工工地应设置高度不小于1.8 m的封闭围挡。施工工地的封闭围挡应坚固、稳定、整洁、美观。

施工现场的建筑材料、构件、料具应按总平面布局进行码放。在规定区域内的施工现场应使用预拌混凝土及预拌砂浆;采用现场搅拌混凝土或砂浆的场所应采取封闭、降尘、降噪措施;水泥和其他易飞扬的细颗粒建筑材料应密闭存放或采取覆盖等措施。

施工现场土方作业应采取防止扬尘措施,主要道路应定期清扫、洒水。拆除建筑物或构筑物时,应采用隔离、洒水等降噪、降尘措施,并应及时清理废弃物。施工进行铣刨、切割等作业时,应采取有效防扬尘措施;灰土和无机料应采用预拌进场,碾压过程中应洒水降尘。

施工现场的主要道路及材料加工区地面应进行硬化处理,道路应畅通,路面应平整坚实。裸露的场地和堆放的土方应采取覆盖、固化或绿化等措施。施工现场出入口应设置车辆冲洗设施,并对驶出车辆进行清洗。

土方和建筑垃圾的运输应采用封闭式运输车辆或采取覆盖措施。建筑物内施工垃圾的清运,应采用器具或管道运输,严禁随意抛掷。施工现场严禁焚烧各类废弃物。

鼓励施工工地安装在线监测和视频监控设备,并与当地有关主管部门联网,当环境空气质量指数达到中度及以上污染时,施工现场应增加洒水频次,加强覆盖措施,减少易造成大气污染的施工作业。

(二)建设项目大气污染的防治

新建、扩建、改建向大气排放污染物的项目,必须遵守国家有关建设项目环境保护管理的规定。

建设项目的环境影响报告书,必须对建设项目可能产生的大气污染和对生态环境的影响作出评价,规定防治措施,并按照规定的程序报生态环境主管部门审查批准。建设项目投入生产或者使用之前,其大气污染防治设施必须经过生态环境主管部门验收,达到国家有关建设项目环境保护管理规定的要求的建设项目,不得投入生产或者使用。

(三)对向大气排放污染物单位的监管

《大气污染防治法》规定,地方各级人民政府应当加强对建设施工和运输的管理,保持道路清洁,控制料堆和渣土堆放,扩大绿地、水面、湿地和地面铺装面积,防治扬尘污染。

从事房屋建筑、市政基础设施建设、河道整治以及建筑物拆除等施工单位,应当向负责监督管理扬尘污染防治的主管部门备案。

企业事业单位和其他生产经营者违反法律法规规定排放大气污染物,造成或者可能造成严重大气污染,或者有关证据可能灭失或者被隐匿的,县级以上人民政府生态环境主管部门和其他负有大气环境保护监督管理职责的部门,可以对有关设施、设备、物品采取查封、扣押等行政强制措施。

(四)碳排放权交易管理

2020年12月生态环境部发布的《碳排放权交易管理办法(试行)》规定,温室气体排放单位符合下列条件的,应当列入温室气体重点排放单位名录:①属于全国碳排放权交易市场覆盖行业;②年度温室气体排放量达到2.6万吨二氧化碳当量。

碳排放是指煤炭、石油、天然气等化石能源燃烧活动和工业生产过程以及土地利用变化与林业等活动产生的温室气体排放，也包括因使用外购的电力和热力等所导致的温室气体排放。

碳排放权是指分配给重点排放单位的规定时期内的碳排放额度。

➤ 三、施工现场水污染防治的规定

水污染是指水体因某种物质的介入，而导致其化学、物理、生物或者放射性等方面特性的改变，从而影响水的有效利用，危害人体健康或者破坏生态环境，造成水质恶化的现象。水污染防治包括江河、湖泊、运河、渠道、水库等地表水体以及地下水体的污染防治。

2017年6月修改后公布的《中华人民共和国水污染防治法》(本书简称《水污染防治法》)规定，水污染防治应当坚持预防为主、防治结合、综合治理的原则，优先保护饮用水水源，严格控制工业污染、城镇生活污染，防治农业面源污染，积极推进生态治理工程建设，预防、控制和减少水环境污染和生态破坏。

(一)施工现场水污染的防治

《水污染防治法》规定，排放水污染物，不得超过国家或者地方规定的水污染物排放标准和重点水污染物排放总量控制指标。

2013年10月公布的《城镇排水与污水处理条例》规定，建设工程开工前，建设单位应当查明工程建设范围内地下城镇排水与污水处理设施的相关情况。城镇排水主管部门及其他相关部门和单位应当及时提供相关资料。建设工程施工范围内有排水管网等城镇排水与污水处理设施的，建设单位应当与施工单位、设施维护运营单位共同制定设施保护方案，并采取相应的安全保护措施。因工程建设需要拆除、改动城镇排水与污水处理设施的，建设单位应当制定拆除、改动方案，报城镇排水主管部门审核，并承担重建、改建和采取临时措施的费用。

(二)建设项目水污染的防治

《水污染防治法》规定，新建、改建、扩建直接或者间接向水体排放污染物的建设项目和其他水上设施，应当依法进行环境影响评价。

禁止在饮用水水源一级保护区内新建、改建、扩建与供水设施和保护水源无关的建设项目；已建成的与供水设施和保护水源无关的建设项目，由县级以上人民政府责令拆除或者关闭。禁止在饮用水水源二级保护区内新建、改建、扩建排放污染物的建设项目；已建成的排放污染物的建设项目，由县级以上人民政府责令拆除或者关闭。

禁止在饮用水水源准保护区内新建、扩建对水体污染严重的建设项目；改建建设项目，不得增加排污量。

(三)发生事故或者其他突发性事件的规定

《水污染防治法》规定，企业事业单位发生事故或者其他突发性事件，造成或者可能造成水污染事故的，应当立即启动本单位的应急方案，采取隔离等应急措施，防止水污染物进入水体，并向事故发生地的县级以上地方人民政府或者生态环境主管部门报告。

四、施工现场固体废物污染环境防治的规定

固体废物是指在生产、生活和其他活动中产生的丧失原有利用价值或者虽未丧失利用价值但被抛弃或者放弃的固态、半固态和置于容器中的气态的物品、物质以及法律、行政法规规定纳入固体废物管理的物品、物质。

固体废物污染环境是指固体废物在产生、收集、贮存、运输、利用、处置的过程中产生的危害环境的现象。

2020 年 4 月修改后公布的《中华人民共和国固体废物污染环境防治法》(本书简称《固体废物污染环境防治法》)规定,国家推行绿色发展方式,促进清洁生产和循环经济发展。国家倡导简约适度、绿色低碳的生活方式,引导公众积极参与固体废物污染环境防治。

(一)施工现场固体废物污染环境的防治

固体废物又分为一般固体废物和危险废物。所谓危险废物,就是列入国家危险废物名录或者根据国家规定的危险废物鉴别标准和鉴别方法认定的具有危险特性的固体废物。

1. 一般固体废物污染环境的防治

《固体废物污染环境防治法》规定,任何单位和个人都应当采取措施,减少固体废物的产生量,促进固体废物的综合利用,降低固体废物的危害性。

产生、收集、贮存、运输、利用、处置固体废物的单位和其他生产经营者,应当采取防扬散、防流失、防渗漏或者其他防止污染环境的措施,不得擅自倾倒、堆放、丢弃、遗撒固体废物。禁止任何单位或者个人向江河、湖泊、运河、渠道、水库及其最高水位线以下的滩地和岸坡以及法律法规规定的其他地点倾倒、堆放、贮存固体废物。

转移固体废物出省、自治区、直辖市行政区域贮存、处置的,应当向固体废物移出地的省、自治区、直辖市人民政府生态环境主管部门提出申请。移出地的省、自治区、直辖市人民政府生态环境主管部门应当及时商经接受地的省、自治区、直辖市人民政府生态环境主管部门同意后,在规定期限内批准转移该固体废物出省、自治区、直辖市行政区域。未经批准的,不得转移。

工程施工单位应当及时清运工程施工过程中产生的建筑垃圾等固体废物,并按照环境卫生主管部门的规定进行利用或者处置。

2. 危险废物污染环境防治的特别规定

对危险废物的容器和包装物以及收集、贮存、运输、利用、处置危险废物的设施、场所,应当按照规定设置危险废物识别标志。从事收集、贮存、利用、处置危险废物经营活动的单位,应当按照国家有关规定申请取得许可证。

3. 施工现场固体废物的减量化和回收再利用

施工现场的固体废物主要是建筑垃圾和生活垃圾。建筑垃圾是指建设单位、施工单位新建、改建、扩建和拆除各类建筑物、构筑物、管网等,以及居民装饰装修房屋过程中产生的弃土、弃料和其他固体废物。生活垃圾是指在日常生活中或者为日常生活提供服务的活动中产生的固体废物,以及法律、行政法规规定视为生活垃圾的固体废物。

施工单位应实时统计并监控建筑垃圾产生量,及时采取针对性措施降低建筑垃圾排放量。

鼓励采用现场泥沙分离、泥浆脱水预处理等工艺,减少工程渣土和工程泥浆排放。

施工单位应充分利用混凝土、钢筋、模板、珍珠岩保温材料等余料,在满足质量要求的前提下,根据实际需求加工制作成各类工程材料,实行循环利用。施工现场不具备就地利用条件的,应按规定及时转运到建筑垃圾处置场所进行资源化处置和再利用。

原建设部《绿色施工导则》(建质〔2007〕223号)规定,加强建筑垃圾的回收再利用,力争建筑垃圾的再利用和回收率达到30%,建筑物拆除产生的废弃物的再利用和回收率大于40%。对于碎石类、土石方类建筑垃圾,可采用地基填埋、铺路等方式提高再利用率,力争再利用率大于50%。

(二)建设项目固体废物污染环境的防治

《固体废物污染环境防治法》规定,建设产生、贮存、利用、处置固体废物的项目,应当依法进行环境影响评价,并遵守国家有关建设项目环境保护管理的规定。

建设项目的环境影响评价文件确定需要配套建设的固体废物污染环境防治设施,应当与主体工程同时设计、同时施工、同时投入使用。

➢ 五、违法行为应承担的法律责任

施工现场环境保护违法行为应承担的主要法律责任有如下几条。

(一)施工现场环境噪声污染防治违法行为应承担的法律责任

《环境噪声污染防治法》规定,未经生态环境主管部门批准,擅自拆除或者闲置环境噪声污染防治设施,致使环境噪声排放超过规定标准的,由县级以上地方人民政府生态环境主管部门责令改正,并处罚款。

建筑施工单位违反规定,在城市市区噪声敏感建筑物集中区域内,夜间进行禁止进行的产生环境噪声污染的建筑施工作业的,由工程所在地县级以上地方人民政府生态环境主管部门责令改正,可以并处罚款。

(二)施工现场大气污染防治违法行为应承担的法律责任

1.施工单位应承担的法律责任

施工单位有下列行为之一的,由县级以上人民政府住房城乡建设等主管部门按照职责责令改正,处一万元以上十万元以下的罚款;拒不改正的,责令停工整治:①施工工地未设置硬质密闭围挡,或者未采取覆盖、分段作业、择时施工、洒水抑尘、冲洗地面和车辆等有效防尘降尘措施的;②建筑土方、工程渣土、建筑垃圾未及时清运,或者未采用密闭式防尘网遮盖的。

违反规定,运输煤炭、垃圾、渣土、砂石、土方、灰浆等散装、流体物料的车辆,未采取密闭或者其他措施防止物料遗撒的,由县级以上地方人民政府确定的监督管理部门责令改正,处二千元以上二万元以下的罚款;拒不改正的,车辆不得上道路行驶。

有下列行为之一的,由县级以上人民政府生态环境等主管部门按照职责责令改正,处一万元以上十万元以下的罚款;拒不改正的,责令停工整治或者停业整治:①未密闭煤炭、煤矸石、煤渣、煤灰、水泥、石灰、石膏、砂土等易产生扬尘的物料的;②对不能密闭的易产生扬尘的物料,未设置不低于堆放物高度的严密围挡,或者未采取有效覆盖措施防治扬尘污染的;③装卸物料未采取密闭或者喷淋等方式控制扬尘排放的。

2.建设单位应承担的法律责任

建设单位未对暂时不能开工的建设用地的裸露地面进行覆盖,或者未对超过三个月不能开工的建设用地的裸露地面进行绿化、铺装或者遮盖的,由县级以上人民政府住房城乡建设等主管部门依照对施工单位未采取有效防尘降尘措施等行为的规定予以处罚(即责令改正,处一万元以上十万元以下的罚款;拒不改正的,责令停工整治)。

(三)施工现场水污染防治违法行为应承担的法律责任

《水污染防治法》规定,违反本法规定,有下列行为之一的,由县级以上人民政府生态环境保护主管部门责令改正或者责令限制生产、停产整治,并处十万元以上一百万元以下的罚款;情节严重的,报经有批准权的人民政府批准,责令停业、关闭:①未依法取得排污许可证排放水污染物的;②超过水污染物排放标准或者超过重点水污染物排放总量控制指标排放水污染物的;③利用渗井、渗坑、裂隙、溶洞,私设暗管,篡改、伪造监测数据,或者不正常运行水污染防治设施等逃避监管的方式排放水污染物的;④未按照规定进行预处理,向污水集中处理设施排放不符合处理工艺要求的工业废水的。

(四)施工现场固体废物污染环境防治违法行为应承担的法律责任

《固体废物污染环境防治法》规定,违反本法规定,有下列行为之一,由县级以上地方人民政府环境卫生主管部门责令改正,处以罚款,没收违法所得:①随意倾倒、抛撒、堆放或者焚烧生活垃圾的;②擅自关闭、闲置或者拆除生活垃圾处理设施、场所的;③工程施工单位未编制建筑垃圾处理方案报备案,或者未及时清运施工过程中产生的固体废物的;④工程施工单位擅自倾倒、抛撒或者堆放工程施工过程中产生的建筑垃圾,或者未按照规定对施工过程中产生的固体废物进行利用或者处置的;⑤在运输过程中沿途丢弃、遗撒生活垃圾的。单位有以上第①项、第⑤项行为之一,处五万元以上五十万元以下的罚款;单位有以上第②项、第③项、第④项行为之一,处十万元以上一百万元以下的罚款;个人有以上第①项、第⑤项行为之一,处一百元以上五百元以下的罚款。

(五)施工现场土壤污染防治违法行为应承担的法律责任

2018年8月公布的《中华人民共和国土壤污染防治法》规定,违反本法规定,有下列行为之一的,由地方人民政府生态环境主管部门或者其他负有土壤污染防治监督管理职责的部门责令改正,处以罚款;拒不改正的,责令停产整治:拆除设施、设备或者建筑物、构筑物,企业事业单位未采取相应的土壤污染防治措施或者土壤污染重点监管单位未制定、实施土壤污染防治工作方案的;建设和运行污水集中处理设施、固体废物处置设施,未依照法律法规和相关标准的要求采取措施防止土壤污染的。有以上规定行为之一的,处二万元以上二十万元以下的罚款;有以上规定行为之一,造成严重后果的,处二十万元以上二百万元以下的罚款。

(六)按日连续处罚的法律规定

《环境保护法》规定,企业事业单位和其他生产经营者违法排放污染物,受到罚款处罚,被责令改正,拒不改正的,依法作出处罚决定的行政机关可以自责令改正之日的次日起,按照原处罚数额按日连续处罚。

模块 2　施工节约能源制度

　　能源是指煤炭、石油、天然气、生物质能和电力、热力以及其他直接或者通过加工、转换而取得有用能的各种资源。节约能源是指加强用能管理，采取技术上可行、经济上合理以及环境和社会可以承受的措施，从能源生产到消费的各个环节，降低消耗、减少损失和污染物排放、制止浪费，有效、合理地利用能源。

　　节约资源是我国的基本国策。国家实施节约与开发并举、把节约放在首位的能源发展战略。

➤一、施工合理使用与节约能源的规定

　　在工程建设领域，节约能源主要包括建筑节能和施工节能两个方面。

　　建筑节能是解决建设项目建成后使用过程中的节能问题，如 2008 年 8 月公布的《民用建筑节能条例》规定，民用建筑节能，是指在保证民用建筑使用功能和室内热环境质量的前提下，降低其使用过程中能源消耗的活动。

　　施工节能则是要解决施工过程中的节约能源问题，如《绿色施工导则》规定，绿色施工是指工程建设中，在保证质量、安全等基本要求的前提下，通过科学管理和技术进步，最大限度地节约资源与减少对环境负面影响的施工活动，实现"四节一环保"（节能、节地、节水、节材和环境保护）。

　　(一)合理使用与节约能源的一般规定

　　国家对落后的耗能过高的用能产品、设备和生产工艺实行淘汰制度。禁止使用国家明令淘汰的用能设备、生产工艺。国家鼓励企业制定严于国家标准、行业标准的企业节能标准。

　　(二)建筑节能的规定

　　建筑工程的建设、设计、施工和监理单位应当遵守建筑节能标准。以下为常用建筑节能规定。《节约能源法》规定，国家实行固定资产投资项目节能评估和审查制度。不符合强制性节能标准的项目，建设单位不得开工建设；已经建成的，不得投入生产、使用。政府投资项目不符合强制性节能标准的，依法负责项目审批的机关不得批准建设。

　　1.采用太阳能、地热能等可再生能源

　　《民用建筑节能条例》规定，国家鼓励和扶持在新建建筑和既有建筑节能改造中采用太阳能、地热能等可再生能源。

　　2.新建建筑节能的规定

　　国家推广使用民用建筑节能的新技术、新工艺、新材料和新设备，限制使用或者禁止使用能源消耗高的技术、工艺、材料和设备。国家限制进口或者禁止进口能源消耗高的技术、材料和设备。

　　建设单位、设计单位、施工单位不得在建筑活动中使用列入禁止使用目录的技术、工艺、材料和设备。

建设单位不得明示或者暗示设计单位、施工单位违反民用建筑节能强制性标准进行设计、施工,不得明示或者暗示施工单位使用不符合施工图设计文件要求的墙体材料、保温材料、门窗、采暖制冷系统和照明设备。

施工单位应当对进入施工现场的墙体材料、保温材料、门窗、采暖制冷系统和照明设备进行查验;不符合施工图设计文件要求的,不得使用。

未经监理工程师签字,墙体材料、保温材料、门窗、采暖制冷系统和照明设备不得在建筑上使用或者安装,施工单位不得进行下一道工序的施工。

3.既有建筑节能的规定

既有建筑节能改造,是指对不符合民用建筑节能强制性标准的既有建筑的围护结构、供热系统、采暖制冷系统、照明设备和热水供应设施等实施节能改造的活动。

(三)施工节能的规定

《循环经济促进法》规定,建筑设计、建设、施工等单位应当按照国家有关规定和标准,对其设计、建设、施工的建筑物及构筑物采用节能、节水、节地、节材的技术工艺和小型、轻型、再生产品。有条件的地区,应当充分利用太阳能、地热能、风能等可再生能源。

1.节材与材料资源利用

国家鼓励利用无毒无害的固体废物生产建筑材料,鼓励使用散装水泥,推广使用预拌混凝土和预拌砂浆。

禁止损毁耕地烧砖。在国务院或者省、自治区、直辖市人民政府规定的期限和区域内,禁止生产、销售和使用黏土砖。

2.节水与水资源利用

《循环经济促进法》规定,国家鼓励和支持使用再生水。企业应当发展串联用水系统和循环用水系统,提高水的重复利用率。企业应当采用先进技术、工艺和设备,对生产过程中产生的废水进行再生利用。

《绿色施工导则》进一步对提高用水效率、非传统水源利用和安全用水作出规定。

①施工中采用先进的节水施工工艺。②施工现场喷洒路面、绿化浇灌不宜使用市政自来水。现场搅拌用水、养护用水应采取有效的节水措施,严禁无措施浇水养护混凝土。③施工现场供水管网应根据用水量设计布置,管径合理、管路简捷,采取有效措施减少管网和用水器具的漏损。④现场机具、设备、车辆冲洗用水必须设立循环用水装置。施工现场办公区、生活区的生活用水采用节水系统和节水器具,提高节水器具配置比率。项目临时用水应使用节水型产品,安装计量装置,采取针对性的节水措施。⑤施工现场建立可再利用水的收集处理系统,使水资源得到梯级循环利用。⑥施工现场分别对生活用水与工程用水确定用水定额指标,并分别计量管理。⑦大型工程的不同单项工程、不同标段、不同分包生活区,凡具备条件的应分别计量用水量。在签订不同标段分包或劳务合同时,将节水定额指标纳入合同条款,进行计量考核。⑧对混凝土搅拌站点等用水集中的区域和工艺点进行专项计量考核。施工现场建立雨水、中水或可再利用水的搜集利用系统。

二、节能与能源利用

《绿色施工导则》对节能措施,机械设备与机具,生产、生活及办公临时设施,施工用电及照明分别作出规定。

(一)节能措施

(1)制订合理施工能耗指标,提高施工能源利用率。

(2)优先使用国家、行业推荐的节能、高效、环保的施工设备和机具,如选用变频技术的节能施工设备等。

(3)施工现场分别设定生产、生活、办公和施工设备的用电控制指标,定期进行计量、核算、对比分析,并有预防与纠正措施。

(4)在施工组织设计中,合理安排施工顺序、工作面,以减少作业区域的机具数量,相邻作业区充分利用共有的机具资源。安排施工工艺时,应优先考虑耗用电能或其他能耗较少的施工工艺。避免设备额定功率远大于使用功率或超负荷使用设备的现象。

(5)根据当地气候和自然资源条件,充分利用太阳能、地热等可再生能源。

(二)机械设备与机具

(1)建立施工机械设备管理制度,开展用电、用油计量,完善设备档案,及时做好维修保养工作,使机械设备保持低耗、高效的状态。

(2)选择功率与负载相匹配的施工机械设备,避免大功率施工机械设备低负载长时间运行。机电安装可采用节电型机械设备,如逆变式电焊机和能耗低、效率高的手持电动工具等,以利节电。机械设备宜使用节能型油料添加剂,在可能的情况下,考虑回收利用,节约油量。

(3)合理安排工序,提高各种机械的使用率和满载率,降低各种设备的单位耗能。

(三)生产、生活及办公临时设施

(1)利用场地自然条件,合理设计生产、生活及办公临时设施的体形、朝向、间距和窗墙面积比,使其获得良好的日照、通风和采光。南方地区可根据需要在其外墙窗设遮阳设施。

(2)临时设施宜采用节能材料,墙体、屋面使用隔热性能好的材料,减少夏天空调、冬天取暖设备的使用时间及耗能量。

(3)合理配置采暖设备、空调、风扇数量,规定使用时间,实行分段分时使用,节约用电。

(四)施工用电及照明

(1)临时用电优先选用节能电线和节能灯具,临电线路合理设计、布置,临电设备宜采用自动控制装置。采用声控、光控等节能照明灯具。

(2)照明设计以满足最低照度为原则,照度不应超过最低照度的20%。

三、节地与施工用地保护

《绿色施工导则》对临时用地指标、临时用地保护、施工总平面布置分别作出规定。

(一)临时用地指标

(1)根据施工规模及现场条件等因素合理确定临时设施,如临时加工厂、现场作业棚及材料堆场、办公生活设施等的占地指标。临时设施的占地面积应按用地指标所需的最低面积设计。

(2)要求平面布置合理、紧凑,在满足环境、职业健康与安全及文明施工要求的前提下尽可能减少废弃地和死角,临时设施占地面积有效利用率大于90%。

(二)临时用地保护

(1)应对深基坑施工方案进行优化,减少土方开挖和回填量,最大限度地减少对土地的扰动,保护周边自然生态环境。

(2)红线外临时占地应尽量使用荒地、废地,少占用农田和耕地。工程完工后,及时对红线外占地恢复原地形、地貌,使施工活动对周边环境的影响降至最低。

(3)利用和保护施工用地范围内原有绿色植被。对于施工周期较长的现场,可按建筑永久绿化的要求,安排场地新建绿化。

(三)施工总平面布置

(1)施工总平面布置应做到科学、合理,充分利用原有建筑物、构筑物、道路、管线为施工服务。

(2)施工现场搅拌站、仓库、加工厂、作业棚、材料堆场等布置应尽量靠近已有交通线路或即将修建的正式或临时交通线路,缩短运输距离。

(3)临时办公和生活用房应采用经济、美观、占地面积小、对周边地貌环境影响较小,且适合于施工平面布置动态调整的多层轻钢活动板房、钢骨架水泥活动板房等标准化装配式结构。生活区与生产区应分开布置,并设置标准的分隔设施。

(4)施工现场围墙可采用连续封闭的轻钢结构预制装配式活动围挡,减少建筑垃圾,保护土地。

(5)施工现场道路按照永久道路和临时道路相结合的原则布置。施工现场内形成环形通路,减少道路占用土地。

(6)临时设施布置应注意远近结合(本期工程与下期工程),努力减少和避免大量临时建筑拆迁和场地搬迁。

▶四、施工节能技术进步

《节约能源法》规定,国家鼓励、支持节能科学技术的研究、开发、示范和推广,促进节能技术创新与进步。

1. **政府政策引导**

国务院管理节能工作的部门会同国务院科技主管部门发布节能技术政策大纲,指导节能技术研究、开发和推广应用。

2. **政府资金扶持**

《循环经济促进法》规定,国务院和省、自治区、直辖市人民政府设立发展循环经济的有关专项资金,支持循环经济的科技研究开发、循环经济技术和产品的示范与推广、重大循环经济项目的实施、发展循环经济的信息服务等。

利用财政性资金引进循环经济重大技术、装备的,应当制定消化、吸收和创新方案,报有关主管部门审批并由其监督实施;有关主管部门应当根据实际需要建立协调机制,对重大技术、装备的引进和消化、吸收、创新实行统筹协调,并给予资金支持。

▶ 五、违法行为应承担的法律责任

施工节约能源违法行为应承担的主要法律责任有如下几条。

(一)违反建筑节能标准违法行为应承担的法律责任

《节约能源法》规定,设计单位、施工单位、监理单位违反建筑节能标准的,由建设主管部门责令改正,处十万元以上五十万元以下罚款;情节严重的,由颁发资质证书的部门降低资质等级或者吊销资质证书;造成损失的,依法承担赔偿责任。

《民用建筑节能条例》规定,施工单位未按照民用建筑节能强制性标准进行施工的,由县级以上地方人民政府建设主管部门责令改正,处民用建筑项目合同价款2%以上4%以下的罚款;情节严重的,由颁发资质证书的部门责令停业整顿,降低资质等级或者吊销资质证书;造成损失的,依法承担赔偿责任。

注册执业人员未执行民用建筑节能强制性标准的,由县级以上人民政府建设主管部门责令停止执业三个月以上一年以下;情节严重的,由颁发资格证书的部门吊销执业资格证书,五年内不予注册。

(二)使用黏土砖及其他施工节能违法行为应承担的法律责任

《循环经济促进法》规定,在国务院或者省、自治区、直辖市人民政府规定禁止生产、销售、使用黏土砖的期限或者区域内生产、销售或者使用黏土砖的,由县级以上地方人民政府指定的部门责令限期改正;有违法所得的,没收违法所得;逾期继续生产、销售的,由地方人民政府市场监督管理部门依法吊销营业执照。

《民用建筑节能条例》规定,施工单位有下列行为之一的,由县级以上地方人民政府建设主管部门责令改正,处十万元以上二十万元以下的罚款;情节严重的,由颁发资质证书的部门责令停业整顿,降低资质等级或者吊销资质证书;造成损失的,依法承担赔偿责任:①未对进入施工现场的墙体材料、保温材料、门窗、采暖制冷系统和照明设备进行查验的;②使用不符合施工图设计文件要求的墙体材料、保温材料、门窗、采暖制冷系统和照明设备的;③使用列入禁止使用目录的技术、工艺、材料和设备的。

(三)用能单位其他违法行为应承担的法律责任

《节约能源法》规定,用能单位未按照规定配备、使用能源计量器具的,由市场监督部门责令限期改正;逾期不改正的,处一万元以上五万元以下罚款。

瞒报、伪造、篡改能源统计资料或者编造虚假能源统计数据的,依照《中华人民共和国统计法》的规定处罚。

无偿向本单位职工提供能源或者对能源消费实行包费制的,由管理节能工作的部门责令限期改正;逾期不改正的,处五万元以上二十万元以下罚款。

模块3　施工文物保护制度

中国地域辽阔,历史悠久,是世界上文化传统不曾中断的多民族统一国家。遗存至今的大量文物古迹形象地记载着中华民族形成发展的进程,这些文物古迹不但是人们认识历史的证据,也是增强民族凝聚力、促进民族文化可持续发展的基础。中国优秀的文物古迹,不但是中国各族人民的,也是全人类共同的财富。切实加强对文物的保护、有效管理和合理利用,对于传承和弘扬优秀传统文化,满足广大人民群众精神文化需求,增强民族自尊心和自豪感,巩固民族团结,维护祖国统一,捍卫国家主权和领土完整,都具有十分重要的意义。

为此,我国相继颁布了《中华人民共和国文物保护法》《中华人民共和国水下文物保护管理条例》《中华人民共和国文物保护法实施条例》《历史文化名城名镇名村保护条例》等法律、行政法规,并参照以《国际古迹保护与修复宪章》(《威尼斯宪章》)为代表的国际原则,制定了《中国文物古迹保护准则》。

➤ 一、受法律保护的文物范围

2017年11月修改后公布的《中华人民共和国文物保护法》(本书简称《文物保护法》)规定,在中华人民共和国境内,下列文物受国家保护:①具有历史、艺术、科学价值的古文化遗址、古墓葬、古建筑、石窟寺和石刻、壁画;②与重大历史事件、革命运动或者著名人物有关的以及具有重要纪念意义、教育意义或者史料价值的近代现代重要史迹、实物、代表性建筑;③历史上各时代珍贵的艺术品、工艺美术品;④历史上各时代重要的文献资料以及具有历史、艺术、科学价值的手稿和图书资料等;⑤反映历史上各时代、各民族社会制度、社会生产、社会生活的代表性实物。

具有科学价值的古脊椎动物化石和古人类化石同文物一样受国家保护。

➤ 二、在文物保护单位保护范围和建设控制地带施工的规定

《文物保护法》规定,一切机关、组织和个人都有依法保护文物的义务。

(一)文物保护单位的保护范围

2017年10月修改后公布的《中华人民共和国文物保护法实施条例》(本书简称《文物保护法实施条例》)规定,文物保护单位的保护范围,是指对文物保护单位本体及周围一定范围实施重点保护的区域。文物保护单位的保护范围,应当根据文物保护单位的类别、规模、内容以及周围环境的历史和现实情况合理划定,并在文物保护单位本体之外保持一定的安全距离,确保文物保护单位的真实性和完整性。

文物保护单位的标志说明,应当包括文物保护单位的级别、名称、公布机关、公布日期、立标机关、立标日期等内容。民族自治地区的文物保护单位的标志说明,应当同时用规范汉字和当地通用的少数民族文字书写。

(二)文物保护单位的建设控制地带

《文物保护法实施条例》规定,文物保护单位的建设控制地带,是指在文物保护单位的保护

范围外,为保护文物保护单位的安全、环境、历史风貌对建设项目加以限制的区域。文物保护单位的建设控制地带,应当根据文物保护单位的类别、规模、内容以及周围环境的历史和现实情况合理划定。

全国重点文物保护单位的建设控制地带,经省、自治区、直辖市人民政府批准,由省、自治区、直辖市人民政府的文物行政主管部门会同城乡规划行政主管部门划定并公布。

省级、设区的市、自治州级和县级文物保护单位的建设控制地带,经省、自治区、直辖市人民政府批准,由核定公布该文物保护单位的人民政府的文物行政主管部门会同城乡规划行政主管部门划定并公布。

(三)在文物保护单位保护范围和建设控制地带施工的规定

《文物保护法》规定,在文物保护单位的保护范围和建设控制地带内,不得建设污染文物保护单位及其环境的设施,不得进行可能影响文物保护单位安全及其环境的活动。对已有的污染文物保护单位及其环境的设施,应当限期治理。

1. 承担文物保护单位的修缮、迁移、重建工程的单位应当具有相应的资质证书

《文物保护法实施条例》规定,承担文物保护单位的修缮、迁移、重建工程的单位,应当同时取得文物行政主管部门发给的相应等级的文物保护工程资质证书和建设行政主管部门发给的相应等级的资质证书。其中,不涉及建筑活动的文物保护单位的修缮、迁移、重建,应当由取得文物行政主管部门发给的相应等级的文物保护工程资质证书的单位承担。

申领文物保护工程资质证书,应当具备下列条件:①有取得文物博物专业技术职务的人员;②有从事文物保护工程所需的技术设备;③法律、行政法规规定的其他条件。

申领文物保护工程资质证书,应当向省、自治区、直辖市人民政府文物行政主管部门或者国务院文物行政主管部门提出申请。省、自治区、直辖市人民政府文物行政主管部门或者国务院文物行政主管部门应当自收到申请之日起三十个工作日内作出批准或者不批准的决定。决定批准的,发给相应等级的文物保护工程资质证书;决定不批准的,应当书面通知当事人并说明理由。

2. 在历史文化名城名镇名村保护范围内从事建设活动的相关规定

《历史文化名城名镇名村保护条例》规定,在历史文化名城、名镇、名村保护范围内禁止进行下列活动:①开山、采石、开矿等破坏传统格局和历史风貌的活动;②占用保护规划确定保留的园林绿地、河湖水系、道路等;③修建生产、储存爆炸性、易燃性、放射性、毒害性、腐蚀性物品的工厂、仓库等;④在历史建筑上刻划、涂污。

任何单位或者个人不得损坏或者擅自迁移、拆除历史建筑。

3. 在文物保护单位的保护范围和建设控制地带内从事建设活动的相关规定

《文物保护法》规定,文物保护单位的保护范围内不得进行其他建设工程或者爆破、钻探、挖掘等作业。但是,因特殊情况需要在文物保护单位的保护范围内进行其他建设工程或者爆破、钻探、挖掘等作业的,必须保证文物保护单位的安全,并经核定公布该文物保护单位的人民政府批准,在批准前应当征得上一级人民政府文物行政部门同意;在全国重点文物保护单位的保护范围内进行其他建设工程或者爆破、钻探、挖掘等作业的,必须经省、自治区、直辖市人民政府批准,在批准前应当征得国务院文物行政部门同意。

在文物保护单位的建设控制地带内进行建设工程,不得破坏文物保护单位的历史风貌;工程设计方案应当根据文物保护单位的级别,经相应的文物行政部门同意后,报城乡建设规划部门批准。

三、施工发现文物报告和保护的规定

《文物保护法》规定,地下埋藏的文物,任何单位或者个人都不得私自发掘。考古发掘的文物,任何单位或者个人不得侵占。

(一)配合建设工程进行考古发掘工作的规定

进行大型基本建设工程,建设单位应当事先报请省、自治区、直辖市人民政府文物行政部门组织从事考古发掘的单位在工程范围内有可能埋藏文物的地方进行考古调查、勘探。

(二)施工发现文物的报告和保护

《文物保护法》规定,在进行建设工程或者在农业生产中,任何单位或者个人发现文物,应当保护现场,立即报告当地文物行政部门,文物行政部门接到报告后,如无特殊情况,应当在二十四小时内赶赴现场,并在七日内提出处理意见。

依照以上规定发现的文物属于国家所有,任何单位或者个人不得哄抢、私分、藏匿。

四、违法行为应承担的法律责任

对施工中文物保护违法行为应承担的主要法律责任有如下几条。

(一)哄抢、私分国有文物等违法行为应承担的法律责任

《文物保护法》规定,有下列行为之一,构成犯罪的,依法追究刑事责任:①盗掘古文化遗址、古墓葬的;②故意或者过失损毁国家保护的珍贵文物的;③将国家禁止出境的珍贵文物私自出售或者送给外国人的;④以牟利为目的倒卖国家禁止经营的文物的;⑤走私文物的;⑥盗窃、哄抢、私分或者非法侵占国有文物的;⑦应当追究刑事责任的其他妨害文物管理行为。

造成文物灭失、损毁的,依法承担民事责任。构成违反治安管理行为的,由公安机关依法给予治安管理处罚。构成走私行为,尚不构成犯罪的,由海关依照有关法律、行政法规的规定给予处罚。

有下列行为之一,尚不构成犯罪的,由县级以上人民政府文物主管部门会同公安机关追缴文物;情节严重的,处五千元以上五万元以下的罚款:①发现文物隐匿不报或者拒不上交的;②未按照规定移交拣选文物的。

(二)在文物保护单位的保护范围和建设控制地带内进行建设工程违法行为应承担的法律责任

《文物保护法》规定,有下列行为之一,尚不构成犯罪的,由县级以上人民政府文物主管部门责令改正,造成严重后果的,处五万元以上五十万元以下的罚款;情节严重的,由原发证机关吊销资质证书:①擅自在文物保护单位的保护范围内进行建设工程或者爆破、钻探、挖掘等作

业的;②在文物保护单位的建设控制地带内进行建设工程,其工程设计方案未经文物行政部门同意、报城乡建设规划部门批准,对文物保护单位的历史风貌造成破坏的;③擅自迁移、拆除不可移动文物的;④擅自修缮不可移动文物,明显改变文物原状的;⑤擅自在原址重建已全部毁坏的不可移动文物,造成文物破坏的;⑥施工单位未取得文物保护工程资质证书,擅自从事文物修缮、迁移、重建的。

刻划、涂污或者损坏文物尚不严重的,或者损毁依法设立的文物保护单位标志的,由公安机关或者文物所在单位给予警告,可以并处罚款。

在文物保护单位的保护范围内或者建设控制地带内建设污染文物保护单位及其环境的设施的,或者对已有的污染文物保护单位及其环境的设施未在规定的期限内完成治理的,由环境保护行政部门依照有关法律、法规的规定给予处罚。

(三)未取得相应资质证书擅自承担文物保护单位修缮、迁移、重建工程违法行为应承担的法律责任

《文物保护法实施条例》规定,未取得相应等级的文物保护工程资质证书,擅自承担文物保护单位的修缮、迁移、重建工程的,由文物行政主管部门责令限期改正;逾期不改正,或者造成严重后果的,处五万元以上五十万元以下的罚款;构成犯罪的,依法追究刑事责任。

未取得建设行政主管部门发给的相应等级的资质证书,擅自承担含有建筑活动的文物保护单位的修缮、迁移、重建工程的,由建设行政主管部门依照有关法律、行政法规的规定予以处罚。

习题巩固

➢一、单选题

(1)建筑施工噪声排放限值的测量位置是建筑施工场地的(　　)。

A.中心

B.毗邻建筑物

C.边界

D.周边 50 m

(2)根据《建设工程安全生产管理条例》,在城市市区内的施工现场未实行封闭围挡的,一般情况下可能承担的法律责任是(　　)。

A.处以二十万元罚款

B.责令施工企业限期改正

C.吊销施工企业营业执照

D.降低施工企业资质等级

(3)暂时不能开工的建设用地,超过(　　)的,应当进行绿化、铺装或者遮盖。

A.一个月

B.三个月

C.二个月

D.六个月

(4)关于节能技术进步的说法,正确的是(　　)。

A.利用财政性资金引进循环经济重大装备的,应当制定创新方案,并报有关部门审批

B.国家采取强制措施研发施工节能技术

C.节能技术政策大纲应由县级以上人民政府发布

D.各级政府应当对循环经济重大科技攻关项目的自主创新研究,安排财政性资金予以支持

(5)建设单位组织竣工验收,对不符合民用建筑节能强制性标准的,不得出具(　　)报告。

A.竣工验收合格

B.建筑节能合格

C.建筑节能达标

D.能耗验收合格

(6)根据《绿色施工导则》,四节一环保中的"四节"是指(　　)。

A.节工、节材、节机、节能

B.节能、节地、节水、节材

C.节水、节电、节气、节材

D.节电、节材、节工、节水

(7)根据《绿色施工导则》,关于非传统水源利用的说法,正确的是( )。

A.可以采用地下水搅拌,地下水养护,有条件的地区和工程应当收集雨水养护

B.处于基坑降水阶段的工地,地下水不得作为生活用水

C.施工中非传统水源和循环水的再利用量力争大于20%

D.现场机具、设备、车辆冲洗,路面喷洒,绿化浇灌等用水,优先采用非传统水源,尽量不使用市政自来水

(8)关于施工中节能措施的说法,正确的是( )。

A.在施工组织设计中,合理安排施工顺序、工作面

B.应当制定严格的施工能耗指标

C.优先使用监理单位推荐的节能、高效、环保的施工设备和机具

D.施工现场统一设定生产、生活、办公和施工设备的用电控制指标

(9)建筑节能分部工程验收的主持人应当是( )。

A.施工企业项目经理

B.设计单位节能设计负责人

C.专业监理工程师

D.总监理工程师(建设单位项目负责人)

(10)根据《绿色施工导则》,关于施工总平面布置的说法,正确的是( )。

A.施工现场围墙可以采用连续封闭的轻钢结构预制装配式活动围挡

B.生活区与生产区尽量分开布置

C.施工现场搅拌站应当尽量靠近在建工程建筑物

D.施工现场内的永久性道路应当形成环形通路

(11)根据《绿色施工导则》,力争再利用和回收率达到30%的是( )。

A.碎石类建筑垃圾

B.建筑物拆除产生的废弃物

C.土石方类建筑垃圾

D.建筑垃圾

(12)施工现场发现的地下遗存文物,所有权属于( )。

A.施工企业

B.建设单位

C.建设用地使用权人

D.国家

(13)关于施工中发现文物的说法,正确的是( )。

A.在工程建设中发现文物,文物行政主管部门接到报告后,如无特殊情况应当在二十四小时内赶赴现场,并在七日内提出处理意见

B.在工程建设中发现的文物属于国家所有,在农业生产中发现的文物属于集体所有

C.确因建设工期紧迫,对古文化遗址古墓葬急需进行抢救发掘的,由县级人民政府文物行政主管部门组织发掘,并同时补办审批手续

D. 进行大型基本建设工程前,建设单位应当组织从事考古发掘的单位在工程范围内有可能埋藏文物的地方进行考古调查、勘探

➢ 二、多选题

(1)在城市市区噪声敏感建筑物集中区域内,未取得县级以上人民政府或有关部门证明即可夜间进行产生环境噪声污染的建筑施工作业有(　　)。

A. 抢修作业

B. 保密工程作业

C. 抢险作业

D. 生产工艺上要求必须连续进行的作业

E. 产生环境噪声污染较轻的作业

(2)在城市市区范围内,建筑施工过程中使用机械设备,可能产生环境噪声污染的,施工企业必须在工程开工十五日以前向工程所在地县级以上地方人民政府环境保护行政主管部门申报该工程的(　　)。

A. 项目名称

B. 施工场所和期限

C. 产生噪声的原因

D. 可能产生的环境噪声值

E. 所采取的环境噪声污染防治措施

(3)关于施工现场大气污染防治的说法,正确的有(　　)。

A. 小型工程的工程造价可以不列支防治扬尘污染的费用

B. 暂时不能开工的施工工地,施工企业应当对裸露地面进行覆盖

C. 施工合同应当明确施工企业扬尘污染防治责任

D. 工程渣土、建筑垃圾应当进行资源化处理

E. 施工工地应当公示扬尘污染防治相关信息

项目小结

项目七 建设工程安全生产法律制度

➢ 一、项目目标

素质目标

(1)具备"安全第一"的思想意识,处事冷静、沉着,能够稳妥处理安全隐患。
(2)安全重于泰山,管理时"温暖胜于严寒,将心比心方得人心"。

知识目标

(1)掌握安全生产管理的方针和原则。
(2)了解安全生产许可证的要求。
(3)掌握安全生产责任制的制定和要求。
(4)掌握安全生产培训教育的要求。
(5)了解生产事故应急救援预案机制。
(6)熟悉建筑施工项目建设中各参建单位的安全责任。

能力目标

(1)熟悉施工单位和施工项目的安全生产责任。
(2)能针对当前建筑施工安全生产管理的要求和方针制定安全生产责任制。
(3)掌握开展安全生产教育培训的要求。
(4)熟悉施工现场安全防护的规定和违法行为应承担的责任。
(5)掌握编制安全技术措施、专项施工方案和安全技术交底的规定。
(6)初步具备施工安全事故的应急救援与调查处理的能力。

➢ 二、项目知识点

(1)施工安全生产许可证制度。
(2)施工安全生产责任和安全生产教育培训制度。
(3)施工现场安全防护制度。
(4)施工安全事故的应急救援与调查处理。
(5)建设单位和相关单位的建设工程安全责任制度。

模块1 施工安全生产许可证制度

2014年7月修改后公布的《安全生产许可证条例》规定,国家对矿山企业、建筑施工企业和危险化学品、烟花爆竹、民用爆炸物品生产企业(以下统称企业)实行安全生产许可制度。企业未取得安全生产许可证的,不得从事生产活动。省、自治区、直辖市人民政府建设主管部门负责建筑施工企业安全生产许可证的颁发和管理,并接受国务院建设主管部门的指导和监督。

2015年1月住房和城乡建设部修改后发布的《建筑施工企业安全生产许可证管理规定》中规定,本规定所称建筑施工企业,是指从事土木工程、建筑工程、线路管道和设备安装工程及装修工程的新建、扩建、改建和拆除等有关活动的企业。建筑施工企业未取得安全生产许可证的,不得从事施工活动。

住房和城乡建设部办公厅《关于建筑施工企业安全生产许可证等证书电子化的意见》(建办质函〔2019〕375号)规定,各省级住房和城乡建设主管部门可根据工作需要,对相关证书实行电子化管理作出明确规定,其他地区住房和城乡建设主管部门对依法核发的电子证书应予认可。

➤一、申请领取安全生产许可证的条件

《建筑施工企业安全生产许可证管理规定》中规定,建筑施工企业取得安全生产许可证,应当具备以下12项安全生产条件:①建立、健全安全生产责任制,制定完备的安全生产规章制度和操作规程;②保证本单位安全生产条件所需资金的投入;③设置安全生产管理机构,按照国家有关规定配备专职安全生产管理人员;④主要负责人、项目负责人、专职安全生产管理人员经建设主管部门或者其他有关部门考核合格;⑤特种作业人员经有关业务主管部门考核合格,取得特种作业操作资格证书;⑥管理人员和作业人员每年至少进行一次安全生产教育培训并考核合格;⑦依法参加工伤保险,依法为施工现场从事危险作业的人员办理意外伤害保险,为从业人员交纳保险费;⑧施工现场的办公、生活区及作业场所和安全防护用具、机械设备、施工机具及配件符合有关安全生产法律、法规、标准和规程的要求;⑨有职业危害防治措施,并为作业人员配备符合国家标准或者行业标准的安全防护用具和安全防护服装;⑩有对危险性较大的分部分项工程及施工现场易发生重大事故的部位、环节的预防、监控措施和应急预案;⑪有生产安全事故应急救援预案、应急救援组织或者应急救援人员,配备必要的应急救援器材、设备;⑫法律、法规规定的其他条件建筑施工企业未取得安全生产许可证的,不得从事建筑施工活动。

➤二、安全生产许可证的有效期和政府监管的规定

(一)安全生产许可证的申请

建筑施工企业从事建筑施工活动前,应当依照《建筑施工企业安全生产许可证管理规定》向企业注册所在地省、自治区、直辖市人民政府住房和城乡建设主管部门申请领取安全生产许可证。

建筑施工企业申请安全生产许可证时,应当向住房和城乡建设主管部门提供下列材料:①建筑施工企业安全生产许可证申请表;②企业法人营业执照;③与申请安全生产许可证应当具备的安全生产条件相关的文件、材料。建筑施工企业申请安全生产许可证,应当对申请材料实质内容的真实性负责,不得隐瞒有关情况或者提供虚假材料。

(二)安全生产许可证的有效期

安全生产许可证的有效期为三年。安全生产许可证有效期满需要延期的,企业应当于期满前三个月向原安全生产许可证颁发管理机关办理延期手续。企业在安全生产许可证有效期内,严格遵守有关安全生产的法律法规,未发生死亡事故的,安全生产许可证有效期届满时,经原安全生产许可证颁发管理机关同意,不再审查,安全生产许可证有效期延期三年。

建筑施工企业变更名称、地址、法定代表人等,应当在变更后十日内,到原安全生产许可证颁发管理机关办理安全生产许可证变更手续。建筑施工企业破产、倒闭、撤销的,应当将安全生产许可证交回原安全生产许可证颁发管理机关予以注销。

(三)政府监管

安全生产许可证颁发管理机关或者其上级行政机关发现有下列情形之一的,可以撤销已经颁发的安全生产许可证:①安全生产许可证颁发管理机关工作人员滥用职权、玩忽职守颁发安全生产许可证的;②超越法定职权颁发安全生产许可证的;③违反法定程序颁发安全生产许可证的;④对不具备安全生产条件的建筑施工企业颁发安全生产许可证的;⑤依法可以撤销已经颁发的安全生产许可证的其他情形。

▶三、违法行为应承担的法律责任

安全生产许可证违法行为应承担的主要法律责任有如下几条。

(一)未取得安全生产许可证擅自从事施工活动应承担的法律责任

《安全生产许可证条例》规定,未取得安全生产许可证擅自进行生产的,责令停止生产,没收违法所得,并处十万元以上五十万元以下的罚款;造成重大事故或者其他严重后果,构成犯罪的,依法追究刑事责任。

(二)安全生产许可证有效期满未办理延期手续继续从事施工活动应承担的法律责任

《安全生产许可证条例》规定,安全生产许可证有效期满未办理延期手续,继续进行生产的,责令停止生产,限期补办延期手续,没收违法所得,并处五万元以上十万元以下的罚款;逾期仍不办理延期手续,继续进行生产的,依照未取得安全生产许可证擅自进行生产的规定处罚。

(三)转让安全生产许可证等应承担的法律责任

《安全生产许可证条例》规定,转让安全生产许可证的,没收违法所得,处十万元以上五十万元以下的罚款,并吊销其安全生产许可证;构成犯罪的,依法追究刑事责任;接受转让的,依照未取得安全生产许可证擅自进行生产的规定处罚。冒用安全生产许可证或者使用伪造的安全生产许可证的,依照未取得安全生产许可证擅自进行生产的规定处罚。

(四)以不正当手段取得安全生产许可证应承担的法律责任

《建筑施工企业安全生产许可证管理规定》中规定,建筑施工企业隐瞒有关情况或者提供虚假材料申请安全生产许可证的,不予受理或者不予颁发安全生产许可证,并给予警告,一年内不得申请安全生产许可证。

建筑施工企业以欺骗、贿赂等不正当手段取得安全生产许可证的,撤销安全生产许可证,三年内不得再次申请安全生产许可证;构成犯罪的,依法追究刑事责任。

模块2　施工安全生产责任和安全生产教育培训制度

《建筑法》规定,建筑工程安全生产管理必须坚持安全第一、预防为主的方针,建立健全安全生产的责任制度和群防群治制度。建筑施工企业应当建立健全劳动安全生产教育培训制度,加强对职工安全生产的教育培训;未经安全生产教育培训的人员,不得上岗作业。

➢ 一、施工单位的安全生产责任

《安全生产法》规定,生产经营单位必须遵守本法和其他有关安全生产的法律、法规,加强安全生产管理,建立健全全员安全生产责任制和安全生产规章制度,加大对安全生产资金、物资、技术、人员的投入保障力度,改善安全生产条件,加强安全生产标准化、信息化建设,构建安全风险分级管控和隐患排查治理双重预防机制,健全风险防范化解机制,提高安全生产水平,确保安全生产。

（一）施工单位的安全生产管理职责

《安全生产法》规定,生产经营单位的全员安全生产责任制应当明确各岗位的责任人员、责任范围和考核标准等内容。生产经营单位应当建立相应的机制,加强对安全生产责任制落实情况的监督考核,保证安全生产责任制的落实。

《建筑法》还规定,建筑施工企业必须依法加强对建筑安全生产的管理,执行安全生产责任制度,采取有效措施,防止伤亡和其他安全生产事故的发生。

1. 施工单位主要负责人对安全生产工作全面负责

《安全生产法》规定,生产经营单位的主要负责人是本单位安全生产第一责任人,对本单位的安全生产工作全面负责。其他负责人对职责范围内的安全生产工作负责。

生产经营单位的主要负责人对本单位安全生产工作负有下列职责:①建立健全并落实本单位全员安全生产责任制,加强安全生产标准化建设;②组织制定并实施本单位安全生产规章制度和操作规程;③组织制定并实施本单位安全生产教育和培训计划;④保证本单位安全生产投入的有效实施;⑤组织建立并落实安全风险分级管控和隐患排查治理双重预防工作机制,督促、检查本单位的安全生产工作,及时消除生产安全事故隐患;⑥组织制定并实施本单位的生产安全事故应急救援预案;⑦及时、如实报告生产安全事故。

生产经营单位可以设置专职安全生产分管负责人,协助本单位主要负责人履行安全生产管理职责。

住房和城乡建设部《建筑施工企业主要负责人、项目负责人和专职安全生产管理人员安全生产管理规定实施意见》(建质〔2015〕206号)中规定,企业主要负责人包括法定代表人、总经理(总裁)、分管安全生产的副总经理(副总裁)、分管生产经营的副总经理(副总裁)、技术负责人、安全总监等。

2. 施工单位安全生产管理机构和专职安全生产管理人员的职责

《安全生产法》规定,矿山、金属冶炼、建筑施工、运输单位和危险物品的生产、经营、储存、装卸单位,应当设置安全生产管理机构或者配备专职安全生产管理人员。

生产经营单位的安全生产管理机构以及安全生产管理人员履行下列职责:①组织或者参与拟订本单位安全生产规章制度、操作规程和生产安全事故应急救援预案;②组织或者参与本单位安全生产教育和培训,如实记录安全生产教育和培训情况;③组织开展危险源辨识和评估,督促落实本单位重大危险源的安全管理措施;④组织或者参与本单位应急救援演练;⑤检查本单位的安全生产状况,及时排查生产安全事故隐患,提出改进安全生产管理的建议;⑥制止和纠正违章指挥、强令冒险作业、违反操作规程的行为;⑦督促落实本单位安全生产整改措施。

3. 安全生产管理人员的施工现场检查职责

《安全生产法》规定,生产经营单位的安全生产管理人员应当根据本单位的生产经营特点,对安全生产状况进行经常性检查;对检查中发现的安全问题,应当立即处理;不能处理的,应当及时报告本单位有关负责人,有关负责人应当及时处理。检查及处理情况应当如实记录在案。

《建设工程安全生产管理条例》还规定,专职安全生产管理人员负责对安全生产进行现场监督检查。发现安全事故隐患,应当及时向项目负责人和安全生产管理机构报告;对违章指挥、违章操作的,应当立即制止。

项目专职安全生产管理人员具有以下主要职责:①负责施工现场安全生产日常检查并做好检查记录;②现场监督危险性较大工程安全专项施工方案实施情况;③对作业人员违规违章行为有权予以纠正或查处;④对施工现场存在的安全隐患有权责令立即整改;⑤对于发现的重大安全隐患,有权向企业安全生产管理机构报告;⑥依法报告生产安全事故情况。

(二)施工单位负责人施工现场带班制度

国务院《关于进一步加强企业安全生产工作的通知》(国发〔2010〕23号)规定,强化生产过程管理的领导责任。企业主要负责人和领导班子成员要轮流现场带班。

对于有分公司(非独立法人)的企业集团,集团负责人因故不能到现场的,可书面委托工程所在地的分公司负责人对施工现场进行带班检查。

(三)生产安全事故隐患排查治理制度

《安全生产法》规定,生产经营单位应当建立安全风险分级管控制度,按照安全风险分级采取相应的管控措施。

住房城乡建设主管部门接到工程项目重大隐患举报,应立即组织核实,属实的由工程所在地住房城乡建设主管部门及时向承建工程的建筑施工企业下达《房屋市政工程生产安全重大隐患治理挂牌督办通知书》,并公开有关信息,接受社会监督。

▶ 二、施工项目负责人的安全生产责任

施工项目负责人是指建设工程项目的项目经理为了加强对施工现场的管理,施工单位要对每个建设工程项目委派一名项目负责人即项目经理,由他对该项目的施工管理全面负责。

《建设工程安全生产管理条例》规定,施工单位的项目负责人应当由取得相应执业资格的人员担任,对建设工程项目的安全施工负责,落实安全生产责任制度、安全生产规章制度和操作规程,确保安全生产费用的有效使用,并根据工程的特点组织制定安全施工措施,消除安全事故隐患,及时、如实报告生产安全事故。

(一)施工项目负责人的安全生产责任

项目负责人应当按规定实施项目安全生产管理,监控危险性较大分部分项工程,及时排查处理施工现场安全事故隐患,隐患排查处理情况应当记入项目安全管理档案;发生事故时,应当按规定及时报告并开展现场救援。工程项目实行总承包的,总承包企业项目负责人应当定期考核分包企业安全生产管理情况。

(二)施工单位项目负责人施工现场带班制度

《建筑施工企业负责人及项目负责人施工现场带班暂行办法》规定,项目负责人是工程项目质量安全管理的第一责任人,应对工程项目落实带班制度负责。项目负责人带班生产是指项目负责人在施工现场组织协调工程项目的质量安全生产活动。

项目负责人在同一时期只能承担一个工程项目的管理工作。项目负责人带班生产时,要全面掌握工程项目质量安全生产状况,加强对重点部位、关键环节的控制,及时消除隐患。要认真做好带班生产记录并签字存档备查。项目负责人每月带班生产时间不得少于本月施工时间的80%。因其他事务需离开施工现场时,应向工程项目的建设单位请假,经批准后方可离开。离开期间应委托项目相关负责人负责其外出时的日常工作。

▶ 三、施工总承包和分包单位的安全生产责任

《建筑法》规定,施工现场安全由建筑施工企业负责实行施工总承包的,由总承包单位负责。分包单位向总承包单位负责,服从总承包单位对施工现场的安全生产管理。

(一)总承包单位应当承担的法定安全生产责任

施工总承包是由一个施工单位对建设工程施工全面负责。该总承包单位不仅要负责建设工程的施工质量、合同工期、成本控制,还要对施工现场组织和安全生产进行统一协调管理。

(二)分包合同应当明确总分包双方的安全生产责任

《建设工程安全生产管理条例》规定,总承包单位依法将建设工程分包给其他单位的,分包合同中应当明确各自的安全生产方面的权利、义务。

施工总承包单位与分包单位的安全生产责任,可分为法定责任和约定责任。所谓法定责任,就是法律法规中明确规定的总承包单位、分包单位各自的安全生产责任。所谓约定责任,就是总承包单位与分包单位通过协商,在分包合同中约定各自应当承担的安全生产责任。但是安全生产的约定责任不能与法定责任相抵触。

(三)统一组织编制建设工程生产安全应急救援预案

《建设工程安全生产管理条例》规定,施工单位应当根据建设工程施工的特点、范围,对施工现场易发生重大事故的部位、环节进行监控,制定施工现场生产安全事故应急救援预案。实

行施工总承包的,由总承包单位统一组织编制建设工程生产安全事故应急救援预案,工程总承包单位和分包单位按照应急救援预案,各自建立应急救援组织或者配备应急救援人员,配备救援器材、设备,并定期组织演练。

(四)负责上报施工生产安全事故

《建设工程安全生产管理条例》规定,实行施工总承包的建设工程,由总承包单位负责上报事故。

(五)承担连带责任

《建设工程安全生产管理条例》规定,总承包单位和分包单位对分包工程的安全生产承担连带责任。

(六)分包单位应当承担的法定安全生产责任

《建筑法》规定,分包单位向总承包单位负责,服从总承包单位对施工现场的安全生产管理。《建设工程安全生产管理条例》进一步规定,分包单位应当服从总承包单位的安全生产管理,分包单位不服从管理导致生产安全事故的,由分包单位承担主要责任。

▶四、施工作业人员安全生产的权利和义务

《安全生产法》规定,生产经营单位的从业人员有依法获得安全生产保障的权利,并应当依法履行安全生产方面的义务。

(一)施工作业人员依法享有的安全生产保障权利

按照《建筑法》《安全生产法》《建设工程安全生产管理条例》等法律、行政法规的规定,施工作业人员主要享有如下几项安全生产权利。

1.施工安全生产的知情权和建议权

《安全生产法》规定,生产经营单位的从业人员有权了解其作业场所和工作岗位存在的危险因素、防范措施及事故应急措施,有权对本单位的安全生产工作提出建议。

《建筑法》规定,作业人员有权对影响人身健康的作业程序和作业条件提出改进意见。《建设工程安全生产管理条例》进一步规定,施工单位应当向作业人员提供安全防护用具和安全防护服装,并书面告知危险岗位的操作规程和违章操作的危害。

2.施工安全防护用品的获得权

《安全生产法》规定,生产经营单位必须为从业人员提供符合国家标准或者行业标准的劳动防护用品,并监督、教育从业人员按照使用规则佩戴、使用。

《建筑法》规定,作业人员有权获得安全生产所需的防护用品。《建设工程安全生产管理条例》进一步规定,施工单位应当向作业人员提供安全防护用具和安全防护服装。

3.批评、检举、控告权及拒绝违章指挥权

《建筑法》规定,作业人员对危及生命安全和人身健康的行为有权提出批评、检举和控告。《建设工程安全生产管理条例》进一步规定,作业人员有权对施工现场的作业条件、作业程序和作业方式中存在的安全问题提出批评、检举和控告,有权拒绝违章指挥和强令冒险作业。

4. 紧急避险权

《安全生产法》规定,从业人员发现直接危及人身安全的紧急情况时,有权停止作业或者在采取可能的应急措施后撤离作业场所。生产经营单位不得因从业人员在前款紧急情况下停止作业或者采取紧急撤离措施而降低其工资、福利等待遇或解除与其订立的劳动合同。

5. 获得工伤保险和意外伤害保险赔偿的权利

《建筑法》规定,建筑施工企业应当依法为职工参加工伤保险缴纳工伤保险费。鼓励企业为从事危险作业的职工办理意外伤害保险,支付保险费。

据此,施工作业人员除依法享有工伤保险的各项权利外,从事危险作业的施工人员还可以依法享有意外伤害保险的权利。

6. 救治和请求民事赔偿权

《安全生产法》规定,生产经营单位发生生产安全事故后,应当及时采取措施救治有关人员。因生产安全事故受到损害的从业人员,除依法享有工伤保险外,依照有关民事法律尚有获得赔偿的权利的,有权提出赔偿要求。

7. 依靠工会维权和被派遣劳动者的权利

《安全生产法》规定,生产经营单位的工会依法组织职工参加本单位安全生产工作的民主管理和民主监督,维护职工在安全生产方面的合法权益。生产经营单位制定或者修改有关安全生产的规章制度,应当听取工会的意见。

(二)施工作业人员应当履行的安全生产义务

按照《建筑法》《安全生产法》《建设工程安全生产管理条例》等法律、行政法规的规定,施工作业人员主要应当履行如下安全生产义务:

1. 守法遵章和正确使用安全防护用具等的义务

《建筑法》规定,建筑施工企业和作业人员在施工过程中,应当遵守有关安全生产的法律、法规和建筑行业安全规章、规程,不得违章指挥或者违章作业。《安全生产法》规定,从业人员在作业过程中,应当严格落实岗位责任制,遵守本单位的安全生产规章制和操作规程,服从管理,正确佩戴和使用劳动防护用品。

2. 接受安全生产教育培训的义务

《安全生产法》规定,从业人员应当接受安全生产教育和培训,掌握本职工作所需的安全生产知识,提高安全生产技能,增强事故预防和应急处理能力。《建设工程安全生产管理条例》也规定,作业人员进入新的岗位或者新的施工现场前,应当接受安全生产教育培训。未经教育培训或者教育培训考核不合格的人员,不得上岗作业。

3. 施工安全事故隐患报告的义务

《安全生产法》规定,从业人员发现事故隐患或者其他不安全因素,应当立即向现场安全生产管理人员或者本单位负责人报告;接到报告的人员应当及时予以处理。

五、施工单位安全生产教育培训的规定

《安全生产法》规定,生产经营单位应当教育和督促从业人员严格执行本单位的安全生产规章制度和安全操作规程;并向从业人员如实告知作业场所和工作岗位存在的危险因素、防范措施以及事故应急措施。生产经营单位应当安排用于配备劳动防护用品、进行安全生产培训的经费。

(一)施工单位"安管人员"和特种作业人员的培训考核

(1)"安管人员"的考核。

《建设工程安全生产管理条例》进一步规定,施工单位的主要负责人、项目负责人、专职安全生产管理人员应当经建设行政主管部门或者其他部门考核合格后方可任职。安全生产考核合格证书有效期为三年,证书在全国范围内有效。

《建筑施工企业主要负责人、项目负责人和专职安全生产管理人员安全生产管理规定实施意见》中规定,专职安全生产管理人员分为机械、土建、综合三类。机械类专职安全生产管理人员可以从事起重机械、土石方机械、桩工机械等安全生产管理工作。土建类专职安全生产管理人员可以从事除起重机械、土石方机械、桩工机械等安全生产管理工作以外的安全生产管理工作。综合类专职安全生产管理人员可以从事全部安全生产管理工作。

(2)特种作业人员的培训考核。

《安全生产法》规定,生产经营单位的特种作业人员必须按照国家有关规定经专门的安全作业培训,取得相应资格,方可上岗作业。《建筑施工特种作业人员管理规定》(建质〔2008〕75号)规定,建筑施工特种作业包括:①建筑电工;②建筑架子工;③建筑起重信号司索工;④建筑起重机械司机;⑤建筑起重机械安装拆卸工;⑥高处作业吊篮安装拆卸工;⑦经省级以上人民政府建设主管部门认定的其他特种作业。

(二)施工单位全员的安全生产教育培训

《建设工程安全生产管理条例》进一步规定,施工单位应当对管理人员和作业人员每年至少进行一次安全生产教育培训,其教育培训情况记入个人工作档案。安全生产教育培训考核不合格的人员,不得上岗。

(三)进入新岗位或者新施工现场前的安全生产教育培训

《建设工程安全生产管理条例》规定,作业人员进入新的岗位或者新的施工现场前,应当接受安全生产教育培训。未经教育培训或者教育培训考核不合格的人员,不得上岗作业。国务院安委会《关于进一步加强安全培训工作的决定》(安委〔2012〕10号)中指出,严格落实企业职工先培训后上岗制度。建筑企业要对新职工进行至少32学时的安全培训,每年进行至少20学时的再培训。

(四)采用新技术、新工艺、新设备、新材料前的安全生产教育培训

《安全生产法》规定,生产经营单位采用新工艺、新技术、新材料或者使用新设备,必须了解、掌握其安全技术特性,采取有效的安全防护措施,并对从业人员进行专门的安全生产教育和培训。《建设工程安全生产管理条例》规定,施工单位在采用新技术、新工艺、新设备、新材料

时,应当对作业人员进行相应的安全生产教育培训。

(五)安全教育培训方式

国务院《关于坚持科学发展安全发展促进安全生产形势持续稳定好转的意见》(国发〔2011〕40号)规定,施工单位应当根据实际需要,对不同岗位、不同工种的人员进行因人施教。安全教育培训可采取多种形式,包括安全形势报告会、事故案例分析会、安全法制教育、安全技术交流、安全竞赛、师傅带徒弟等。

国务院安委会《关于进一步加强安全培训工作的决定》指出,完善和落实师傅带徒弟制度。高危企业新职工安全培训合格后,要在经验丰富的工人师傅带领下,实习至少二个月后方可独立上岗。工人师傅一般应当具备中级工以上技能等级,三年以上相应工作经历,成绩突出,善于"传、帮、带",没有发生过"三违"行为等条件。要组织签订师徒协议,建立师傅带徒弟激励约束机制。

▶六、违法行为应承担的法律责任

对于施工安全生产责任和安全生产教育培训违法行为应承担的主要法律责任如下:

(一)施工单位违法行为应承担的法律责任

《安全生产法》规定,生产经营单位有下列行为之一的,责令限期改正,处十万元以下的罚款;逾期未改正的,责令停产停业整顿,并处十万元以上二十万元以下的罚款,对其直接负责的主管人员和其他直接责任人员处二万元以上五万元以下的罚款:①未按照规定设置安全生产管理机构或者配备安全生产管理人员、注册安全工程师的;②危险物品的生产、经营、储存、装卸单位以及矿山、金属冶炼、建筑施工、运输单位的主要负责人和安全生产管理人员未按照规定经考核合格的;③未按照规定对从业人员、被派遣劳动者、实习学生进行安全生产教育和培训,或者未按照规定如实告知有关的安全生产事项的;④未如实记录安全生产教育和培训情况的;⑤未将事故隐患排查治理情况如实记录或者未向从业人员通报的;⑥未按照规定制定生产安全事故应急救援预案或者未定期组织演练的;⑦特种作业人员未按照规定经专门的安全作业培训并取得相应资格,上岗作业的。

两个以上生产经营单位在同一作业区域内进行可能危及对方安全生产的生产经营活动,未签订安全生产管理协议或者未指定专职安全生产管理人员进行安全检查与协调的,责令限期改正,处五万元以下的罚款,对其直接负责的主管人员和其他直接责任人员处一万元以下的罚款;逾期未改正的,责令停产停业。

《建设工程安全生产管理条例》规定,违反本条例的规定,施工单位有下列行为之一的,责令限期改正;逾期未改正的,责令停业整顿,依照《安全生产法》的有关规定处以罚款;造成重大安全事故,构成犯罪的,对直接责任人员,依照刑法有关规定追究刑事责任:①未设立安全生产管理机构、配备专职安全生产管理人员或者分部分项工程施工时无专职安全生产管理人员现场监督的;②施工单位的主要负责人、项目负责人、专职安全生产管理人员、作业人员或者特种作业人员,未经安全教育培训或者经考核不合格即从事相关工作的;③未在施工现场的危险部位设置明显的安全警示标志,或者未按照国家有关规定在施工现场设置消防通道、消防水源、配备消防设施和灭火器材的;④未向作业人员提供安全防护用具和安全防护服装的;⑤未按照规定在施工起重机械和整体提升脚手架、模板等自升式架设设施验收合格后登记的;⑥使用国家明令淘汰、禁止使用的危及施工安全的工艺、设备、材料的。

施工单位取得资质证书后,降低安全生产条件的,责令限期改正;经整改仍未达到与其资质等级相适应的安全生产条件的,责令停业整顿,降低其资质等级直至吊销资质证书。

施工单位挪用列入建设工程概算的安全生产作业环境及安全施工措施所需费用的,责令限期改正,处挪用费用20%以上50%以下的罚款;造成损失的,依法承担赔偿责任。

《刑法》第一百三十七条规定,建设单位、设计单位、施工单位、工程监理单位违反国家规定,降低工程质量标准,造成重大安全事故的,对直接责任人员,处五年以下有期徒刑或者拘役,并处罚金;后果特别严重的,处五年以上十年以下有期徒刑,并处罚金。

(二)施工管理人员违法行为应承担的法律责任

《安全生产法》规定,生产经营单位的主要负责人未履行本法规定的安全生产管理职责的,责令限期改正,处二万元以上五万元以下的罚款;逾期未改正的,处五万元以上十万元以下的罚款,责令生产经营单位停产停业整顿。生产经营单位的主要负责人有以上违法行为,导致发生生产安全事故的,给予撤职处分;构成犯罪的,依照刑法有关规定追究刑事责任。生产经营单位的主要负责人依照以上规定受刑事处罚或者撤职处分的,自刑罚执行完毕或者受处分之日起,五年内不得担任任何生产经营单位的主要负责人;对重大、特别重大生产安全事故负有责任的,终身不得担任本行业生产经营单位的主要负责人。

《建筑法》规定,建筑施工企业的管理人员违章指挥、强令职工冒险作业,因而发生重大伤亡事故或者造成其他严重后果的,依法追究刑事责任。

《建设工程安全生产管理条例》规定,施工单位的主要负责人、项目负责人未履行安全生产管理职责的,责令限期改正;逾期未改正的,责令施工单位停业整顿;造成重大安全事故、重大伤亡事故或者其他严重后果,构成犯罪的,依照刑法有关规定追究刑事责任。

注册执业人员未执行法律、法规和工程建设强制性标准的,责令停止执业三个月以上一年以下;情节严重的,吊销执业资格证书,五年内不予注册;造成重大安全事故的,终身不予注册;构成犯罪的,依照刑法有关规定追究刑事责任。

(三)施工作业人员违法行为应承担的法律责任

《安全生产法》规定,生产经营单位的从业人员不落实岗位安全责任,不服从管理,违反安全生产规章制度或者操作规程的,由生产经营单位给予批评教育,依照有关规章制度给予处分;构成犯罪的,依照刑法有关规定追究刑事责任。

《建设工程安全生产管理条例》规定,作业人员不服管理、违反规章制度和操作规程冒险作业造成重大伤亡事故或者其他严重后果,构成犯罪的,依照刑法有关规定追究刑事责任。

《刑法》第一百三十四条第一款规定,在生产、作业中违反有关安全管理的规定,因而发生重大伤亡事故或者造成其他严重后果的,处三年以下有期徒刑或者拘役;情节特别恶劣的,处三年以上七年以下有期徒刑。

模块3　施工现场安全防护制度

中共中央、国务院《关于推进安全生产领域改革发展的意见》（中发〔2016〕32号）中指出，企业要定期开展风险评估和危害辨识。针对高危工艺、设备、物品、场所和岗位，建立分级管控制度，制定落实安全操作规程。树立隐患就是事故的观念，建立健全隐患排查治理制度、重大隐患治理情况向负有安全生产监督管理职责的部门和企业职代会"双报告"制度，实行自查自改自报闭环管理。严格执行安全生产和职业健康"三同时"制度。大力推进企业安全生产标准化建设，实现安全管理、操作行为、设备设施和作业环境的标准化。

➤一、编制安全技术措施、专项施方案和安全技术交底的规定

《建筑法》规定，建筑施工企业在编制施工组织设计时，应当根据建筑工程的特点制定相应的安全技术措施；对专业性较强的工程项目，应当编制专项安全施工组织设计，并采取安全技术措施。

（一）编制安全技术措施、临时用电方案和安全专项施工方案

《建设工程安全生产管理条例》规定，施工单位应当在施工组织设计中编制安全技术措施和施工现场临时用电方案。

对下列达到一定规模的危险性较大的分部分项工程编制专项施工方案，并附具安全验算结果，经施工单位技术负责人、总监理工程师签字后实施，由专职安全生产管理人员进行现场监督：①基坑支护与降水工程；②土方开挖工程；③模板工程；④起重吊装工程；⑤脚手架工程；⑥拆除、爆破工程；⑦国务院建设行政主管部门或者其他有关部门规定的其他危险性较大的工程。对以上所列工程中涉及深基坑、地下暗挖工程、高大模板工程的专项施工方案，施工单位还应当组织专家进行论证、审查。

危险性较大的分部分项工程（以下简称"危大工程"）是指房屋建筑和市政基础设施工程在施工过程中，容易导致人员群死群伤或者造成重大经济损失的分部分项工程。

1. 危大工程安全专项施工方案的编制

2019年3月住房和城乡建设部修改后发布的《危险性较大的分部分项工程安全管理规定》中规定，施工单位应当在危大工程施工前组织工程技术人员编制专项施工方案。实行施工总承包的，专项施工方案应当由施工总承包单位组织编制。危大工程实行分包的，专项施工方案可以由相关专业分包单位组织编制。

专项施工方案应当由施工单位技术负责人审核签字、加盖单位公章，并由总监理工程师审查签字、加盖执业印章后方可实施。危大工程实行分包并由分包单位编制专项施工方案的，专项施工方案应当由总承包单位技术负责人及分包单位技术负责人共同审核签字并加盖单位公章。

对于超过一定规模的危大工程，施工单位应当组织召开专家论证会对专项施工方案进行论证。实行施工总承包的，由施工总承包单位组织专家论证会。专家论证前专项施工方案应

当通过施工单位审核和总监理工程师审查。

专家论证会后,应当形成论证报告,对专项施工方案提出通过、修改后通过或者不通过的一致意见。专家对论证报告负责并签字确认。专项施工方案经论证不通过的,施工单位修改后应当按照本规定的要求重新组织专家论证。

2. 危大工程安全管理的前期保障

建设单位应当依法提供真实、准确、完整的工程地质、水文地质和工程周边环境等资料。建设单位应当组织勘察、设计等单位在施工招标文件中列出危大工程清单,要求施工单位在投标时补充完善危大工程清单并明确相应的安全管理措施。建设单位应当按照施工合同约定及时支付危大工程施工技术措施费以及相应的安全防护文明施工措施费,保障危大工程施工安全。

勘察单位应当根据工程实际及工程周边环境资料,在勘察文件中说明地质条件可能造成的工程风险。设计单位应当在设计文件中注明涉及危大工程的重点部位和环节,提出保障工程周边环境安全和工程施工安全的意见,必要时进行专项设计。

3. 危大工程安全专项施工方案的实施

施工单位应当在施工现场显著位置公告危大工程名称、施工时间和具体责任人员,并在危险区域设置安全警示标志。

施工单位应当严格按照专项施工方案组织施工,不得擅自修改专项施工方案。因规划调整、设计变更等原因确需调整的,修改后的专项施工方案应当按照规定重新审核和论证。涉及资金或者工期调整的,建设单位应当按照约定予以调整。

施工单位应当对危大工程施工作业人员进行登记,项目负责人应当在施工现场履职。项目专职安全生产管理人员应当对专项施工方案实施情况进行现场监督,对未按照专项施工方案施工的,应当要求立即整改,并及时报告项目负责人,项目负责人应当及时组织限期整改。施工单位应当按照规定对危大工程进行施工监测和安全巡视,发现危及人身安全的紧急情况,应当立即组织作业人员撤离危险区域。

监理单位应当结合危大工程专项施工方案编制监理实施细则,并对危大工程施工实施专项巡视检查。监理单位发现施工单位未按照专项施工方案施工的,应当要求其进行整改;情节严重的,应当要求其暂停施工,并及时报告建设单位。施工单位拒不整改或者不停止施工的,监理单位应当及时报告建设单位和工程所在地住房城乡建设主管部门。

对于按照规定需要进行第三方监测的危大工程,建设单位应当委托具有相应勘察资质的单位进行监测。监测单位应当编制监测方案。监测方案由监测单位技术负责人审核签字并加盖单位公章,报送监理单位后方可实施。监测单位应当按照监测方案开展监测,及时向建设单位报送监测成果,并对监测成果负责;发现异常时,及时向建设、设计、施工、监理单位报告,建设单位应当立即组织相关单位采取处置措施。

对于按照规定需要验收的危大工程,施工单位、监理单位应当组织相关人员进行验收。验收合格的,经施工单位项目技术负责人及总监理工程师签字确认后,方可进入下一道工序。危大工程验收合格后,施工单位应当在施工现场明显位置设置验收标识牌,公示验收时间及责任人员。

危大工程发生险情或者事故时,施工单位应当立即采取应急处置措施,并报告工程所在地住房城乡建设主管部门。建设、勘察、设计、监理等单位应当配合施工单位开展应急抢险工作。危大工程应急抢险结束后,建设单位应当组织勘察、设计、施工、监理等单位制定工程恢复方案,并对应急抢险工作进行后评估。

施工、监理单位应当建立危大工程安全管理档案。施工单位应当将专项施工方案及审核、专家论证、交底、现场检查、验收及整改等相关资料纳入档案管理。监理单位应当将监理实施细则、专项施工方案审查、专项巡视检查、验收及整改等相关资料纳入档案管理。

(二)安全施工技术交底

《建设工程安全生产管理条例》规定,建设工程施工前,施工单位负责项目管理的技术人员应当对有关安全施工的技术要求向施工作业班组、作业人员作出详细说明,并由双方签字确认。

《危险性较大的分部分项工程安全管理规定》中规定,专项施工方案实施前,编制人员或者项目技术负责人应当向施工现场管理人员进行方案交底。施工现场管理人员应当向作业人员进行安全技术交底,并由双方和项目专职安全生产管理人员共同签字确认。

安全技术交底,通常有施工工种安全技术交底、分部分项工程施工安全技术交底、大型特殊工程单项安全技术交底、设备安装工程技术交底以及采用新工艺、新技术、新材料施工的安全技术交底等。

二、施工现场安全防范措施和安全管理要求

(一)施工现场安全防护措施

《建筑法》规定,建筑施工企业应当在施工现场采取维护安全、防范危险、预防火灾等措施;有条件的,应当对施工现场实行封闭管理。施工现场对毗邻的建筑物、构筑物和特殊作业环境可能造成损害的,建筑施工企业应当采取安全防护措施。

国务院办公厅公布的《关于促进建筑业持续健康发展的意见》(国办发〔2017〕19号)中规定,全面落实安全生产责任,加强施工现场安全防护,特别要强化对深基坑、高支模、起重机械等危险性较大的分部分项工程的管理,以及对不良地质地区重大工程项目的风险评估或论证。

1. **危险部位设置安全警示标志**

《安全生产法》规定,生产经营单位应当在有较大危险因素的生产经营场所和有关设施、设备上,设置明显的安全警示标志。《建设工程安全生产管理条例》进一步规定,施工单位应当在施工现场入口处、施工起重机械、临时用电设施、脚手架、出入通道口、楼梯口、电梯井口、孔洞口、桥梁口、隧道口、基坑边沿、爆破物及有害危险气体和液体存放处等危险部位,设置明显的安全警示标志。安全警示标志必须符合国家标准。

工地现场的情况尽管千差万别,不同施工现场的危险源也不尽相同,但施工现场入口处、施工起重机械、临时用电设施、脚手架、出入通道口、楼梯口、电梯井口、孔洞口、桥梁口、隧道口、基坑边沿、爆破物及有害危险气体和液体存放处等,通常都是容易出现生产安全事故的危险部位。

安全警示标志是指提醒人们注意的各种标牌、文字、符号和灯光等,一般由安全色、几何图形和图形符号构成。

2. 不同施工阶段和暂停施工应采取的安全施工措施

《建设工程安全生产管理条例》规定,施工单位应当根据不同施工阶段和周围环境及季节、气候的变化,在施工现场采取相应的安全施工措施。施工现场暂时停止施工的,施工单位应当做好现场防护,所需费用由责任方承担,或者按照合同约定执行。

由于施工作业的风险性较大,在地下施工、高处施工等不同的施工阶段要采取相应安全措施,并应根据周围环境和季节、气候变化,加强季节性安全防护措施。例如,夏季要防暑降温,冬季要防寒防冻、防止煤气中毒;夜间施工应有足够的照明;雨期和冬期施工应对道路采取防滑措施;傍山沿河地区应制定防滑坡、防泥石流、防汛措施;大风、大雨期间应暂停施工等。

3. 对施工现场周边的安全防护措施

《建设工程安全生产管理条例》规定,施工单位对因建设工程施工可能造成损害的毗邻建筑物、构筑物和地下管线等,应当采取专项防护措施。在城市市区内的建设工程,施工单位应当对施工现场实行封闭围挡。

建设工程施工多为露天、高处作业,对周围环境特别是毗邻的建筑物、构筑物和地下管线等可能会造成损害。因此,施工单位有责任、有义务采取相应的安全防护措施,确保毗邻的建筑物、构筑物和地下管线等不受损坏。施工现场实行封闭管理,主要是解决"扰民"和"民扰"问题。施工现场采用密目式安全网、围墙、围栏等封闭起来,既可以防止施工中的不安全因素扩散到场外,也可以起到保护环境、美化市容、文明施工的作用,还可以防盗、防砸等,以免物品丢失或受到损坏。

(二)安全管理要求

1. 危险作业的施工现场安全管理要求

2013年12月修改后公布的《危险化学品安全管理条例》还规定,进行可能危及危险化学品管道安全的施工作业,施工单位应当在开工的七日前书面通知管道所属单位,并与管道所属单位共同制定应急预案,采取相应的安全防护措施。管道所属单位应当指派专门人员到现场进行管道安全保护指导。

住房和城乡建设部安全生产管理委员会办公室《关于印发起重机械、基坑工程等五项危险性较大的分部分项工程施工安全要点的通知》(建安办函〔2017〕12号)规定,基坑工程施工安全要点:①基坑工程必须按照规定编制、审核专项施工方案,超过一定规模的深基坑工程要组织专家论证。基坑支护必须进行专项设计。②基坑工程施工企业必须具有相应的资质和安全生产许可证,严禁无资质、超范围从事基坑工程施工。③基坑施工前,应当向现场管理人员和作业人员进行安全技术交底。④基坑施工要严格按照专项施工方案组织实施,相关管理人员必须在现场进行监督,发现不按照专项施工方案施工的,应当要求立即整改。⑤基坑施工必须采取有效措施,保护基坑主要影响区范围内的建(构)筑物和地下管线安全。⑥基坑周边施工材料、设施或车辆荷载严禁超过设计要求的地面荷载限值。⑦基坑周边应按要求采取临边防护措施,设置作业人员上下专用通道。⑧基坑施工必须采取基坑内外地表水和地下水控制措施,防止出现积水和漏水漏沙。汛期施工,应当对施工现场排水系统进行检查和维护,保证排水畅通。⑨基坑施工必须做到先支护后开挖,严禁超挖,及时回填。采取支撑的支护结构未达到拆除条件时严禁拆除支撑。⑩基坑工程必须按照规定实施施工监测和第三方监测,指定专人对基坑周边进行巡视,出现危险征兆时应当立即报警。

脚手架施工安全要点:①脚手架工程必须按照规定编制、审核专项施工方案,超过一定规模的要组织专家论证。②脚手架搭设、拆除单位必须具有相应的资质和安全生产许可证,严禁无资质从事脚手架搭设、拆除作业。③脚手架搭设、拆除人员必须取得建筑施工特种作业人员操作资格证书。④脚手架搭设、拆除前,应当向现场管理人员和作业人员进行安全技术交底。⑤脚手架材料进场使用前,必须按规定进行验收,未经验收或验收不合格的严禁使用。⑥脚手架搭设、拆除要严格按照专项施工方案组织实施,相关管理人员必须在现场进行监督,发现不按照专项施工方案施工的,应当要求立即整改。⑦脚手架外侧以及悬挑式脚手架、附着升降脚手架底层应当封闭严密。⑧脚手架必须按专项施工方案设置剪刀撑和连墙件。落地式脚手架搭设场地必须平整坚实。严禁在脚手架上超载堆放材料,严禁将模板支架、缆风绳、泵送混凝土和砂浆的输送管等固定在架体上。⑨脚手架搭设必须分阶段组织验收,验收合格的,方可投入使用。⑩脚手架拆除必须由上而下逐层进行,严禁上下同时作业。连墙件应当随脚手架逐层拆除,严禁先将连墙件整层或数层拆除后再拆脚手架。

模板支架施工安全要点:①模板支架工程必须按照规定编制、审核专项施工方案,超过一定规模的要组织专家论证。②模板支架搭设、拆除单位必须具有相应的资质和安全生产许可证,严禁无资质从事模板支架搭设、拆除作业。③模板支架搭设、拆除人员必须取得建筑施工特种作业人员操作资格证书。④模板支架搭设、拆除前,应当向现场管理人员和作业人员进行安全技术交底。⑤模板支架材料进场验收前,必须按规定进行验收,未经验收或验收不合格的严禁使用。⑥模板支架搭设、拆除要严格按照专项施工方案组织实施,相关管理人员必须在现场进行监督,发现不按照专项施工方案施工的,应当要求立即整改。⑦模板支架搭设场地必须平整坚实。必须按专项施工方案设置纵横向水平杆、扫地杆和剪刀撑;立杆顶部自由端高度、顶托螺杆伸出长度严禁超出专项施工方案要求。⑧模板支架搭设完毕应当组织验收,验收合格的,方可铺设模板。⑨混凝土浇筑时,必须按照专项施工方案规定的顺序进行,应当指定专人对模板支架进行监测,发现架体存在坍塌风险时应当立即组织作业人员撤离现场。⑩混凝土强度必须达到规范要求,并经监理单位确认后方可拆除模板支架。模板支架拆除应从上而下逐层进行。

2. 安全设备、机械设备、防护用具等管理要求

《安全生产法》规定,生产经营单位必须对安全设备进行经常性维护、保养,并定期检测,保证正常运转。维护、保养、检测应当作好记录,并由有关人员签字。

施工单位在使用施工起重机械和整体提升脚手架、模板等自升式架设设施前,应当组织有关单位进行验收,也可以委托具有相应资质的检验检测机构进行验收;使用承租的机械设备和施工机具及配件的,由施工总承包单位、分包单位、出租单位和安装单位共同进行验收。验收合格的方可使用。

2013年6月公布的《中华人民共和国特种设备安全法》(本书简称《特种设备安全法》)规定,起重机械、客运索道、大型游乐设施的安装、改造、重大修理过程,应当经特种设备检验机构按照安全技术规范的要求进行监督检验;未经监督检验或者监督检验不合格的,不得出厂或者交付使用。

模块4　施工安全事故的应急救援与调查处理

中共中央、国务院《关于推进安全生产领域改革发展的意见》中指出,完善事故调查处理机制。坚持问责与整改并重,充分发挥事故查处对加强和改进安全生产工作的促进作用。建立事故调查分析技术支撑体系,所有事故调查报告要设立技术和管理问题专篇,详细分析原因并全文发布,做好解读,回应公众关切。

➤一、生产安全事故的等级划分标准

《安全生产法》规定,生产安全一般事故、较大事故、重大事故、特别重大事故的划分标准由国务院规定。

2007年4月公布的《生产安全事故报告和调查处理条例》规定,根据生产安全事故(以下简称事故)造成的人员伤亡或者直接经济损失,事故一般分为以下等级:①特别重大事故是指造成三十人以上死亡,或者一百人以上重伤(包括急性工业中毒,下同),或者一亿元以上直接经济损失的事故;②重大事故是指造成十人以上三十人以下死亡,或者五十人以上一百人以下重伤,或者五千万元以上一亿元以下直接经济损失的事故;③较大事故是指造成三人以上十人以下死亡,或者十人以上五十人以下重伤,或者一千万元以上五千万元以下直接经济损失的事故;④一般事故是指造成三人以下死亡,或者十人以下重伤,或者一千万元以下直接经济损失的事故(所称的"以上"包括本数,所称的"以下"不包括本数)。

➤二、施工生产安全事故应急救援预案的规定

《安全生产法》规定,生产经营单位应当制定本单位生产安全事故应急救援预案,与所在地县级以上地方人民政府组织制定的生产安全事故应急救援预案相衔接,并定期组织演练。《建设工程安全生产管理条例》规定,施工单位应当制定本单位生产安全事故应急救援预案,建立应急救援组织或者配备应急救援人员,配备必要的应急救援器材、设备,并定期组织演练。

2019年2月公布的《生产安全事故应急条例》规定,生产经营单位应当加强生产安全事故应急工作,建立、健全生产安全事故应急工作责任制,其主要负责人对本单位的生产安全事故应急工作全面负责。

(一)施工生产安全事故应急救援预案的编制

《安全生产法》规定,生产经营单位对重大危险源应当登记建档,进行定期检测、评估、监控,并制定应急预案,告知从业人员和相关人员在紧急情况下应当采取的应急措施。生产经营单位应当按照国家有关规定将本单位重大危险源及有关安全措施、应急措施报有关地方人民政府应急管理部门和有关部门备案。

(二)应急救援队伍与应急值班制度

建筑施工单位应当建立应急救援队伍。其中,小型企业或者微型企业等规模较小的生产经营单位,可以不建立应急救援队伍,但应当指定兼职的应急救援人员,并且可以与邻近的应

急救援队伍签订应急救援协议。

建筑施工单位应当根据本单位可能发生的生产安全事故的特点和危害,配备必要的灭火、排水、通风以及危险物品稀释、掩埋、收集等应急救援器材、设备和物资,并进行经常性维护、保养,保证正常运转。

建筑施工单位、应急救援队伍应当建立应急值班制度,配备应急值班人员。

《建设工程安全生产管理条例》规定,实行施工总承包的,由总承包单位统一组织编制建设工程生产安全事故应急救援预案,工程总承包单位和分包单位按照应急救援预案,各自建立应急救援组织或者配备应急救援人员,配备救援器材、设备,并定期组织演练。

➤ 三、施工生产安全事故报告及采取相应措施的规定

《建设工程安全生产管理条例》进一步规定,施工单位发生生产安全事故,应当按照国家有关伤亡事故报告和调查处理的规定,及时、如实地向负责安全生产监督管理的部门、建设行政主管部门或者其他有关部门报告;特种设备发生事故的,还应当同时向特种设备安全监督管理部门报告。实行施工总承包的建设工程,由总承包单位负责上报事故。

(一)施工生产安全事故报告的基本要求

《安全生产法》规定,生产经营单位发生生产安全事故后,事故现场有关人员应当立即报告本单位负责人。单位负责人接到事故报告后,应当迅速采取有效措施,组织抢救,防止事故扩大,减少人员伤亡和财产损失,并按照国家有关规定立即如实报告当地负有安全生产监督管理职责的部门,不得隐瞒不报、谎报或者迟报,不得故意破坏事故现场、毁灭有关证据。

1. 事故报告的时间要求

《生产安全事故报告和调查处理条例》规定,事故发生后,事故现场有关人员应当立即向本单位负责人报告;单位负责人接到报告后,应当于一小时内向事故发生地县级以上人民政府安全生产监督管理部门和负有安全生产监督管理职责的有关部门报告。情况紧急时,事故现场有关人员可以直接向事故发生地县级以上人民政府安全生产监督管理部门和负有安全生产监督管理职责的有关部门报告。

2. 事故报告的内容要求

《生产安全事故报告和调查处理条例》规定,报告事故应当包括下列内容:①事故发生单位概况;②事故发生的时间、地点以及事故现场情况;③事故的简要经过;④事故已经造成或者可能造成的伤亡人数(包括下落不明的人数)和初步估计的直接经济损失;⑤已经采取的措施;⑥其他应当报告的情况。

事故发生单位概况,应当包括单位的全称、所处地理位置、所有制形式和隶属关系、生产经营范围和规模、持有各类证照情况、单位负责人基本情况以及近期生产经营状况等。该部分内容应以全面、简洁为原则。

报告事故发生的时间应当具体;报告事故发生的地点要准确,除事故发生的中心地点外,还应当报告事故所波及的区域;报告事故现场的情况应当全面,包括现场的总体情况、人员伤亡情况和设备设施的毁损情况,以及事故发生前后的现场情况,便于比较分析事故原因。

对于人员伤亡情况的报告,应当遵守实事求是的原则,不作无根据的猜测,更不能隐瞒实际伤亡人数。对直接经济损失的初步估算,主要指事故所导致的建筑物毁损、生产设备设施和仪器仪表损坏等。

已经采取的措施,主要是指事故现场有关人员、事故单位负责人以及已经接到事故报告的安全生产管理部门等,为减少损失、防止事故扩大和便于事故调查所采取的应急救援和现场保护等具体措施。

其他应当报告的情况,则应根据实际情况而定。如发生较大以上事故,还应当报告事故所造成的社会影响、政府有关领导和部门现场指挥等有关情况。

3. 事故补报的要求

《生产安全事故报告和调查处理条例》规定,事故报告后出现新情况的,应当及时补报。自事故发生之日起三十日内,事故造成的伤亡人数发生变化的,应当及时补报。道路交通事故、火灾事故自发生之日起七日内,事故造成的伤亡人数发生变化的,应当及时补报。

(二)发生施工生产安全事故后应采取的相应措施

《安全生产法》规定,生产经营单位发生生产安全事故时,单位的主要负责人应当立即组织抢救,并不得在事故调查处理期间擅离职守。

《建设工程安全生产管理条例》进一步规定,发生生产安全事故后,施工单位应当采取措施防止事故扩大,保护事故现场。需要移动现场物品时,应当做出标记和书面记录,妥善保管有关证物。

1. 组织应急抢救工作

《生产安全事故报告和调查处理条例》规定,事故发生单位负责人接到事故报告后,应当立即启动事故相应应急预案,或者采取有效措施,组织抢救,防止事故扩大,减少人员伤亡和财产损失。

2. 妥善保护事故现场

《生产安全事故报告和调查处理条例》规定,事故发生后,有关单位和人员应当妥善保护事故现场以及相关证据,任何单位和个人不得破坏事故现场、毁灭相关证据。因抢救人员、防止事故扩大以及疏通交通等原因,需要移动事故现场物件的,应当做出标志,绘制现场简图并做出书面记录,妥善保存现场重要痕迹、物证。

确因特殊情况需要移动事故现场物件的,须同时满足以下条件:①抢救人员、防止事故扩大以及疏通交通的需要;②经事故单位负责人或者组织事故调查的安全生产监督管理部门和负有安全生产监督管理职责的有关部门同意;③做出标志,绘制现场简图,拍摄现场照片,对被移动物件贴上标签,并做出书面记录;④尽量使现场少受破坏。

(三)施工生产安全事故的调查

《安全生产法》规定,事故调查处理应当按照科学严谨、依法依规、实事求是、注重实效的原则,及时、准确地查清事故原因,查明事故性质和责任,评估应急处置工作,总结事故教训,提出整改措施,并对事故责任单位和人员提出处理意见。事故调查报告应当依法及时向社会公布。

1. 事故调查的管辖

《生产安全事故报告和调查处理条例》规定,特别重大事故由国务院或者国务院授权有关部门组织事故调查组进行调查。

重大事故、较大事故、一般事故分别由事故发生地省级人民政府、设区的市级人民政府、县级人民政府负责调查。省级人民政府、设区的市级人民政府、县级人民政府可以直接组织事故调查组进行调查,也可以授权或者委托有关部门组织事故调查组进行调查。未造成人员伤亡的一般事故,县级人民政府也可以委托事故发生单位组织事故调查组进行调查。上级人民政府认为必要时,可以调查由下级人民政府负责调查的事故。

自事故发生之日起三十日内(道路交通事故、火灾事故自发生之日起七日内),因事故伤亡人数变化导致事故等级发生变化,依照《生产安全事故报告和调查处理条例》规定应当由上级人民政府负责调查的,上级人民政府可以另行组织事故调查组进行调查。

特别重大事故以下等级事故,事故发生地与事故发生单位不在同一个县级以上行政区域的,由事故发生地人民政府负责调查,事故发生单位所在地人民政府应当派人参加。

2. 事故调查组的组成与职责

事故调查组的组成应当遵循精简、效能的原则。根据事故的具体情况,事故调查组由有关人民政府、安全生产监督管理部门、负有安全生产监督管理职责的有关部门、监察机关、公安机关以及工会派人组成,并应当邀请人民检察院派人参加。事故调查组可以聘请有关专家参与调查。

事故调查组成员应当具有事故调查所需要的知识和专长,并与所调查的事故没有直接利害关系。事故调查组组长由负责事故调查的人民政府指定。事故调查组组长主持事故调查组的工作。

事故调查组履行下列职责:①查明事故发生的经过、原因、人员伤亡情况及直接经济损失;②认定事故的性质和事故责任;③提出对事故责任者的处理建议;④总结事故教训,提出防范和整改措施;⑤提交事故调查报告。

3. 事故调查报告的期限与内容

事故调查组应当自事故发生之日起六十日内提交事故调查报告;特殊情况下,经负责事故调查的人民政府批准,提交事故调查报告的期限可以适当延长,但延长的期限最长不超过六十日。

事故调查报告应当包括下列内容:①事故发生单位概况;②事故发生经过和事故救援情况;③事故造成的人员伤亡和直接经济损失;④事故发生的原因和事故性质;⑤事故责任的认定以及对事故责任者的处理建议;⑥事故防范和整改措施。事故调查报告应当附具有关证据材料。事故调查组成员应当在事故调查报告上签名。

(四)施工生产安全事故的处理

1. 事故处理时限和落实批复

《生产安全事故报告和调查处理条例》规定,重大事故、较大事故、一般事故,负责事故调查的人民政府应当自收到事故调查报告之日起十五日内做出批复;特别重大事故,三十日内做出批复,特殊情况下,批复时间可以适当延长,但延长的时间最长不超过三十日。有关机关应当按照人民政府的批复,依照法律、行政法规规定的权限和程序,对事故发生单位和有关人员进行行政处罚,对负有事故责任的国家工作人员进行处分。事故发生单位应当按照负责事故调查的人民政府的批复,对本单位负有事故责任的人员进行处理。

负有事故责任的人员涉嫌犯罪的,依法追究刑事责任。

2. 事故发生单位的防范和整改措施

事故发生单位应当认真吸取事故教训,落实防范和整改措施,防止事故再次发生。防范和整改措施的落实情况应当接受工会和职工的监督。

3. 处理结果的公布和监督落实

事故处理的情况由负责事故调查的人民政府或者其授权的有关部门、机构向社会公布,依法应当保密的除外。

《安全生产法》规定,负责事故调查处理的国务院有关部门和地方人民政府应当在批复事故调查报告后一年内,组织有关部门对事故整改和防范措施落实情况进行评估,并及时向社会公开评估结果;对不履行职责导致事故整改和防范措施没有落实的有关单位和人员,应当按照有关规定追究责任。

➤ 四、违法行为应承担的法律责任

《安全生产法》规定,未按照规定制定生产安全事故应急救援预案或者未定期组织演练的,责令限期改正,可以处五万元以下的罚款;逾期未改正的,责令停产停业整顿,并处五万元以上十万元以下的罚款,对其直接负责的主管人员和其他直接责任人员处一万元以上二万元以下的罚款。

生产经营单位未对应急救援器材、设备和物资进行经常性维护、保养,导致发生严重生产安全事故或者生产安全事故危害扩大,或者在本单位发生生产安全事故后未立即采取相应的应急救援措施,造成严重后果的,由县级以上人民政府负有安全生产监督管理职责的部门依照《中华人民共和国突发事件应对法》有关规定追究法律责任(注:《中华人民共和国突发事件应对法》规定,由所在地履行统一领导职责的人民政府责令停业停产,暂扣或者吊销许可证或者营业执照,并处五万元以上二十万元以下的罚款;构成违反治安管理行为的,由公安机关依法给予处罚)。

模块5　建设单位和相关单位的建设工程安全责任制度

《建设工程安全生产管理条例》规定,建设单位、勘察单位、设计单位、施工单位、工程监理单位及其他与建设工程安全生产有关的单位,必须遵守安全生产法律、法规的规定,保证建设工程安全生产,依法承担建设工程安全生产责任。

➤一、建设单位相关的安全责任

建设单位是建设工程项目的投资主体或管理主体,在整个工程建设中居于主导地位。为此,《建设工程安全生产管理条例》中明确规定,建设单位必须遵守安全生产法律、法规的规定,保证建设工程安全生产,依法承担建设工程安全生产责任。

（一）依法办理有关批准手续

《建筑法》规定,有下列情形之一的,建设单位应当按照国家有关规定办理申请批准手续：①需要临时占用规划批准范围以外场地的；②可能损坏道路、管线、电力、邮电通信等公共设施的；③需要临时停水、停电、中断道路交通的；④需要进行爆破作业的；⑤法律、法规规定需要办理报批手续的其他情形。

（二）向施工单位提供真实、准确和完整的有关资料

《建设工程安全生产管理条例》进一步规定,建设单位应当向施工单位提供施工现场及毗邻区域内供水、排水、供电、供气、供热、通信、广播电视等地下管线资料,气象和水文观测资料,相邻建筑物和构筑物、地下工程的有关资料,并保证资料的真实、准确、完整。

（三）不得提出违法要求和随意压缩合同工期

《建设工程安全生产管理条例》规定,建设单位不得对勘察、设计、施工、工程监理等单位提出不符合建设工程安全生产法律、法规和强制性标准规定的要求,不得压缩合同约定的工期。

（四）确定建设工程安全作业环境及安全施工措施所需费用

《建设工程安全生产管理条例》规定,建设单位在编制工程概算时,应当确定建设工程安全作业环境及安全施工措施所需费用。

多年的实践表明,要保障施工安全生产,必须有合理的安全投入。因此,建设单位在编制工程概算时就应当合理确定保障建设工程施工安全所需的费用,并依法足额向施工单位提供。

（五）不得要求购买、租赁和使用不符合安全施工要求的用具设备等

《建设工程安全生产管理条例》规定,建设单位不得明示或者暗示施工单位购买、租赁、使用不符合安全施工要求的安全防护用具、机械设备、施工机具及配件、消防设施和器材。

（六）申领施工许可证应当提供有关安全施工措施的资料

《建设工程安全生产管理条例》进一步规定,建设单位在领取施工许可证时,应当提供建设工程有关安全施工措施的资料。依法批准开工报告的建设工程,建设单位应当自开工报告批

准之日起十五日内,将保证安全施工的措施报送建设工程所在地的县级以上地方人民政府建设行政主管部门或者其他有关部门备案。

建设单位在申请领取施工许可证时,应当提供的建设工程有关安全施工措施资料,一般包括:中标通知书,工程施工合同,施工现场总平面布置图,临时设施规划方案和已建情况,施工现场安全防护设施搭设(设置)计划、施工进度计划、安全措施费用计划,专项安全施工组织设计(方案、措施),拟进入施工现场使用的施工起重机械设备(塔式起重机、物料提升机、外用电梯)的型号、数量,工程项目负责人、安全管理人员及特种作业人员持证上岗情况,建设单位安全监督人员名册、工程监理单位人员名册,以及其他应提交的材料。

《建设工程安全生产管理条例》进一步规定,建设单位应当将拆除工程发包给具有相应资质等级的施工单位。建设单位应当在拆除工程施工十五日前,将下列资料报送建设工程所在地的县级以上地方人民政府建设行政主管部门或者其他有关部门备案:①施工单位资质等级证明;②拟拆除建筑物、构筑物及可能危及毗邻建筑的说明;③拆除施工组织方案;④堆放、清除废弃物的措施。

(七)建设单位违法行为应承担的法律责任

《建设工程安全生产管理条例》规定,建设单位未提供建设工程安全生产作业环境及安全施工措施所需费用的,责令限期改正;逾期未改正的,责令该建设工程停止施工。

建设单位有下列行为之一的,责令限期改正,处二十万元以上五十万元以下的罚款;造成重大安全事故,构成犯罪的,对直接责任人员,依照刑法有关规定追究刑事责任;造成损失的,依法承担赔偿责任:①对勘察、设计、施工、工程监理等单位提出不符合安全生产法律、法规和强制性标准规定的要求的;②要求施工单位压缩合同约定的工期的;③将拆除工程发包给不具有相应资质等级的施工单位的。

➤ 二、勘察、设计单位相关的安全责任

建设工程安全生产是一个大的系统工程。工程勘察、设计作为工程建设的重要环节,对于保障安全施工有着重要影响。

(一)勘察单位的安全责任

《建设工程安全生产管理条例》规定,勘察单位应当按照法律、法规和工程建设强制性标准进行勘察,提供的勘察文件应当真实、准确,满足建设工程安全生产的需要。勘察单位在勘察作业时,应当严格执行操作规程,采取措施保证各类管线、设施和周边建筑物、构筑物的安全。

工程勘察是工程建设的先行官。工程勘察成果是建设工程项目规划、选址、设计的重要依据,也是保证施工安全的重要因素和前提条件。因此,勘察单位必须按照法律、法规的规定以及工程建设强制性标准的要求进行勘察,并提供真实、准确的勘察文件,不能弄虚作假。

(二)设计单位的安全责任

1. 按照法律、法规和工程建设强制性标准进行设计

《建设工程安全生产管理条例》规定,设计单位应当按照法律、法规和工程建设强制性标准进行设计,防止因设计不合理导致生产安全事故的发生。

工程建设强制性标准是工程建设技术和经验的总结与积累,对保证建设工程质量和施工安全起着至关重要的作用。从一些生产安全事故的原因分析,涉及设计单位责任的,主要是没有按照强制性标准进行设计,由于设计的不合理导致施工过程中发生了安全事故。因此,设计单位在设计过程中必须考虑施工生产安全,严格执行强制性标准。

2.提出防范生产安全事故的指导意见和措施建议

设计单位的工程设计文件对保证建设工程结构安全至关重要。同时,设计单位在编制设计文件时,还应当结合建设工程的具体特点和实际情况,考虑施工安全作业和安全防护的需要,为施工单位制定安全防护措施提供技术保障。特别是对采用新结构、新材料、新工艺的建设工程和特殊结构的建设工程,设计单位应当在设计中提出保障施工作业人员安全和预防生产安全事故的措施建议。在施工单位作业前,设计单位还应当就设计意图、设计文件向施工单位做出说明和技术交底,并对防范生产安全事故提出指导意见。

3.对设计成果承担责任

"谁设计,谁负责",这是国际通行做法。如果由于设计责任造成事故,设计单位就要承担法律责任,还应当对造成的损失进行赔偿。建筑师、结构工程师等注册执业人员应当在设计文件上签字盖章,对设计文件负责,并承担相应的法律责任。

(三)勘察、设计单位应承担的法律责任

《建设工程安全生产管理条例》规定,勘察单位、设计单位有下列行为之一的,责令限期改正,处十万元以上三十万元以下的罚款;情节严重的,责令停业整顿,降低资质等级,直至吊销资质证书;造成重大安全事故,构成犯罪的,对直接责任人员,依照刑法有关规定追究刑事责任;造成损失的,依法承担赔偿责任:①未按照法律、法规和工程建设强制性标准进行勘察、设计的;②采用新结构、新材料、新工艺的建设工程和特殊结构的建设工程,设计单位未在设计中提出保障施工作业人员安全和预防生产安全事故的措施建议的。

注册执业人员未执行法律、法规和工程建设强制性标准的,责令停止执业三个月以上一年以下;情节严重的,吊销执业资格证书,五年内不予注册;造成重大安全事故的,终身不予注册;构成犯罪的,依照刑法有关规定追究刑事责任。

➤ 三、工程监理、检验检测单位相关的安全责任

(一)工程监理单位的安全责任

工程监理是监理单位受建设单位的委托,依照法律、法规和建设工程监理规范的规定,对工程建设实施的监督管理。但在实践中,一些监理单位只注重对施工质量、进度和投资的监控,不重视对施工安全的监督管理,这就使得施工现场因违章指挥、违章作业而发生的伤亡事故未能得到有效控制。因此,须依法加强施工安全监理工作,进一步提高建设工程监理水平。

1.对安全技术措施或专项施工方案进行审查

《建设工程安全生产管理条例》规定,工程监理单位应当审查施工组织设计中的安全技术措施或者专项施工方案是否符合工程建设强制性标准。

施工组织设计中应当包括安全技术措施和施工现场临时用电方案,对基坑支护与降水工

程、土方开挖工程、模板工程、起重吊装工程、脚手架工程、拆除、爆破工程等达到一定规模的危险性较大的分部分项工程,还应当编制专项施工方案。工程监理单位要对这些安全技术措施和专项施工方案进行审查,重点审查是否符合工程建设强制性标准;对于达不到强制性标准的,应当要求施工单位进行补充和完善。

2. 依法对施工安全事故隐患进行处理

《建设工程安全生产管理条例》规定,工程监理单位在实施监理过程中,发现存在安全事故隐患的,应当要求施工单位整改;情况严重的,应当要求施工单位暂时停止施工,并及时报告建设单位。施工单位拒不整改或者不停止施工的,工程监理单位应当及时向有关主管部门报告。

工程监理单位受建设单位的委托,有权要求施工单位对存在的安全事故隐患进行整改,有权要求施工单位暂时停止施工,并依法向建设单位和有关主管部门报告。

3. 承担建设工程安全生产的监理责任

《建设工程安全生产管理条例》规定,工程监理单位和监理工程师应当按照法律、法规和工程建设强制性标准实施监理,并对建设工程安全生产承担监理责任。

工程监理单位有下列行为之一的,责令限期改正;逾期未改正的,责令停业整顿,并处十万元以上三十万元以下的罚款;情节严重的,降低资质等级,直至吊销资质证书;造成重大安全事故,构成犯罪的,对直接责任人员,依照刑法有关规定追究刑事责任;造成损失的,依法承担赔偿责任:①未对施工组织设计中的安全技术措施或者专项施工方案进行审查的;②发现安全事故隐患未及时要求施工单位整改或者暂时停止施工的;③施工单位拒不整改或者不停止施工,未及时向有关主管部门报告的;④未依照法律、法规和工程建设强制性标准实施监理的。

(二)检验检测单位的安全责任

《建设工程安全生产管理条例》规定,检验检测机构对检测合格的施工起重机械和整体提升脚手架、模板等自升式架设设施,应当出具安全合格证明文件,并对检测结果负责。

1. 设备检验检测单位的职责

《安全生产法》规定,承担安全评价、认证、检测、检验职责的机构应当具备国家规定的资质条件,并对其作出的安全评价、认证、检测、检验结果的合法性、真实性负责。承担安全评价、认证、检测、检验职责的机构应当建立并实施服务公开和报告公开制度,不得租借资质、挂靠、出具虚假报告。

《特种设备安全法》规定,起重机械的安装、改造、重大修理过程,应当经特种设备检验机构按照安全技术规范的要求进行监督检验;未经监督检验或者监督检验不合格的,不得出厂或者交付使用。

特种设备检验、检测机构及其检验、检测人员应当客观、公正、及时地出具检验、检测报告,并对检验、检测结果和鉴定结论负责。特种设备检验、检测机构及其检验、检测人员在检验、检测中发现特种设备存在严重事故隐患时,应当及时告知相关单位,并立即向负责特种设备安全监督管理的部门报告。

2. 检验检测单位违法行为应承担的法律责任

《安全生产法》规定,承担安全评价、认证、检测、检验职责的机构出具失实报告的,责令停业整顿,并处三万元以上十万元以下的罚款;给他人造成损害的,依法承担赔偿责任。

承担安全评价、认证、检测、检验职责的机构租借资质、挂靠、出具虚假报告的,没收违法所得;违法所得在十万元以上的,并处违法所得二倍以上五倍以下的罚款,没有违法所得或者违法所得不足十万元的,单处或者并处十万元以上二十万元以下的罚款;对其直接负责的主管人员和其他直接责任人员处五万元以上十万元以下的罚款;给他人造成损害的,与生产经营单位承担连带赔偿责任;构成犯罪的,依照刑法有关规定追究刑事责任。

➤四、机械设备等单位相关的安全责任

(一)提供机械设备和配件单位的安全责任

《建设工程安全生产管理条例》规定,为建设工程提供机械设备和配件的单位,应当按照安全施工的要求配备齐全有效的保险、限位等安全设施和装置。

为建设工程提供施工机械设备和配件的单位,应当配齐有效的保险、限位等安全设施和装置,保证灵敏可靠,以保障施工机械设备的安全使用,减少施工机械设备事故的发生。

(二)出租机械设备和施工机具及配件单位的安全责任

《建设工程安全生产管理条例》规定,出租的机械设备和施工机具及配件,应当具有生产(制造)许可证、产品合格证。出租单位应当对出租的机械设备和施工机具及配件的安全性能进行检测,在签订租赁协议时,应当出具检测合格证明。禁止出租检测不合格的机械设备和施工机具及配件。

(三)施工起重机械和自升式架设设施安装、拆卸单位的安全责任

1. 安装、拆卸施工起重机械和自升式架设设施必须具备相应的资质

《建设工程安全生产管理条例》规定,在施工现场安装、拆卸施工起重机械和整体提升脚手架、模板等自升式架设设施,必须由具有相应资质的单位承担。

按照《建筑业企业资质管理规定》和《建筑业企业资质标准》的规定,从事施工起重机械、附着升降脚手架等安拆活动的单位,应当按照资质条件申请资质,经审查合格并取得专业承包资质证书后,方可在资质许可的范围内从事其安装、拆卸活动。

2. 编制安装、拆卸方案和现场监督

《建筑起重机械安全监督管理规定》进一步规定,建筑起重机械使用单位和安装单位应当在签订的建筑起重机械安装、拆卸合同中明确双方的安全生产责任。实行施工总承包的,施工总承包单位应当与安装单位签订建筑起重机械安装、拆卸工程安全协议书。安装单位应当履行下列安全职责:①按照安全技术标准及建筑起重机械性能要求,编制建筑起重机械安装、拆卸工程专项施工方案,并由本单位技术负责人签字;②按照安全技术标准及安装使用说明书等检查建筑起重机械及现场施工条件;③组织安全施工技术交底并签字确认;④制定建筑起重机械安装、拆卸工程生产安全事故应急救援预案;⑤将建筑起重机械安装、拆卸工程专项施工方案,安装、拆卸人员名单,安装、拆卸时间等材料报施工总承包单位和监理单位审核后,告知工程所在地县级以上地方人民政府建设主管部门。

安装单位应当按照建筑起重机械安装、拆卸工程专项施工方案及安全操作规程组织安装、

拆卸作业。安装单位的专业技术人员、专职安全生产管理人员应当进行现场监督,技术负责人应当定期巡查。

3. 出具自检合格证明、进行安全使用说明、办理验收手续的责任

《建筑起重机械安全监督管理规定》进一步规定,建筑起重机械安装完毕后,安装单位应当按照安全技术标准及安装使用说明书的有关要求对建筑起重机械进行自检、调试和试运转。自检合格的,应当出具自检合格证明,并向使用单位进行安全使用说明。实行施工总承包的,由施工总承包单位组织验收。

4. 依法对施工起重机械和自升式架设设施进行检测

《建设工程安全生产管理条例》规定,施工起重机械和整体提升脚手架、模板等自升式架设设施的使用达到国家规定的检验检测期限的,必须经具有专业资质的检验检测机构检测。经检测不合格的,不得继续使用。

5. 机械设备等单位违法行为应承担的法律责任

《建设工程安全生产管理条例》规定,为建设工程提供机械设备和配件的单位,未按照安全施工的要求配备齐全有效的保险、限位等安全设施和装置的,责令限期改正,处合同价款一倍以上三倍以下的罚款;造成损失的,依法承担赔偿责任。

出租单位出租未经安全性能检测或者经检测不合格的机械设备和施工机具及配件的,责令停业整顿,并处五万元以上十万元以下的罚款;造成损失的,依法承担赔偿责任。

习题巩固

➢ 一、单选题

(1)关于建筑施工企业安全生产许可证的说法,正确的是(　　)。

A. 建筑施工企业变更法定代表人,应当办理安全生产许可证的变更手续

B. 安全生产许可证有效期可以自动延期

C. 安全生产许可证延期后的有效期短于原有效期

D. 建筑施工企业变更地址,安全生产许可证无须办理变更手续

(2)关于建筑施工企业安全生产许可证的说法,正确的是(　　)。

A. 建设单位应当在项目开工前申请领取安全生产许可证

B. 安全生产许可证有效期届满后应当向原安全生产许可证颁发管理机关申请延期

C. 建筑施工企业撤销的,其安全生产许可证应当注销

D. 安全生产许可证遗失,向原安全生产许可证颁发管理机关报告后即可申请补办

(3)施工企业必须为职工办理的保险是(　　)。

A. 意外伤害险

B. 职业责任险

C. 工伤保险

D. 财产险

(4)因设计优化使得施工总承包项目现场暂时停止施工的,增加的现场防护费用由(　　)承担。

A. 建设单位

B. 设计单位

C. 总承包单位

D. 分包单位

(5)关于危险性较大的分部分项工程专项施工方案的说法,正确的是(　　)。

A. 危险性较大的分部分项工程实行施工总承包的,专项施工方案可以由施工总承包单位组织编制

B. 危险性较大的分部分项工程实行分包的,专项施工方案应当由相关专业分包单位组织编制

C. 施工企业应当组织召开专家论证会对全部危险性较大的分部分项工程专项施工方案进行论证

D. 分包单位编制危险性较大的分部分项工程专项施工方案的,应当由施工总承包单位技术负责人和分包单位技术负责人共同审核签字并加盖单位公章

(6)根据《危险性较大的分部分项工程安全管理规定》,关于危大工程专项施工方案的说法,正确的是( )。

A. 危大工程实行分包的,专项施工方案应当由相关专业分包单位组织编制

B. 分包单位组织编制的专项施工方案应当由分包单位负责人签字并加盖单位公章

C. 超过一定规模的危大工程,建设单位应当组织专家会议论证专项施工方案

D. 危大工程实行施工总承包的,专项施工方案应当由施工总承包单位编制

(7)根据《生产安全事故报告和调查处理条例》,事故发生后,下列说法正确的是( )。

A. 单位负责人接到报告后,应当于2小时内向有关部门报告

B. 单位负责人应当向单位所在地的有关部门报告

C. 事故现场有关人员应当立即向本单位负责人报告

D. 情况紧急时,事故现场有关人员应当直接向事故发生地的有关部门报告

(8)下列事项中,属于施工生产安全事故调查组职责的是( )。

A. 查明事故发生的间接经济损失

B. 追究责任人的法律责任

C. 提交事故调查报告

D. 提出对受伤人员的赔偿方案

(9)某起生产安全事故造成9人死亡,51重伤,直接经济损失为2000万元,根据《生产安全事故报告和调查处理条例》,该事故为( )。

A. 特别重大事故

B. 重大事故

C. 较大事故

D. 一般事故

(10)根据《生产安全事故报告和调查处理条例》,事故发生后,因特殊情况需要移动安全事故现场物件,应当符合的条件是( )。

A. 经现场物件所有权人同意

B. 记忆现场物件的位置信息

C. 防止事故扩大的需要

D. 不造成任何其他损失

二、多选题

(1)根据《建筑起重机械安全监督管理规定》,出租单位或者自购建筑起重机械的使用单位应当报废的建筑起重机械有( )。

A. 属国家明令淘汰或者禁止使用的

B. 没有完整安全技术档案的

C. 经检验达不到安全技术标准规定的

D. 超过安全技术标准或者制造厂家规定的使用年限的

E. 没有齐全有效的安全保护装置的

(2)关于建设单位安全责任的说法,正确的有(　　)。

A. 不得压缩合同工期

B. 确保地下管线的安全

C. 需要临时占用规划批准范围以外场地的,办理批准手续

D. 申领施工许可证时应当提供有关安全施工措施的资料

E. 审查专项施工方案

(3)根据《建筑起重机械安全监督管理规定》,建筑起重机械不得出租、使用的情形有(　　)。

A. 经检验未达到安全技术标准规定的

B. 属于国家不鼓励使用的

C. 没有完整安全技术档案的

D. 安全保护装置齐全有效的

E. 超过安全技术标准或者制造厂家规定的使用年限的

(4)下列安全责任中,属于建设单位应当承担的有(　　)。

A. 足额使用安全施工措施所需费用

B. 提供施工现场及毗邻区域内地下管线资料

C. 不得租赁不符合安全施工要求的用具设备

D. 不得随意压缩合同工期

E. 提出防范生产安全事故的指导意见和措施建议

(5)下列责任中,建设单位的安全责任有(　　)。

A. 申请中断道路交通的批准手续

B. 向施工企业提供真实、准确和完整的有关资料

C. 确定建设工程安全作业环境及安全施工措施所需费用

D. 编制安全技术措施和安全专项施工方案

E. 总体协调总分包单位的安全生产

项目小结

项目八 建设工程质量法律制度

一、项目目标

素质目标

(1)熟悉我国法律法规体系中关于工程质量方面的要求,能够负责任地开展工作。
(2)有效沟通的前提是学会倾听。

知识目标

(1)了解工程标准的分类及各类工程标准的审批发布。
(2)了解工程建设标准强制性条文的实施。
(3)掌握施工单位的质量责任和义务。
(4)掌握建设单位、勘察设计单位和工程监理单位等的质量责任和义务。
(5)了解政府部门工程质量监督管理的相关规定。
(6)掌握建设工程竣工验收制度。
(7)了解建设工程质量保修制度。

能力目标

(1)具备识别工程标准类型的能力。
(2)能熟练掌握建设行为各方主体质量责任和义务的具体规定。
(3)能了解建设工程竣工验收制度的具体应用。
(4)能进行建设工程质量保修制度的具体应用。

二、项目知识点

(1)工程建设标准。
(2)施工单位的质量责任和义务。
(3)建设单位及相关单位的质量责任和义务。
(4)建设工程竣工验收制度。
(5)建设工程质量保修制度。

模块1　工程建设标准

2017年11月修改后公布的《中华人民共和国标准化法》(本书简称《标准化法》)规定,本法所称标准(含标准样品),是指农业、工业、服务业以及社会事业等领域需要统一的技术要求。

➤一、工程建设标准的分类

《标准化法》规定,标准包括国家标准、行业标准、地方标准和团体标准、企业标准。国家标准分为强制性标准、推荐性标准,行业标准、地方标准是推荐性标准。强制性标准必须执行。国家鼓励采用推荐性标准。

法律、行政法规和国务院决定对强制性标准的制定另有规定的,从其规定。

(一)工程建设国家标准

工程建设国家标准分为强制性标准和推荐性标准。

2020年1月国家市场监督管理总局发布的《强制性国家标准管理办法》规定,强制性国家标准的技术要求应当全部强制,并且可验证、可操作。

1992年12月原建设部公布的《工程建设国家标准管理办法》规定,对需要在全国范围内统一的下列技术要求,应当制定国家标准:①工程建设勘察、规划、设计、施工(包括安装)及验收等通用的质量要求;②工程建设通用的有关安全、卫生和环境保护的技术要求;③工程建设通用的术语、符号、代号、量与单位、建筑模数和制图方法;④工程建设通用的试验、检验和评定等方法;⑤工程建设通用的信息技术要求;⑥国家需要控制的其他工程建设通用的技术要求。法律另有规定的,依照法律的规定执行。

下列标准属于强制性标准:①工程建设勘察、规划、设计、施工(包括安装)及验收等通用的综合标准和重要的通用的质量标准;②工程建设通用的有关安全、卫生和环境保护的标准;③工程建设重要的通用的术语、符号、代号、量与单位、建筑模数和制图方法标准;④工程建设重要的通用的试验、检验和评定方法等标准;⑤工程建设重要的通用的信息技术标准;⑥国家需要控制的其他工程建设通用的标准。

《工程建设国家标准管理办法》规定,工程建设国家标准的编号由国家标准代号、发布标准的顺序号和发布标准的年号组成。强制性国家标准的代号为"GB",推荐性国家标准的代号为"GB/T"。例如,《建筑工程施工质量验收统一标准》GB 50300—2013,其中GB表示强制性国家标准,50300表示标准发布顺序号,2013表示批准发布的年份;《工程建设施工企业质量管理规范》GB/T 50430—2017,其中GB/T表示为推荐性国家标准,50430表示标准发布顺序号,2017表示批准发布的年份。

(二)工程建设行业标准

《标准化法》规定,对没有推荐性国家标准、需要在全国某个行业范围内统一的技术要求,可以制定行业标准。行业标准由国务院有关行政主管部门制定,报国务院标准化行政主管部门备案。

1992年12月原建设部发布的《工程建设行业标准管理办法》规定,下列技术要求,可以制定行业标准:①工程建设勘察、规划、设计、施工(包括安装)及验收等行业专用的质量要求;

②工程建设行业专用的有关安全、卫生和环境保护的技术要求;③工程建设行业专用的术语、符号、代号、量与单位和制图方法;④工程建设行业专用的试验、检验和评定等方法;⑤工程建设行业专用的信息技术要求;⑥其他工程建设行业专用的技术要求。

行业标准不得与国家标准相抵触。行业标准的某些规定与国家标准不一致时,必须有充分的科学依据和理由,并经国家标准的审批部门批准。行业标准在相应的国家标准实施后,应当及时修订或废止。

二、工程建设强制性标准实施的规定

建设活动应当确保建设工程质量和安全,符合国家的建设工程安全标准。

《建筑法》规定,建设单位不得以任何理由,要求建筑设计单位或者建筑施工企业在工程设计或者施工作业中,违反法律、行政法规和建筑工程质量、安全标准,降低工程质量。

建筑工程设计应当符合按照国家规定制定的建筑施工安全规程和技术规范,保证工程的安全性能。勘察、设计文件应当符合有关法律、行政法规的规定和建筑工程质量、安全标准、建筑工程勘察、设计技术规范以及合同的约定。设计文件选用的建筑材料、建筑构配件和设备,应当注明其规格、型号、性能等技术指标,其质量要求必须符合国家规定的标准。

建筑工程监理应当依照法律、行政法规及有关的技术标准、设计文件和建筑工程承包合同,对承包单位在施工质量、建设工期和建设资金使用等方面,代表建设单位实施监督。工程监理人员认为工程施工不符合工程设计要求、施工技术标准和合同约定的,有权要求建筑施工企业改正。工程监理人员发现工程设计不符合建筑工程质量标准或者合同约定的质量要求的,应当报告建设单位要求设计单位改正。

2019年4月国务院修改后公布的《建设工程质量管理条例》进一步规定,建设单位不得明示或者暗示设计单位或者施工单位违反工程建设强制性标准,降低建设工程质量。建筑设计单位和建筑施工企业对建设单位违反规定提出的降低工程质量的要求,应当予以拒绝。勘察、设计单位必须按照工程建设强制性标准进行勘察、设计,并对其勘察、设计的质量负责。

施工单位必须按照工程设计图纸和施工技术标准施工,不得擅自修改工程设计,不得偷工减料。施工单位必须按照工程设计要求、施工技术标准和合同约定,对建筑材料、建筑构配件、设备和商品混凝土进行检验,检验应当有书面记录和专人签字;未经检验或者检验不合格的,不得使用。

三、违法行为应承担的法律责任

(一)建设单位违法行为应承担的法律责任

《建筑法》规定,建设单位违反本法规定,要求建筑设计单位或者建筑施工企业违反建筑工程质量、安全标准,降低工程质量的,责令改正,可以处以罚款;构成犯罪的,依法追究刑事责任。《实施工程建设强制性标准监督规定》中规定,建设单位有下列行为之一的,责令改正,并处以二十万元以上五十万元以下的罚款:①明示或者暗示施工单位使用不合格的建筑材料、建筑构配件和设备的;②明示或者暗示设计单位或者施工单位违反工程建设强制性标准,降低工程质量的。

(二)勘察、设计单位违法行为应承担的法律责任

《建筑法》规定,建筑设计单位不按照建筑工程质量、安全标准进行设计的,责令改正,处以罚款;造成工程质量事故的,责令停业整顿,降低资质等级或者吊销资质证书,没收违法所得,并处罚款;造成损失的,承担赔偿责任;构成犯罪的,依法追究刑事责任。

《建设工程质量管理条例》规定,有下列行为之一的,责令改正,处十万元以上三十万元以下的罚款:①勘察单位未按照工程建设强制性标准进行勘察的;②设计单位未按照工程建设强制性标准进行设计的。有以上所列行为,造成工程质量事故的,责令停业整顿,降低资质等级;情节严重的,吊销资质证书;造成损失的,依法承担赔偿责任。

《实施工程建设强制性标准监督规定》中规定,勘察、设计单位违反工程建设强制性标准进行勘察、设计的,责令改正,并处以十万元以上三十万元以下的罚款。有前款行为,造成工程质量事故的,责令停业整顿,降低资质等级;情节严重的,吊销资质证书;造成损失的,依法承担赔偿责任。

(三)施工企业违法行为应承担的法律责任

《建筑法》规定,建筑施工企业在施工中偷工减料的,使用不合格的建筑材料、建筑构配件和设备的,或者有其他不按照工程设计图纸或者施工技术标准施工的行为的,责令改正,处以罚款;情节严重的,责令停业整顿,降低资质等级或者吊销资质证书;造成建筑工程质量不符合规定的质量标准的,负责返工、修理,并赔偿因此造成的损失;构成犯罪的,依法追究刑事责任。《标准化法》规定,生产、销售、进口产品或者提供服务不符合强制性标准,或者企业生产的产品、提供的服务不符合其公开标准的技术要求的,依法承担民事责任。

《建设工程质量管理条例》规定,施工单位在施工中偷工减料的,使用不合格的建筑材料、建筑构配件和设备的,或者有不按照工程设计图纸或者施工技术标准施工的其他行为的,责令改正,处工程合同价款2%以上4%以下的罚款;造成建设工程质量不符合规定的质量标准的,负责返工、修理,并赔偿因此造成的损失;情节严重的,责令停业整顿,降低资质等级或者吊销资质证书。

《实施工程建设强制性标准监督规定》中规定,施工单位违反工程建设强制性标准的,责令改正,处工程合同价款2%以上4%以下的罚款;造成建设工程质量不符合规定的质量标准的,负责返工、修理,并赔偿因此造成的损失;情节严重的,责令停业整顿,降低资质等级或者吊销资质证书。

(四)工程监理单位违法行为应承担的法律责任

《实施工程建设强制性标准监督规定》规定,工程监理单位违反强制性标准规定,将不合格的建设工程以及建筑材料、建筑构配件和设备按照合格签字的,责令改正,处五十万元以上一百万元以下的罚款,降低资质等级或者吊销资质证书;有违法所得的,予以没收;造成损失的,承担连带赔偿责任。

模块2 施工单位的质量责任和义务

施工单位是工程建设的重要责任主体之一。由于施工阶段影响质量稳定的因素和涉及的责任主体均较多,协调管理的难度较大,施工阶段的质量责任制度尤为重要。

住房和城乡建设部《建筑工程五方责任主体项目负责人质量终身责任追究暂行办法》(建质〔2014〕124号)规定,建筑工程开工建设前,建设、勘察、设计、施工、监理单位法定代表人应当签署授权书,明确本单位项目负责人。建筑工程五方责任主体项目负责人质量终身责任,是指参与新建、扩建、改建的建筑工程项目负责人按照国家法律法规和有关规定,在工程设计使用年限内对工程质量承担相应责任。工程质量终身责任实行书面承诺和竣工后永久性标牌等制度。

➤一、对施工质量负责和总分包单位的质量责任

(一)施工单位对施工质量负责

《建筑法》规定,建筑施工企业对工程的施工质量负责。《建设工程质量管理条例》进一步规定,施工单位对建设工程的施工质量负责。施工单位应当建立质量责任制,确定工程项目的项目经理、技术负责人和施工管理负责人。

2021年7月公布的《建设工程抗震管理条例》规定,工程总承包单位、施工单位及工程监理单位应当建立建设工程质量责任制度,加强对建设工程抗震设防措施施工质量的管理。国家鼓励工程总承包单位、施工单位采用信息化手段采集、留存隐蔽工程施工质量信息。施工单位应当按照抗震设防强制性标准进行施工。

需要指出的是,施工单位是建设工程质量的重要责任主体,但不是唯一的责任主体对施工质量负责是施工单位法定的质量责任。施工单位的质量责任制,主要包括制定质量目标计划,建立考核标准,并层层分解落实到具体的责任单位和责任人,特别是工程项目的项目经理、技术负责人和施工管理负责人。

《建筑工程五方责任主体项目负责人质量终身责任追究暂行办法》规定,施工单位项目经理应当按照经审查合格的施工图设计文件和施工技术标准进行施工,对因施工导致的工程质量事故或质量问题承担责任。

(二)总分包单位的质量责任

《建筑法》规定,建筑工程实行总承包的,工程质量由工程总承包单位负责,总承包单位将建筑工程分包给其他单位的,应当对分包工程的质量与分包单位承担连带责任。分包单位应当接受总承包单位的质量管理。

《建设工程质量管理条例》进一步规定,建设工程实行总承包的,总承包单位应当对全部建设工程质量负责;建设工程勘察、设计、施工、设备采购的一项或者多项实行总承包的,总承包单位应当对其承包的建设工程或者采购的设备的质量负责。总承包单位依法将建设工程分包给其他单位的,分包单位应当按照分包合同的约定对其分包工程的质量向总承包单位负责,总

承包单位与分包单位对分包工程的质量承担连带责任。

《建设工程抗震管理条例》规定,实行施工总承包的,隔震减震装置属于建设工程主体结构的施工,应当由总承包单位自行完成。

二、按照工程设计图纸和施工技术标准施工的规定

《建筑法》规定,建筑施工企业必须按照工程设计图纸和施工技术标准施工,不得偷工减料。工程设计的修改由原设计单位负责,建筑施工企业不得擅自修改程设计。

《建设工程质量管理条例》进一步规定,施工单位必须按照工程设计图纸和施工技术标准施工,不得擅自修改工程设计,不得偷工减料。施工单位在施工过程中发现设计文件和图纸有差错的,应当及时提出意见和建议。

（一）按图施工,遵守标准

按工程设计图纸施工,是保证工程实现设计意图的前提,也是明确划分设计、施工单位质量责任的前提。施工技术标准则是工程建设过程中规范施工行为的技术依据。施工单位只有按照施工技术标准,特别是强制性标准的要求施工,才能保证工程的施工质量。此外,从法律的角度来看,工程设计图纸和施工技术标准都属于合同文件的组成部分,如果施工单位不按照工程设计图纸和施工技术标准施工,则属于违约行为,应该对建设单位承担违约责任。

（二）防止设计文件和图纸出现差错

工程项目的设计往往涉及多个专业之间的协调配合。所以,设计文件和图纸也有可能会出现差错。这些差错通常会在图纸会审或施工过程中被逐渐发现。施工人员特别是施工管理负责人、技术负责人以及项目经理等,均为具有丰富实践经验的专业技术人员、专业管理人员。施工单位在施工过程中发现设计文件和图纸有差错的,有义务及时向建设单位或监理单位提出意见和建议,以免造成不必要的损失和质量问题。这也是其履行施工合同应尽的基本义务。

三、对建筑材料、设备等进行检验检测的规定

建设工程属于特殊产品,其质量隐蔽性强、终检局限性大,在施工全过程质量控制中,必须严格执行法定的检验、检测制度,否则将造成质量隐患甚至导致质量事故。

《建筑法》规定,建筑施工企业必须按照工程设计要求、施工技术标准和合同的约定,对建筑材料、建筑构配件和设备进行检验,不合格的不得使用。《建设工程质量管理条例》进一步规定,施工单位必须按照工程设计要求、施工技术标准和合同约定,对建筑材料、建筑构配件、设备和商品混凝土进行检验,检验应当有书面记录和专人签字;未经检验或者检验不合格的,不得使用。

（一）建筑材料、构配件、设备和商品混凝土的检验制度

施工单位对进入施工现场的建筑材料、建筑构配件、设备和商品混凝土实行检验制度,是施工单位质量保证体系的重要组成部分,也是保证施工质量的重要前提。

施工单位的检验要依据工程设计要求、施工技术标准和合同约定。检验对象是将在工程施工中使用的建筑材料、建筑构配件、设备和商品混凝土。合同若有其他约定的,检验工作还

应满足合同相应条款的要求。检验结果要按规定的格式形成书面记录,并由相关的专业人员签字。对于未经检验或检验不合格的,不得在施工中使用。

(二)施工检测的见证取样和送检制度

《建设工程质量管理条例》规定,施工人员对涉及结构安全的试块、试件以及有关材料,应当在建设单位或者工程监理单位监督下现场取样,并送具有相应资质等级的质量检测单位进行检测。

1. 见证取样和送检

原建设部《房屋建筑工程和市政基础设施工程实行见证取样和送检的规定》(建建〔2000〕211号)中规定,涉及结构安全的试块、试件和材料见证取样和送检的比例不得低于有关技术标准中规定应取样数量的30%。下列试块、试件和材料必须实施见证取样和送检:①用于承重结构的混凝土试块;②用于承重墙体的砌筑砂浆试块;③用于承重结构的钢筋及连接接头试件;④用于承重墙的砖和混凝土小型砌块;⑤用于拌制混凝土和砌筑砂浆的水泥;⑥用于承重结构的混凝土中使用的掺加剂;⑦地下、屋面、厕浴间使用的防水材料;⑧国家规定必须实行见证取样和送检的其他试块、试件和材料。

见证人员应由建设单位或该工程的监理单位中具备施工试验知识的专业技术人员担任,并由建设单位或该工程的监理单位书面通知施工单位、检测单位和负责该项工程的质量监督机构。

在施工过程中,见证人员应按照见证取样和送检计划,对施工现场的取样和送检进行见证。取样人员应在试样或其包装上作出标识、封志。标识和封志应标明工程名称、取样部位、取样日期、样品名称和样品数量,并由见证人员和取样人员签字。见证人员和取样人员应对试样的代表性和真实性负责。

2. 工程质量检测机构的资质和检测规定

质量检测业务由工程项目建设单位委托具有相应资质的检测机构进行检测。委托方与被委托方应当签订书面合同。检测机构完成检测业务后,应当及时出具检测报告。检测报告经检测人员签字、检测机构法定代表人或者其授权的签字人签署,并加盖检测机构公章或者检测专用章后方可生效。检测报告经建设单位或者工程监理单位确认后,由施工单位归档。任何单位和个人不得明示或者暗示检测机构出具虚假检测报告,不得篡改或者伪造检测报告。如果检测结果利害关系人对检测结果发生争议的,由双方共同认可的检测机构复检,复检结果由提出复检方报当地建设主管部门备案。

检测机构应当将检测过程中发现的建设单位、监理单位、施工单位违反有关法律、法规和工程建设强制性标准的情况,以及涉及结构安全检测结果的不合格情况,及时报告工程所在地建设主管部门。检测机构应当建立档案管理制度,并应当单独建立检测结果不合格项目台账。

检测人员不得同时受聘于两个或者两个以上的检测机构。检测机构和检测人员不得推荐或者监制建筑材料、构配件和设备。检测机构不得与行政机关,法律、法规授权的具有管理公共事务职能的组织以及所检测工程项目相关的设计单位、施工单位、监理单位有隶属关系或者其他利害关系。

检测机构不得转包检测业务。检测机构应当对其检测数据和检测报告的真实性和准确性负责。检测机构违反法律、法规和工程建设强制性标准,给他人造成损失的,应当依法承担相应的赔偿责任。

四、施工质量检验和返修的规定

(一)施工质量检验制度

施工质量检验,通常是指工程施工过程中工序质量检验(或称为过程检验),包括预检、自检、交接检、专职检、分部工程中间检验以及隐蔽工程检验等。

《建设工程质量管理条例》规定,施工单位必须建立、健全施工质量的检验制度,严格工序管理,作好隐蔽工程的质量检查和记录。隐蔽工程在隐蔽前,施工单位应当通知建设单位和建设工程质量监督机构。

1. 严格工序质量检验和管理

任何一项工程的施工,都是通过一个由许多工序或过程组成的工序或过程网络来实现的。完善的检验制度和严格的工序管理是保证工序或过程质量的前提。因此,施工单位要加强对施工工序或过程的质量控制,特别是要加强影响结构安全的地基和结构等关键施工过程的质量控制。

2. 强化隐蔽工程质量检查

隐蔽工程是指在施工过程中某一道工序所完成的工程实物,被后一工序形成的工程实物所隐蔽,而且不可以逆向作业的那部分工程。例如,钢筋混凝土工程施工中,钢筋为混凝土所覆盖,前者即为隐蔽工程。

由于隐蔽工程被后续工序覆盖后,其施工质量就很难检验及认定。所以,隐蔽工程在覆盖前,施工单位除了要做好检查、检验并作好记录外,还应当及时通知建设单位(实施监理的工程为监理单位)和建设工程质量监督机构,以接受政府监督和向建设单位提供质量保证。

(二)建设工程的返修

《建筑法》规定,对已发现的质量缺陷,建筑施工企业应当修复。《建设工程质量管理条例》进一步规定,施工单位对施工中出现质量问题的建设工程或者竣工验收不合格的建设工程,应当负责返修。

《民法典》也作了相应规定,因施工人的原因致使建设工程质量不符合约定的,发包人有权请求施工人在合理期限内无偿修理或者返工、改建。

返修作为施工单位的法定义务,其返修包括施工过程中出现质量问题的建设工程和竣工验收不合格的建设工程两种情形。不论是施工过程中出现质量问题的建设工程,还是竣工验收时发现质量问题的工程,施工单位都要负责返修。

对于非施工单位原因造成的质量问题,施工单位也应当负责返修,但是因此而造成的损失及返修费用由责任方负责。

➢ 五、建立健全职工教育培训制度的规定

《建设工程质量管理条例》规定,施工单位应当建立、健全教育培训制度,加强对职工的教育培训;未经教育培训或者考核不合格的人员,不得上岗作业。

施工单位的教育培训通常包括各类质量教育和岗位技能培训等。先培训、后上岗,是对施工单位的职工教育的基本要求。特别是与质量工作有关的人员,如总工程师、项目经理、质量体系内审员、质量检查员、施工人员、材料试验及检测人员;关键技术工种,如焊工、钢筋工、混凝土工等,未经培训或者培训考核不合格的人员,不得上岗工作或作业。

➢ 六、违法行为应承担的法律责任

施工单位质量违法行为应承担的主要法律责任有如下几条。

(一)检验检测违法行为应承担的法律责任

《建设工程质量管理条例》规定,施工单位未对建筑材料、建筑构配件、设备和商品混凝土进行检验,或者未对涉及结构安全的试块、试件以及有关材料取样检测的,责令改正,处十万元以上二十万元以下的罚款;情节严重的,责令停业整顿,降低资质等级或者吊销资质证书;造成损失的,依法承担赔偿责任。

(二)构成犯罪的追究刑事责任

《建设工程质量管理条例》规定,建设单位、设计单位、施工单位、工程监理单位违反国家规定,降低工程质量标准,造成重大安全事故,构成犯罪的,对直接责任人员依法追究刑事责任。

建设、勘察、设计、施工、工程监理单位的工作人员因调动工作、退休等原因离开该单位后,被发现在该单位工作期间违反国家有关建设工程质量管理规定,造成重大工程质量事故的,仍应当依法追究法律责任。

《刑法》第一百三十七条规定,建设单位、设计单位、施工单位、工程监理单位违反国家规定,降低工程质量标准,造成重大安全事故的,对直接责任人员处五年以下有期徒刑或者拘役,并处罚金;后果特别严重的,处五年以上十年以下有期徒刑,并处罚金。

模块3　建设单位及相关单位的质量责任和义务

建设工程质量责任制涵盖了多方主体的质量责任制,除施工单位外,还有建设单位,勘察、设计单位,工程监理单位的质量责任制。

《建筑工程五方责任主体项目负责人质量终身责任追究暂行办法》明确规定,建筑工程五方责任主体项目负责人是指承担建筑工程项目建设的建设单位项目负责人、勘察单位项目负责人、设计单位项目负责人、施工单位项目经理、监理单位总监理工程师。

➤一、建设单位相关的质量责任和义务

建设单位作为建设工程的投资人,是建设工程的重要责任主体。为确保建设工程的质量,必须规范建设单位的行为,明确其质量责任。

(一)依法发包工程

《建设工程质量管理条例》规定,建设单位应当将工程发包给具有相应资质等级的单位。建设单位不得将建设工程肢解发包。建设单位应当依法对工程建设项目的勘察、设计、施工、监理以及与工程建设有关的重要设备、材料等的采购进行招标。

《建筑工程五方责任主体项目负责人质量终身责任追究暂行办法》进一步规定,建设单位项目负责人对工程质量承担全面责任,不得违法发包、肢解发包,不得以任何理由要求勘察、设计、施工、监理单位违反法律法规和工程建设标准,降低工程质量,其违法违规或不当行为造成工程质量事故或质量问题应当承担责任。

(二)依法提供原始资料

《建设工程质量管理条例》规定,建设单位必须向有关的勘察、设计、施工、工程监理等单位提供与建设工程有关的原始资料。原始资料必须真实、准确、齐全。

原始资料是工程勘察、设计、施工、监理等单位赖以进行相关工程建设的基础性材料。建设单位作为建设活动的总负责方,向有关单位提供原始资料,以及施工地段地下管线现状资料,并保证这些资料的真实、准确、齐全,是其基本的质量责任和义务。

(三)限制不合理的干预行为

《建筑法》规定,建设单位不得以任何理由,要求建筑设计单位或者建筑施工企业在工程设计或者施工作业中,违反法律、行政法规和建筑工程质量、安全标准,降低工程质量。

《建设工程抗震管理条例》则规定,建设单位应当对建设工程勘察、设计和施工全过程负责,在勘察、设计和施工合同中明确拟采用的抗震设防强制性标准,按照合同要求对勘察设计成果文件进行核验,组织工程验收,确保建设工程符合抗震设防强制性标准。建设单位不得明示或者暗示勘察、设计、施工等单位和从业人员违反抗震设防强制性标准,降低工程抗震性能。

(四)依法报审施工图设计文件

《建设工程质量管理条例》规定,施工图设计文件未经审查批准的,不得使用。

施工图设计文件是编制施工图预算、安排材料、设备订货和非标准设备制作,进行施工、安装和工程验收等工作的依据。因此,施工图设计文件的质量直接影响建设工程的质量。

(五)依法实行工程监理

《建设工程质量管理条例》规定,实行监理的建设工程,建设单位应当委托具有相应资质等级的工程监理单位进行监理,也可以委托具有工程监理相应资质等级并与被监理工程的施工承包单位没有隶属关系或者其他利害关系的该工程的设计单位进行监理。

《建设工程质量管理条例》还规定,下列建设工程必须实行监理:①国家重点建设工程;②大中型公用事业工程;③成片开发建设的住宅小区工程;④利用外国政府或者国际组织贷款、援助资金的工程;⑤国家规定必须实行监理的其他工程。

(六)依法办理工程质量监督手续

《建设工程质量管理条例》规定,建设单位在开工前,应当按照国家有关规定办理工程质量监督手续,工程质量监督手续可以与施工许可证或者开工报告合并办理。

(七)依法保证建筑材料等符合要求

《建设工程质量管理条例》规定,按照合同约定,由建设单位采购建筑材料、建筑构配件和设备的,建设单位应当保证建筑材料、建筑构配件和设备符合设计文件和合同要求。建设单位不得明示或者暗示施工单位使用不合格的建筑材料、建筑构配件和设备。

(八)依法进行装修工程

《建设工程质量管理条例》规定,涉及建筑主体和承重结构变动的装修工程,建设单位应当在施工前委托原设计单位或者具有相应资质等级的设计单位提出设计方案;没有设计方案的,不得施工。房屋建筑使用者在装修过程中,不得擅自变动房屋建筑主体和承重结构。

(九)建设单位质量违法行为应承担的法律责任

《建设工程质量管理条例》规定,建设单位有下列行为之一的,责令改正,处二十万元以上五十万元以下的罚款:①迫使承包方以低于成本的价格竞标的;②任意压缩合理工期的;③明示或者暗示设计单位或者施工单位违反工程建设强制性标准,降低工程质量的;④施工图设计文件未经审查或者审查不合格,擅自施工的;⑤建设项目必须实行工程监理而未实行工程监理的;⑥未按照国家规定办理工程质量监督手续的;⑦明示或者暗示施工单位使用不合格的建筑材料、建筑构配件和设备的;⑧未按照国家规定将竣工验收报告、有关认可文件或者准许使用文件报送备案的。

➢ 二、勘察、设计单位相关的质量责任和义务

《建筑法》规定,建筑工程的勘察、设计单位必须对其勘察、设计的质量负责。勘察、设计文件应当符合有关法律、行政法规的规定和建设工程质量、安全标准、建筑工程勘察、设计技术规范以及合同的约定。

《建设工程质量管理条例》进一步规定,勘察、设计单位必须按照工程建设强制性标准进行勘察、设计,并对其勘察、设计的质量负责。注册建筑师、注册结构工程师等注册执业人员应当

在设计文件上签字,对设计文件负责。

(一)依法承揽勘察、设计业务

《建设工程质量管理条例》规定,从事建设工程勘察、设计的单位应当依法取得相应等级的资质证书,并在其资质等级许可的范围内承揽工程。禁止勘察、设计单位超越其资质等级许可的范围或者以其他勘察、设计单位的名义承揽工程。禁止勘察、设计单位允许其他单位或者个人以本单位的名义承揽工程。勘察、设计单位不得转包或者违法分包所承揽的工程。

(二)勘察、设计必须执行强制性标准

《建设工程质量管理条例》规定,勘察、设计单位必须按照工程建设强制性标准进行勘察、设计,并对其勘察、设计的质量负责。

《建筑工程五方责任主体项目负责人质量终身责任追究暂行办法》进一步规定,勘察、设计单位项目负责人应当保证勘察设计文件符合法律法规和工程建设强制性标准的要求,对因勘察、设计导致的工程质量事故或质量问题承担责任。

(三)勘察单位提供的勘察成果必须真实、准确

《建设工程质量管理条例》规定,勘察单位提供的地质、测量、水文等勘察成果必须真实、准确。

工程勘察是工程建设工作的基础性工作。工程勘察成果文件是设计和施工的基础资料和重要依据,其真实准确与否直接影响到设计、施工质量。因而,工程勘察成果必须真实准确、安全可靠。

(四)设计依据和设计深度

《建设工程质量管理条例》规定,设计单位应当根据勘察成果文件进行建设工程设计。设计文件应当符合国家规定的设计深度要求,注明工程合理使用年限。

工程合理使用年限是指从工程竣工验收合格之日起,工程的地基基础、主体结构能保证在正常情况下安全使用的年限。

(五)依法规范设计单位对建筑材料等的选用

为了使施工能准确满足设计意图,设计文件中必须注明所选用的建筑材料、建筑构配件和设备的规格、型号、性能等技术指标,这也是设计文件编制深度的要求。但是,在通用产品能保证工程质量的前提下,设计单位就不应选用特殊要求的产品,也不能滥用权力指定生产厂、供应商,以免限制建设单位或者施工单位在材料等采购上的自主权,导致垄断或者变相垄断现象的发生。

(六)依法对设计文件进行技术交底

《建设工程质量管理条例》规定,设计单位应当就审查合格的施工图设计文件向施工单位作出详细说明。

设计文件的技术交底,是指设计单位将设计意图、特殊工艺要求,以及建筑、结构、设备等各专业在施工中的难点、疑点和容易发生的问题等向施工单位作详细说明,并负责解释施工单位对设计图纸的疑问。

对设计文件进行技术交底是设计单位的重要义务,对确保工程质量有重要的意义。

（七）依法参与建设工程质量事故分析

《建设工程质量管理条例》规定，设计单位应当参与建设工程质量事故分析，并对因设计造成的质量事故，提出相应的技术处理方案。

（八）勘察、设计单位质量违法行为应承担的法律责任

《建筑法》规定，建筑设计单位不按照建筑工程质量、安全标准进行设计的，责令改正，处以罚款；造成工程质量事故的，责令停业整顿，降低资质等级或者吊销资质证书，没收违法所得，并处罚款；造成损失的，承担赔偿责任；构成犯罪的，依法追究刑事责任。

《建设工程质量管理条例》规定，有下列行为之一的，责令改正，处十万元以上三十万元以下的罚款：①勘察单位未按照工程建设强制性标准进行勘察的；②设计单位未根据勘察成果文件进行工程设计的；③设计单位指定建筑材料、建筑构配件的生产厂、供应商的；④设计单位未按照工程建设强制性标准进行设计的。有以上所列行为，造成工程质量事故的，责令停业整顿，降低资质等级；情节严重的，吊销资质证书；造成损失的，依法承担赔偿责任。

三、工程监理单位相关的质量责任和义务

工程监理单位接受建设单位的委托，代表建设单位，对建设工程进行管理。因此，工程监理单位也是建设工程质量的责任主体之一。

（一）依法承担工程监理业务

《建筑法》规定，工程监理单位应当在其资质等级许可的监理范围内，承担工程监理业务。工程监理单位不得转让工程监理业务。

《建设工程质量管理条例》进一步规定，工程监理单位应当依法取得相应等级的资质证书，并在其资质等级许可的范围内承担工程监理业务。禁止工程监理单位超越本单位资质等级许可的范围或者以其他工程监理单位的名义承担工程监理业务。禁止工程监理单位允许其他单位或者个人以本单位的名义承担工程监理业务。工程监理单位不得转让工程监理业务。

监理单位必须按照资质等级承担工程监理业务。越级监理、允许其他单位或者个人以本单位的名义承担监理业务等，都将使工程监理变得有名无实，最终将对工程质量造成危害。监理单位转让工程监理业务，与施工单位转包工程有着同样的危害性。

（二）对有隶属关系或其他利害关系的回避

《建筑法》《建设工程质量管理条例》都规定，工程监理单位与被监理工程的施工承包单位以及建筑材料、建筑构配件和设备供应单位有隶属关系或者其他利害关系的，不得承担该项建设工程的监理业务。

（三）监理工作的依据和监理责任

《建设工程质量管理条例》规定，工程监理单位应当依照法律、法规以及有关技术标准、设计文件和建设工程承包合同，代表建设单位对施工质量实施监理，并对施工质量承担监理责任。

《建筑工程五方责任主体项目负责人质量终身责任追究暂行办法》进一步规定，监理单位总监理工程师应当按照法律法规、有关技术标准、设计文件和工程承包合同进行监理，对施工质量承担监理责任。

(四)工程监理的职责和权限

《建设工程质量管理条例》规定,工程监理单位应当选派具备相应资格的总监理工程师和监理工程师进驻施工现场。未经监理工程师签字,建筑材料、建筑构配件和设备不得在工程上使用或者安装,施工单位不得进行下一道工序的施工。未经总监理工程师签字,建设单位不拨付工程款,不进行竣工验收。

监理单位应根据所承担的监理任务,组建驻工地监理机构。监理机构一般由总监理工程师、监理工程师和其他监理人员组成。工程监理实行总监理工程师负责制。总监理工程师依法在授权范围内可以发布有关指令,全面负责受委托的监理工程。监理工程师拥有对建筑材料、建筑构配件和设备以及每道施工工序的检查权,对检查不合格的,有权决定是否允许在工程上使用或进行下一道工序的施工。

(五)工程监理的形式

《建设工程质量管理条例》规定,监理工程师应当按照工程监理规范的要求,采取旁站、巡视和平行检验等形式,对建设工程实施监理。

旁站是指对工程中有关地基和结构安全的关键工序和关键施工过程进行连续不断地监督检查或检验的监理活动,有时甚至要连续跟班监理。巡视,主要是强调除了关键点的质量控制外,监理工程师还应对施工现场进行面上的巡查监理。平行检验,主要是强调监理单位对施工单位已经检验的工程应及时进行检验。对于关键性、较大体量的工程实物,采取分段后平行检验的方式,有利于及时发现质量问题,及时采取措施予以纠正。

(六)工程监理单位质量违法行为应承担的法律责任

《建筑法》规定,工程监理单位与建设单位或者建筑施工企业串通,弄虚作假、降低工程质量的,责令改正,处以罚款,降低资质等级或者吊销资质证书;有违法所得的,予以没收;造成损失的,承担连带赔偿责任;构成犯罪的,依法追究刑事责任。

《建设工程质量管理条例》规定,工程监理单位有下列行为之一的,责令改正,处50万元以上100万元以下的罚款,降低资质等级或者吊销资质证书;有违法所得的,予以没收;造成损失的,承担连带赔偿责任:①与建设单位或者施工单位串通、弄虚作假、降低工程质量的;②将不合格的建设工程、建筑材料、建筑构配件和设备按照合格签字的。

《建筑工程五方责任主体项目负责人质量终身责任追究暂行办法》第六条规定,符合下列情形之一的,县级以上地方人民政府住房城乡建设主管部门应当依法追究项目负责人的质量终身责任:①发生工程质量事故;②发生投诉、举报、群体性事件、媒体报道并造成恶劣社会影响的严重工程质量问题;③由于勘察、设计或施工原因造成尚在设计使用年限内的建筑工程不能正常使用;④存在其他需追究责任的违法违规行为。

《建筑工程五方责任主体项目负责人质量终身责任追究暂行办法》规定,发生本办法第六条所列情形之一的,对监理单位总监理工程师按以下方式进行责任追究:①责令停止注册监理工程师执业一年;造成重大质量事故的,吊销执业资格证书,五年以内不予注册;情节特别恶劣的,终身不予注册。②构成犯罪的,移送司法机关依法追究刑事责任。③处单位罚款数额5%以上10%以下的罚款。④向社会公布曝光。

模块4　建设工程竣工验收制度

建设工程竣工验收是建设投资成果转入生产或使用的标志,也是全面考核投资效益、检验设计和施工质量的重要环节。

一、竣工验收的主体和法定条件

(一)建设工程竣工验收的主体

《建设工程质量管理条例》规定,建设单位收到建设工程竣工报告后,应当组织设计、施工、工程监理等有关单位进行竣工验收。

对工程进行竣工检查和验收,是建设单位法定的权利和义务。在建设工程完工后,承包单位应当向建设单位提供完整的竣工资料和竣工验收报告,提请建设单位组织竣工验收。建设单位收到竣工验收报告后,应及时组织有设计、施工、工程监理等有关单位参加的竣工验收,检查整个工程项目是否已按照设计要求和合同约定全部建设完成,并符合竣工验收条件。

(二)竣工验收应当具备的法定条件

《建筑法》规定,交付竣工验收的建筑工程,必须符合规定的建筑工程质量标准,有完整的工程技术经济资料和经签署的工程保修书,并具备国家规定的其他竣工条件。建筑工程竣工经验收合格后,方可交付使用;未经验收或者验收不合格的,不得交付使用。

《建设工程质量管理条例》进一步规定,建设工程竣工验收应当具备下列条件:①完成建设工程设计和合同约定的各项内容;②有完整的技术档案和施工管理资料;③有工程使用的主要建筑材料、建筑构配件和设备的进场试验报告;④有勘察、设计、施工、工程监理等单位分别签署的质量合格文件;⑤有施工单位签署的工程保修书。建设工程经验收合格的,方可交付使用。

1. 完成建设工程设计和合同约定的各项内容

建设工程设计和合同约定的内容,主要是指设计文件所确定的以及承包合同"承包人承揽工程项目一览表"中载明的工作范围,也包括监理工程师签发的变更通知单中所确定的工作内容。

2. 有完整的技术档案和施工管理资料

《建设工程文件归档规范》GB/T 50328—2014(2019年局部修订)规定,建设工程档案的验收应纳入建设工程竣工联合验收环节。

工程技术档案和施工管理资料是工程竣工验收和质量保证的重要依据之一,主要包括以下档案和资料:①工程项目竣工验收报告;②分项分部工程和单位工程技术人员名单;③图纸会审和技术交底记录;④设计变更通知单,技术变更核实单;⑤工程质量事故发生后调查和处理资料;⑥隐蔽验收记录及施工日志;⑦竣工图;⑧质量检验评定资料;⑨合同约定的其他资料。

3. 有工程使用的主要建筑材料、建筑构配件和设备的进场试验报告

对建设工程使用的主要建筑材料、建筑构配件和设备,除须具有质量合格证明资料外,还应当有进场试验、检验报告,其质量要求必须符合国家规定的标准。

4. 有勘察、设计、施工、工程监理等单位分别签署的质量合格文件

勘察、设计、施工、工程监理等有关单位要依据工程设计文件及承包合同所要求的质量标准,对竣工工程进行检查评定;符合规定的,应当签署合格文件。

5. 有施工单位签署的工程保修书

施工单位同建设单位签署的工程保修书,也是交付竣工验收的条件之一。

凡是没有经过竣工验收或者经过竣工验收确定为不合格的建设工程,不得交付使用。如果建设单位为提前获得投资效益,在工程未经验收就提前投产或使用,由此而发生的质量等问题,建设单位要承担相应的质量责任。

▶二、施工单位应提交的档案资料

《建设工程质量管理条例》规定,建设单位应当严格按照国家有关档案管理的规定,及时收集、整理建设项目各环节的文件资料,建立健全建设项目档案,并在建设工程竣工验收后,及时向建设行政主管部门或者其他有关部门移交建设项目档案。

2019年3月住房和城乡建设部修改后公布的《城市建设档案管理规定》中规定,建设单位应当在工程竣工验收后三个月内,向城建档案馆报送一套符合规定的建设工程档案。凡建设工程档案不齐全的,应当限期补充。对改建、扩建和重要部位维修的工程,建设单位应当组织设计、施工单位据实修改、补充和完善原建设工程档案。

《建设工程文件归档规范》规定,勘察、设计、施工、监理等单位应将本单位形成的工程文件立卷后向建设单位移交。

建设工程项目实行总承包管理的,总包单位应负责收集、汇总各分包单位形成的工程档案,并应及时向建设单位移交;各分包单位应将本单位形成的工程文件整理、立卷后及时移交总包单位。建设工程项目由几个单位承包的,各承包单位应负责收集、整理立卷其承包项目的工程文件,并应及时向建设单位移交。

每项建设工程应编制一套电子档案,随纸质档案一并移交城建档案管理机构。电子档案签署了具有法律效力的电子印章或电子签名的,可不移交相应纸质档案。

▶三、规划、消防、节能、环保等验收的规定

《建设工程质量管理条例》规定,建设单位应当自建设工程竣工验收合格之日起十五日内,将建设工程竣工验收报告和规划、公安消防、环保等部门出具的认可文件或者准许使用文件报建设行政主管部门或者其他有关部门备案。

(一)建设工程竣工规划验收

《城乡规划法》规定,县级以上地方人民政府城乡规划主管部门按照国务院规定对建设工程是否符合规划条件予以核实。未经核实或者经核实不符合规划条件的,建设单位不得组织

竣工验收。建设单位应当在竣工验收后六个月内向城乡规划主管部门报送有关竣工验收资料。

(二)建设工程竣工消防验收

2021年4月修改后公布的《中华人民共和国消防法》(本书简称《消防法》)规定,国务院住房和城乡建设主管部门规定应当申请消防验收的建设工程竣工,建设单位应当向住房和城乡建设主管部门申请消防验收。

上述规定以外的其他建设工程,建设单位在验收后应当报住房和城乡建设主管部门备案,住房和城乡建设主管部门应当进行抽查。依法应当进行消防验收的建设工程,未经消防验收或者消防验收不合格的,禁止投入使用;其他建设工程经依法抽查不合格的,应当停止使用。

依法应当进行消防验收的建设工程,未经消防验收或者消防验收不合格,擅自投入使用的,《消防法》规定,由住房和城乡建设主管部门、消防救援机构按照各自职权责令停止施工、停止使用或者停产停业,并处三万元以上三十万元以下罚款。

(三)建设工程竣工环保验收

2017年7月国务院修改后公布的《建设项目环境保护管理条例》规定,编制环境影响报告书、环境影响报告表的建设项目竣工后,建设单位应当按照国务院环境保护行政主管部门规定的标准和程序,对配套建设的环境保护设施进行验收,编制验收报告。建设单位在环境保护设施验收过程中,应当如实查验、监测、记载建设项目环境保护设施的建设和调试情况,不得弄虚作假。除按照国家规定需要保密的情形外,建设单位应当依法向社会公开验收报告。

分期建设、分期投入生产或者使用的建设项目,其相应的环境保护设施应当分期验收。

编制环境影响报告书、环境影响报告表的建设项目,其配套建设的环境保护设施经验收合格,方可投入生产或者使用;未经验收或者验收不合格的,不得投入生产或者使用。

(四)建筑工程节能验收

建筑节能工程为单位建筑工程的一个分部工程,并按规定划分为分项工程和检验批。建筑节能工程应按照分项工程进行验收,如墙体节能工程、幕墙节能工程、门窗节能工程、屋面节能工程、地面节能工程、采暖节能工程、通风与空气调节节能工程、配电与照明节能工程等。当建筑节能分项工程的工程量较大时,可以将分项工程划分为若干个检验批进行验收。当建筑节能工程验收无法按照要求划分分项工程或检验批时,可由建设、施工、监理等各方协商进行划分。但验收项目、验收内容、验收标准和验收记录均应遵守《建筑节能工程施工质量验收规范》的规定。

1.建筑节能分部工程进行质量验收的条件

建筑节能分部工程的质量验收,应在检验批、分项工程全部合格的基础上,进行建筑围护结构的外墙节能构造实体检验,严寒、寒冷和夏热冬冷地区的外窗气密性现场检测,以及系统节能性能检测和系统联合试运转与调试,确认建筑节能工程质量达到验收的条件后方可进行。

2.建筑节能分部工程验收的组织

建筑节能工程验收的程序和组织应遵守《建筑工程施工质量验收统一标准》GB 50300—2013的要求,并符合下列规定:①节能工程的检验批验收和隐蔽工程验收应由监理工程师主持,施工单位相关专业的质量检查员与施工员参加;②节能分项程验收应由监理工程师主持,施工单位项目技术负责人和相关专业的质量检查员、施工员参加,必要时可邀请设计单位相关专业的人员参加;③节能分部工程验收应由总监理工程师(建设单位项目负责人)主持,施工单位项目经理、项目技术负责人和相关专业的质量检查员、施工员参加,施工单位的质量或技术负责人应参加,设计单位节能设计人员应参加。

3. 建筑节能工程专项验收应注意事项

(1)建筑节能工程验收重点是检查建筑节能工程效果是否满足设计及规范要求,监理和施工单位应加强和重视节能验收工作,对验收中发现的工程实物质量问题及时解决。

(2)工程项目存在以下问题之一的,监理单位不得组织节能工程验收:①未完成建筑节能工程设计内容的;②隐蔽验收记录等技术档案和施工管理资料不完整的;③工程使用的主要建筑材料、建筑构配件和设备未提供进场检验报告的,未提供相关的节能性检测报告的;④工程存在违反强制性标准的质量问题而未整改完毕的;⑤对监督机构发出的责令整改内容未整改完毕的;⑥存在其他违反法律、法规行为而未处理完毕的。

(3)工程项目验收存在以下问题之一的,应重新组织建筑节能工程验收:①验收组织机构不符合法规及规范要求的;②参加验收人员不具备相应资格的;③参加验收各方主体验收意见不一致的;④验收程序和执行标准不符合要求的;⑤各方提出的问题未整改完毕的。

(4)单位工程在办理竣工备案时应提交建筑节能相关资料,不符合要求的不予备案。

4. 建筑工程节能验收违法行为应承担的法律责任

《民用建筑节能条例》规定,建设单位对不符合民用建筑节能强制性标准的民用建筑项目出具竣工验收合格报告的,由县级以上地方人民政府建设主管部门责令改正,处民用建筑项目合同价款2%以上4%以下的罚款;造成损失的,依法承担赔偿责任。

➤ 四、竣工结算、质量争议的规定

竣工验收是工程建设活动的最后阶段。在此阶段,建设单位与施工单位容易就合同价款结算、质量缺陷等引起纠纷,导致建设工程不能及时办理竣工验收或完成竣工验收。

(一)工程竣工结算

《民法典》规定,建设工程竣工后,发包人应当根据施工图纸及说明书、国家颁发的施工验收规范和质量检验标准及时进行验收。验收合格的,发包人应当按照约定支付价款,并接收该建设工程。《建筑法》也规定,发包单位应当按照合同的约定,及时拨付工程款。

1. 工程竣工结算方式

工程完工后,双方应按照约定的合同价款及合同价款调整内容以及索赔事项,进行工程竣工结算。工程竣工结算分为单位工程竣工结算、单项工程竣工结算和建设项目竣工总结算。

2. 竣工结算文件的编制、提交与审查

(1)竣工结算文件的提交。

2013年12月住房和城乡建设部公布的《建筑工程施工发包与承包计价管理办法》规定,工程完工后,承包方应当在约定期限内提交竣工结算文件。

《建设工程价款结算暂行办法》规定,承包人应在合同约定期限内完成项目竣工结算编制工作,未在规定期限内完成并且提不出正当理由延期的,责任自负。

(2)竣工结算文件的编审。

单位工程竣工结算由承包人编制,发包人审查;实行总承包的工程,由具体承包人编制,在总包人审查的基础上,发包人审查。

单项工程竣工结算或建设项目竣工总结算由总(承)包人编制,发包人可直接进行审查,也可以委托具有相应资质的工程造价咨询机构进行审查。政府投资项目,由同级财政部门审查。单项工程竣工结算或建设项目竣工总结算经发、承包人签字盖章后有效。

《建筑工程施工发包与承包计价管理办法》规定,国有资金投资建筑工程的发包方,应当委托具有相应资质的工程造价咨询企业对竣工结算文件进行审核,并在收到竣工结算文件后的约定期限内向承包方提出由工程造价咨询企业出具的竣工结算文件审核意见;逾期未答复的,按照合同约定处理,合同没有约定的,竣工结算文件视为已被认可。

非国有资金投资的建筑工程发包方,应当在收到竣工结算文件后的约定期限内予以答复,逾期未答复的,按照合同约定处理,合同没有约定的,竣工结算文件视为已被认可;发包方对竣工结算文件有异议的,应当在答复期内向承包方提出,并可以在提出异议之日起的约定期限内与承包方协商;发包方在协商期内未与承包方协商或者经协商未能与承包方达成协议的,应当委托工程造价咨询企业进行竣工结算审核,并在协商期满后的约定期限内向承包方提出由工程造价咨询企业出具的竣工结算文件审核意见。

(3)承包方异议的处理。

承包方对发包方提出的工程造价咨询企业竣工结算审核意见有异议的,在接到该审核意见后一个月内,可以向有关工程造价管理机构或者有关行业组织申请调解,调解不成的,可以依法申请仲裁或者向人民法院提起诉讼。

(4)竣工结算文件的确认与备案。

工程竣工结算文件经发、承包双方签字确认的,应当作为工程决算的依据,未经对方同意,另一方不得就已生效的竣工结算文件委托工程造价咨询企业重复审核。发包方应当按照竣工结算文件及时支付竣工结算款。

竣工结算文件应当由发包方报工程所在地县级以上地方人民政府住房城乡建设主管部门备案。

3.竣工结算文件的审查期限

《建设工程价款结算暂行办法》规定,单项工程竣工后,承包人应在提交竣工验收报告的同时,向发包人递交竣工结算报告及完整的结算资料,发包人应按以下规定时限进行核对(审查)并提出审查意见:①五百万元以下,从接到竣工结算报告和完整的竣工结算资料之日起二十天;②五百万元至二千万元,从接到竣工结算报告和完整的竣工结算资料之日起三十天;③二千万元至五千万元,从接到竣工结算报告和完整的竣工结算资料之日起四十五天;④五千万元以上,从接到竣工结算报告和完整的竣工结算资料之日起六十天。

建设项目竣工总结算在最后一个单项工程竣工结算审查确认后五天内汇总,送发包人后三十天内审查完成。

《建筑工程施工发包与承包计价管理办法》规定,发承包双方在合同中对竣工结算文件提交、审核的期限没有明确约定的,应当按照国家有关规定执行;国家没有规定的,可认为其约定期限均为二十八日。

4. 工程竣工价款结算

《建设工程价款结算暂行办法》规定,发包人收到承包人递交的竣工结算报告及完整的结算资料后,应按以上规定的期限(合同约定有期限的,从其约定)进行核实,给予确认或者提出修改意见。

工程竣工结算以合同工期为准,实际施工工期比合同工期提前或延后,发、承包双方应按合同约定的奖惩办法执行。

5. 索赔及合同以外零星项目工程价款结算

发承包人未能按合同约定履行自己的各项义务或发生错误,给另一方造成经济损失的,由受损方按合同约定提出索赔,索赔金额按合同约定支付。

发包人要求承包人完成合同以外零星项目,承包人应在接受发包人要求的七天内就用工数量和单价、机械台班数量和单价、使用材料和金额等向发包人提出施工签证,发包人签证后施工,如发包人未签证,承包人施工后发生争议的,责任由承包人自负。

发包人和承包人要加强施工现场的造价控制,及时对工程合同外的事项如实记录并履行书面手续。凡由发、承包双方授权的现场代表签字的现场签证以及发、承包双方协商确定的索赔等费用,应在工程竣工结算中如实办理,不得因发、承包双方现场代表的中途变更改变其有效性。

6. 未按规定时限办理事项的处理

发包人收到竣工结算报告及完整的结算资料后,在《建设工程价款结算暂行办法》规定或合同约定期限内,对结算报告及资料没有提出意见,则视同认可。

承包人如未在规定时间内提供完整的工程竣工结算资料,经发包人催促后十四天内仍未提供或没有明确答复,发包人有权根据已有资料进行审查,责任由承包人自负。

根据确认的竣工结算报告,承包人向发包人申请支付工程竣工结算款。发包人应在收到申请后十五天内支付结算款,到期没有支付的应承担违约责任。承包人可以催告发包人支付结算价款,如达成延期支付协议,发包人应按同期银行贷款利率支付拖欠工程价款的利息。如未达成延期支付协议,承包人可以与发包人协商将该工程折价,或申请人民法院将该工程依法拍卖,承包人就该工程折价或者拍卖的价款优先受偿。

7. 工程价款结算争议处理

《建设工程价款结算暂行办法》规定,工程造价咨询机构接受发包人或承包人委托,编审工程竣工结算,应按合同约定和实际履约事项认真办理,出具的竣工结算报告经发、承包双方签字后生效。当事人一方对报告有异议的,可对工程结算中有异议部分,向有关部门申请咨询后协商处理,若不能达成一致的,双方可按合同约定的争议或纠纷解决程序办理。

发包人对工程质量有异议,已竣工验收或已竣工未验收但实际投入使用的工程,其质量争议按该工程保修合同执行;已竣工未验收且未实际投入使用的工程以及停工、停建工程的质量争议,应当就有争议部分的竣工结算暂缓办理,双方可就有争议的工程委托有资质的检测鉴定机构进行检测,根据检测结果确定解决方案,或按工程质量监督机构的处理决定执行,其余部分的竣工结算依照约定办理。

当事人对工程造价发生合同纠纷时,可通过下列办法解决:①双方协商确定;②按合同条款约定的办法提请调解;③向有关仲裁机构申请仲裁或向人民法院起诉。

最高人民法院《关于审理建设工程施工合同纠纷案件适用法律问题的解释(一)》(法释〔2020〕25号)规定,当事人对建设工程的计价标准或者计价方法有约定的,按照约定结算工程价款。因设计变更导致建设工程的工程量或质量标准发生变化,当事人对该部分工程价款不能协商一致的,可以参照签订建设工程施工合同时当地建设行政主管部门发布的计价方法或者计价标准结算工程价款。

8. 工程价款结算管理

《建设工程价款结算暂行办法》规定,工程竣工后,发、承包双方应及时办清工程竣工结算。否则,工程不得交付使用,有关部门不予办理权属登记。

(二)竣工工程质量争议的处理

《建筑法》规定,建筑工程竣工时,屋顶、墙面不得留有渗漏、开裂等质量缺陷;对已发现的质量缺陷,建筑施工企业应当修复。《建设工程质量管理条例》规定,施工单位对施工中出现质量问题的建设工程或者竣工验收不合格的建设工程,应当负责返修。

据此,建设工程竣工时发现的质量问题或者质量缺陷,无论是建设单位的责任还是施工单位的责任,施工单位都有义务进行修复或返修。但是,对于非施工单位原因出现的质量问题或质量缺陷,其返修的费用和造成的损失是应由责任方承担的。

1. 承包方责任的处理

《民法典》规定,因施工人的原因致使建设工程质量不符合约定的,发包人有权请求施工人在合理期限内无偿修理或者返工、改建。

如果承包人拒绝修理、返工或改建的,最高人民法院《关于审理建设工程施工合同纠纷案件适用法律问题的解释(一)》规定,因承包人的原因造成建设工程质量不符合约定,承包人拒绝修理、返工或者改建,发包人请求减少支付工程价款的,人民法院应予支持。

2. 发包方责任的处理

《建筑法》规定,建设单位不得以任何理由,要求建筑设计单位或者建筑施工企业在工程设计或者施工作业中,违反法律、行政法规和建筑工程质量、安全标准,降低工程质量。

最高人民法院《关于审理建设工程施工合同纠纷案件适用法律问题的解释(一)》规定,发包人具有下列情形之一,造成建设工程质量缺陷,应当承担过错责任:①提供的设计有缺陷;②提供或者指定购买的建筑材料、建筑构配件、设备不符合强制性标准;③直接指定分包人分包专业工程。

3. 未经竣工验收擅自使用的处理

《民法典》《建筑法》及《建设工程质量管理条例》均规定,建设工程竣工经验收合格后,方可交付使用;未经验收或验收不合格的,不得交付使用。

一些建设单位出于各种原因,往往未经验收就擅自提前占有使用建设工程。为此,最高人民法院《关于审理建设工程施工合同纠纷案件适用法律问题的解释(一)》规定,建设工程未经竣工验收,发包人擅自使用后,又以使用部分质量不符合约定为由主张权利的,人民法院不予支持;但是承包人应当在建设工程的合理使用寿命内对地基基础工程和主体结构质量承担民事责任。

▶五、竣工验收报告备案的规定

《建设工程质量管理条例》规定,建设单位应当自建设工程竣工验收合格之日起十五日内,将建设工程竣工验收报告和规划、公安消防、环保等部门出具的认可文件或者准许使用文件报建设行政主管部门或者其他有关部门备案。建设行政主管部门或者其他有关部门发现建设单位在竣工验收过程中有违反国家有关建设工程质量管理规定行为的,责令停止使用,重新组织竣工验收。

(一)竣工验收备案须提交的文件

竣工验收备案须提供以下文件:①工程竣工验收备案表。②工程竣工验收报告。竣工验收报告应当包括工程报建日期,施工许可证号,施工图设计文件审查意见,勘察、设计、施工、工程监理等单位分别签署的质量合格文件及验收人员签署的竣工验收原始文件,市政基础设施的有关质量检测和功能性试验资料以及备案机关认为需要提供的有关资料。③法律、行政法规规定应当由规划等部门出具的认可文件或者准许使用文件。④施工单位签署的工程质量保修书。⑤法规、规章规定必须提供的其他文件。住宅工程还应当提交《住宅质量保证书》和《住宅使用说明书》。

(二)竣工验收备案文件的签收和处理

《房屋建筑和市政基础设施工程竣工验收备案管理办法》规定,备案机关收到建设单位报送的竣工验收备案文件,验证文件齐全后,应当在工程竣工验收备案表上签署文件收讫。工程竣工验收备案表一式两份,其中一份由建设单位保存,一份留备案机关存档。

工程质量监督机构应当在工程竣工验收之日起五日内,向备案机关提交工程质量监督报告。备案机关发现建设单位在竣工验收过程中有违反国家有关建设工程质量管理规定行为的,应当在收讫竣工验收备案文件十五日内,责令停止使用,重新组织竣工验收。

(三)竣工验收备案违反规定的处罚

《房屋建筑和市政基础设施工程竣工验收备案管理办法》规定,建设单位在工程竣工验收合格之日起十五日内未办理工程竣工验收备案的,备案机关责令限期改正,处二十万元以上五十万元以下罚款。

建设单位将备案机关决定重新组织竣工验收的工程,在重新组织竣工验收前,擅自使用的,备案机关责令停止使用,处工程合同价款2%以上4%以下罚款。

备案机关决定重新组织竣工验收并责令停止使用的工程,建设单位在备案之前已投入使用或者建设单位擅自继续使用造成使用人损失的,由建设单位依法承担赔偿责任。

模块5　建设工程质量保修制度

《建筑法》《建设工程质量管理条例》均规定，建设工程实行质量保修制度。

建设工程质量保修制度，是指建设工程竣工经验收后，在规定的保修期限内，因勘察、设计、施工、材料等原因造成的质量缺陷，应当由施工承包单位负责维修、返工或更换，由责任单位负责赔偿损失的法律制度。

一、质量保修书和最低保修期限的规定

(一)建设工程质量保修书

《建设工程质量管理条例》规定，建设工程承包单位在向建设单位提交工程竣工验收报告时，应当向建设单位出具质量保修书。质量保修书中应当明确建设工程的保修范围、保修期限和保修责任等。

《建筑法》规定，建筑工程的保修范围应当包括地基基础工程、主体结构工程、屋面防水工程和其他土建工程，以及电气管线、上下水管线的安装工程，供热、供冷系统工程等项目。

(二)建设工程质量的最低保修期限

《建设工程质量管理条例》规定，在正常使用条件下，建设工程的最低保修期限：①基础设施工程、房屋建筑的地基基础工程和主体结构工程，为设计文件规定的该工程的合理使用年限；②屋面防水工程、有防水要求的卫生间、房间和外墙面的防渗漏，为五年；③供热与供冷系统，为两个采暖期、供冷期；④电气管线、给排水管道、设备安装和装修工程，为二年。其他项目的保修期限由发包方与承包方约定。

1.地基基础工程和主体结构的保修期

基础设施工程、房屋建筑的地基基础工程和主体结构工程的质量，直接关系到基础设施工程和房屋建筑的整体安全可靠，必须在该工程的合理使用年限内予以保修，即实行终身负责制。因此，工程合理使用年限就是该工程勘察、设计、施工等单位的质量责任年限。

2.屋面防水工程、供热与供冷系统等的最低保修期

在《建设工程质量管理条例》中，对屋面防水工程、供热与供冷系统、电气管线、给排水管道、设备安装和装修工程等的最低保修期限分别作出了规定。

3.建设工程超过合理使用年限后需要继续使用的规定

《建设工程质量管理条例》规定，建设工程在超过合理使用年限后需要继续使用的，产权所有人应当委托具有相应资质等级的勘察、设计单位鉴定，并根据鉴定结果采取加固、维修等措施，重新界定使用期。

二、质量责任的损失赔偿

《建设工程质量管理条例》规定，建设工程在保修范围和保修期限内发生质量问题的，施工单位应当履行保修义务，并对造成的损失承担赔偿责任。

(一)保修义务的责任落实与损失赔偿责任的承担

保修人与建筑物所有人或者发包人对建筑物毁损均有过错的,各自承担相应的责任。

(二)建设工程质量保证金

国务院办公厅《关于清理规范工程建设领域保证金的通知》(国办发〔2016〕49号)规定,对建筑业企业在工程建设中需缴纳的保证金,除依法依规设立的投标保证金、履约保证金、工程质量保证金、农民工工资保证金外,其他保证金一律取消;严禁新设保证金项目;转变保证金缴纳方式,推行银行保函制度;未按规定或合同约定返还保证金的,保证金收取方应向建筑业企业支付逾期返还违约金;在工程项目竣工前,已经缴纳履约保证金的,建设单位不得同时预留工程质量保证金。

住房和城乡建设部、财政部《建设工程质量保证金管理办法》(建质〔2017〕138号)规定,建设工程质量保证金(以下简称保证金)是指发包人与承包人在建设工程承包合同中约定,从应付的工程款中预留,用以保证承包人在缺陷责任期内对建设工程出现的缺陷进行维修的资金。

1. 缺陷责任期的确定

缺陷是指建设工程质量不符合工程建设强制性标准、设计文件,以及承包合同的约定。缺陷责任期一般为一年,最长不超过二年,由发、承包双方在合同中约定。

缺陷责任期从工程通过竣工验收之日起计。由于承包人原因导致工程无法按规定期限进行竣工验收的,缺陷责任期从实际通过竣工验收之日起计。由于发包人原因导致工程无法按规定期限进行竣工验收的,在承包人提交竣工验收报告九十天后,工程自动进入缺陷责任期。

2. 质量保证金的预留与使用管理

发包人应按照合同约定方式预留保证金,保证金总预留比例不得高于工程价款结算总额的3%。合同约定由承包人以银行保函替代预留保证金的,保函金额不得高于工程价款结算总额的3%。推行银行保函制度,承包人可以银行保函替代预留保证金。

缺陷责任期内,由承包人原因造成的缺陷,承包人应负责维修,并承担鉴定及维修费用。如承包人不维修也不承担费用,发包人可按合同约定从保证金或银行保函中扣除。费用超出保证金额的,发包人可按合同约定向承包人进行索赔。承包人维修并承担相应费用后,不免除对工程的损失赔偿责任。由他人原因造成的缺陷,发包人负责组织维修,承包人不承担费用,且发包人不得从保证金中扣除费用。

3. 质量保证金的返还

缺陷责任期内,承包人认真履行合同约定的责任,到期后,承包人向发包人申请返还保证金。

发包人在接到承包人返还保证金申请后,应于十四天内会同承包人按照合同约定的内容进行核实。如无异议,发包人应当按照约定将保证金返还给承包人。对返还期限没有约定或者约定不明确的,发包人应当在核实后十四天内将保证金返还承包人,逾期未返还的,依法承担违约责任。发包人在接到承包人返还保证金申请后十四天内不予答复,经催告后十四天内仍不予答复,视同认可承包人的返还保证金申请。

发包人和承包人对保证金预留、返还以及工程维修质量、费用有争议的,按承包合同约定的争议和纠纷解决程序处理。建设工程实行工程总承包的,总承包单位与分包单位有关保证金的权利与义务的约定,参照本办法关于发包人与承包人相应权利与义务的约定执行。

有下列情形之一,承包人请求发包人返还工程质量保证金的,人民法院应予支持:①当事人约定的工程质量保证金返还期限届满。②当事人未约定工程质量保证金返还期限的,自建设工程通过竣工验收之日起满两年。③因发包人原因建设工程未按约定期限进行竣工验收的,自承包人提交工程竣工验收报告九十日后当事人约定的工程质量保证金返还期限届满;当事人未约定工程质量保证金返还期限的,自承包人提交工程竣工验收报告九十日后起满两年。

发包人返还工程质量保证金后,不影响承包人根据合同约定或者法律规定履行工程保修义务。

➢ 三、违法行为应承担的法律责任

建设工程质量保修违法行为应承担的主要法律责任有如下几条。

《建筑法》规定,建筑施工企业违反本法规定,不履行保修义务的责令改正,可以处以罚款,并对在保修期内因屋顶、墙面渗漏、开裂等质量缺陷造成的损失,承担赔偿责任。

《建设工程质量管理条例》规定,施工单位不履行保修义务或者拖延履行保修义务的责令改正,处十万元以上二十万元以下的罚款,并对在保修期内因质量缺陷造成的损失承担赔偿责任。

习题巩固

➤ 一、单选题

(1)关于工程建设强制性标准的说法,正确的是( )。

A.工程建设强制性标准都是关于工程质量的强制性条文

B.工程建设中拟采用的新技术、新工艺、新材料,可不受强制性标准的限制

C.工程建设标准批准部门应当对工程项目执行强制性标准情况进行监督检查

D.工程建设中采用国际标准或者国外标准,可不受强制性标准的限制

(2)关于建设工程见证取样的说法,正确的是( )。

A.试样的真实性只能由取样人员负责

B.用于承重墙体的砌筑砂浆实验块必须实施见证取样和送检

C.见证人员应由施工企业中具备施工试验知识的专业技术人员担任

D.取样人员应在试样或其包装上作出标识、封志,并由其签字后即可

(3)根据《房屋建筑工程和市政基础设施工程实行见证取样和送检的规定》,必须实施见证取样和送检的试块、试件或材料,不包括( )。

A.用于非承重结构的钢筋连接接头试件

B.地下使用的防水材料

C.用于砌筑砂浆的水泥

D.用于承重结构的混凝土中使用的掺加剂

(4)关于总分包单位的质量责任的说法,正确的是( )。

A.分包工程质量由分包单位自行向建设单位负责

B.分包单位应当接受总承包单位的质量管理

C.总承包单位与分包单位对分包工程的质量各自向建设单位承担相应的责任

D.分包工程发生质量问题,建设单位只能向总承包单位请求赔偿

(5)根据《房屋建筑工程和市政基础设施工程实行见证取样和送检的规定》,涉及结构安全的试块、试件和材料见证取样和送检的最低比例是有关技术标准中规定应取样数量的( )。

A.20%

B.30%

C.25%

D.40%

(6)施工企业在施工过程中发现设计文件和图纸有差错的,应当( )。

A.及时提出意见和建议

B.继续按照设计文件和图纸进行施工

C.由施工企业技术负责人按照技术标准修改设计文件和图纸

D. 按照通常做法施工

(7)关于建设工程返修的说法,正确的是( )。

A. 对施工中出现质量问题的建设工程,无论是否属于施工企业原因造成的,施工企业都应当负责返修

B. 建设工程返修的标的物仅是已完工工程

C. 对竣工验收不合格的建设工程,若非施工企业原因造成的质量问题,施工企业不负责返修

D. 对竣工验收不合格的建设工程,若是施工企业原因造成的,由施工企业负责有偿返修

(8)施工合同履行中,关于设计缺陷造成的工程质量问题的说法,正确的是( )。

A. 设计单位应当负责返修,费用由设计单位承担

B. 施工企业应当负责返修,费用由施工企业支付

C. 施工企业应当负责返修,费用由建设单位先行承担

D. 建设单位应当负责返修,费用由设计单位承担

(9)关于建设工程总分包单位的质量责任说法正确的是( )。

A. 总承包单位应当对分包工程的质量与分包单位向建设单位承担连带责任

B. 分包工程出现质量问题,建设单位仅能要求分包单位承担责任

C. 经建设单位同意分包的工程,总承包单位对分包工程的质量可以不承担责任

D. 总承包单位与分包单位对分包工程的质量各自向建设单位承担相应责任

(10)根据《建设工程质量管理条例》,组织建设工程竣工验收的主体是( )。

A. 施工企业

B. 建设单位

C. 建设行政主管部门

D. 建设工程质量监督机构

(11)根据《建设工程价款结算暂行办法》,实行总承包政府投资单项工程项目,其竣工总结算的审查人是( )。

A. 同级财政部门

B. 发包人

C. 总承包人

D. 同级审计部门

(12)关于建设工程竣工验收备案的说法,正确的是( )。

A. 施工企业自竣工验收合格之日起十五日内办理备案

B. 竣工验收备案必须提交监理单位出具的工程正式验收合格证明文件

C. 工程竣工验收完成后,建设单位应向备案机关提交工程质量监督报告

D. 工程竣工验收备案表一式两份,其中一份由建设单位保存,一份留备案机关存档

(13)关于工程质量争议处理的说法,正确的是( )。

A. 建设单位直接指定分包人分包相专业工程的,应当承担无过错责任

B. 施工企业对施工中出现的施工质量问题应当负责返修

C. 建设工程未经竣工验收,建设单位擅自使用后,以部分质量不符合约定为由主张权利的,应予支持

D. 建设工程竣工时发现的质量缺陷是建设单位的责任,企业不承担返修义务

(14)某基础设施工程未经竣工验收,建设单位擅自提前使用,两年后发现该工程出现质量问题。关于该工程质量责任的说法,正确的是(　　)。

A. 设计文件中该工程的合理使用年限内,施工企业应当承担质量责任

B. 超过两年保修期后,施工企业不承担保修责任

C. 由于建设单位提前使用,施工企业不需要承担质量责任

D. 施工企业是否承担质量责任,取决于建设单位是否已经全额支付工程款

(15)关于质量保证责任的说法,正确的有(　　)。

A. 因建设单位错误管理造成的质量缺陷,由施工企业负责维修和承担费用

B. 质量保修有保修期限和保修范围的双重约束

C. 因地震、台风、洪水等原因造成的永久工程损坏,由施工企业负责维修,其费用由建设单位承担

D. 建设工程质量保证金是从建设单位应付的工程款中预留的资金

E. 缺陷责任期内预留质量保证金的,施工企业履行合同约定的责任,到期后施工企业可以向建设单位申请返还质量保证金

➤ 二、多选题

(1)根据《建设工程质量保证金管理办法》,关于缺陷责任期确定的说法,正确的有(　　)。

A. 缺陷责任期一般为一年,最长不超过两年

B. 缺陷责任期的期限由法律直接规定

C. 缺陷责任期从工程通过竣工验收之日起计

D. 由于承包人原因导致工程无法按规定期限进行竣工验收的,缺陷责任期从实际通过竣工验收之日起计

E. 由于发包人原因导致工程无法按规定期限进行竣工验收的,在承包人提交竣工验收报告九十天后,工程自动进入缺陷责任期

(2)根据《建设工程质量管理条例》,关于建设工程质量保修期的说法,正确的有(　　)。

A. 质量保修期的起始日是竣工验收合格之日

B. 对于电气管线工程,建设单位与施工企业经平等协商可以约定五年的质量保修期

C. 建设工程在超过合理使用年限后一律不得继续使用

D. 建设单位与施工企业就景观绿化工程可以约定一年的质量保修期

E. 质量保修期内,施工企业对工程的一切质量缺陷承担责任

(3)根据《建设工程质量管理条例》,属于建设工程竣工验收应当具备的条件有(　　)。

A. 有完整的技术档案和施工管理资料

B. 有勘察、设计、施工等单位分别签署的质量合格文件

C. 完成建设工程设计和合同约定的主要内容

D. 有施工企业签署的工程保修书

E. 有工程使用的全部建筑材料、建筑构配件和设备的进场实验报告

(4)在正常使用条件下,关于建设工程各保修项目法定最低保修期限的说法,正确的(　　)。

A. 屋面防水工程为五年

B. 给排水管道为两年

C. 供热与供冷系统为两个采暖期、供冷期

D. 设备安装和装修工程为五年

E. 基础设施工程为设计文件规定的该工程的合理使用年限

(5)关于建设工程保修义务和损失赔偿责任的说法,正确的是(　　)。

A. 施工企业未按照设计要求施工造成的质量缺陷,由施工企业负责返修并承担赔偿责任

B. 因设计问题造成的质量缺陷,施工企业先负责维修,其赔偿责任由施工企业向设计单位索赔

C. 因建筑材料质量不合格引起的质量缺陷,如属施工企业采购的,由施工企业负责维修并承担赔偿责任

D. 因监理单位错误管理造成的质量缺陷,先由施工企业负责维修,其赔偿责任由施工企业向监理单位索赔

E. 因使用单位使用不当造成的损坏问题,先由施工企业负责维修,其损失由使用单位自行承担

项目小结

项目九 解决建设工程纠纷的法律制度

➤ 一、项目目标

素质目标

(1)能够理性对待各种纠纷,能在遵纪守法的前提下维护各方利益。
(2)搞工程非常注重诚信,需要明白"人无信不立,业无信不兴"的道理。

知识目标

(1)了解建设工程纠纷的种类与处理方式。
(2)掌握仲裁机构、仲裁协议的法律规定。
(3)掌握民事诉讼中案件管辖原则。
(4)掌握行政复议和行政诉讼的主要法律规定。
(5)熟悉仲裁、民事诉讼、行政复议和行政诉讼的程序。

能力目标

(1)熟悉建筑工程中存在的纠纷和基本的处理方式,能进行仲裁、民事诉讼程序的应用。
(2)能掌握行政复议和行政诉讼的具体应用。

➤ 二、项目知识点

(1)建设工程纠纷的主要种类和法律解决途径。
(2)民事诉讼制度。
(3)仲裁制度。
(4)调解与和解制度。
(5)行政强制、行政复议和行政诉讼制度。

模块1　建设工程纠纷的主要种类和法律解决途径

法律纠纷是指公民、法人以及其他组织之间因人身、财产或其他法律关系所发生的对抗冲突（或者争议），主要包括民事纠纷、行政纠纷、刑事附带民事纠纷。其中，民事纠纷是平等主体的自然人、法人和非法人组织之间的有关人身权、财产权的纠纷；行政纠纷是行政机关之间或行政机关同公民、法人和其他组织之间由于行政行为（包括行政协议）而产生的纠纷；刑事附带民事纠纷是因犯罪而产生的有关人身权、财产权纠纷。

➤一、建设工程纠纷的主要种类

建设工程项目通常具有投资规模大、建造周期长、技术要求高、合同关系复杂和政府监管严格等特点，因而在建设工程领域里常见的是民事纠纷和行政纠纷。

（一）建设工程民事纠纷

建设工程民事纠纷，是在建设工程活动中平等主体之间发生的以民事权利义务法律关系为内容的争议。民事纠纷主要是因为违反了民事法律规范或者合同约定而引起的。民事纠纷可分为两大类：一类是财产关系方面的民事纠纷，如合同纠纷、损害赔偿纠纷等；另一类是人身关系方面的民事纠纷，如名誉权纠纷、继承权纠纷等。

民事纠纷有三个特点：第一，民事纠纷主体之间的法律地位平等；第二，民事纠纷的内容是对民事权利义务的争议；第三，民事纠纷的可处分性（针对有关财产关系的民事纠纷具有可处分性，而有关人身关系的民事纠纷多具有不可处分性）。在建设工程领域，较为普遍和重要的民事纠纷主要是合同纠纷、侵权纠纷。

合同纠纷是指因合同的生效、解释、履行、变更、终止等行为而引起的合同当事人之间的所有争议。合同纠纷的内容，主要表现在争议主体对于导致民事法律关系设立、变更与终止的法律事实以及法律关系的内容有着不同的观点与看法。合同纠纷的范围涵盖一项合同从成立到终止的整个过程。建设工程合同纠纷主要有工程咨询合同纠纷、工程总承包合同纠纷、工程勘察合同纠纷、工程设计合同纠纷、工程施工合同纠纷、工程监理合同纠纷、工程分包合同纠纷、材料设备采购合同纠纷等。

侵权纠纷是指因侵害民事权益产生的纠纷。建设工程领域常见的侵权纠纷，如施工中造成对他人财产或者人身损害而产生的侵权纠纷，未经许可使用他人的专利、工法等造成的知识产权侵权纠纷等。

发包人和承包人就有关工期、质量、造价等产生的建设工程合同争议，是建设工程领域最常见的民事纠纷。

（二）建设工程行政纠纷

建设工程行政纠纷，是在建设工程活动中行政机关之间或行政机关同公民、法人和其他组织之间由于行政行为而引起的纠纷。在行政法律关系中，一方面行政机关对公民、法人和其他组织行使行政管理职权，应当依法行政；另一方面公民、法人和其他组织也应当依法约束自己的行为,做到自觉守法。此外,行政机关为了实现行政管理或者公共服务目标,与公民、法人或者其他组织协商订立的具有行政法上权利义务内容的协议,既具有行政管理活动"行政性"的一般属性,也具有"协议性"的特别属性。

在建设工程领域,易引发行政纠纷的行政行为主要有如下几种:

(1)行政许可即行政机关根据公民、法人或者其他组织的申请,经依法审查,准予其从事特定活动的行政管理行为,如施工许可、专业人员执业资格注册、企业资质等级核准、安全生产许可等。行政许可易引发的行政纠纷通常是行政机关的行政不作为、违反法定程序等。

(2)行政处罚是指行政机关依法对违反行政管理秩序的公民、法人或者其他组织,以减损权益或者增加义务的方式予以惩戒的行为。常见的行政处罚为警告、通报批评;罚款、没收违法所得、没收非法财物;暂扣许可证件、降低资质等级、吊销许可证件;限制开展生产经营活动、责令停产停业、责令关闭、限制从业等。行政处罚易导致的行政纠纷,通常是行政处罚超越职权、滥用职权、违反法定程序、事实认定错误、适用法律错误等。

(3)行政强制,包括行政强制措施和行政强制执行。行政强制措施是指行政机关在行政管理过程中,为制止违法行为、防止证据损毁、避免危害发生、控制危险扩大等情形,依法对公民的人身自由实施暂时性限制,或者对公民、法人或者其他组织的财物实施暂时性控制的行政行为。行政强制执行是指行政机关或者行政机关申请人民法院,对不履行行政决定的公民、法人或者其他组织,依法强制履行义务的行政行为。行政强制易导致的行政纠纷,通常是行政强制超越职权、滥用职权、违反法定程序、事实认定错误、适用法律错误等。

(4)行政裁决,即行政机关或法定授权的组织,依照法律授权,对平等主体之间发生的与行政管理活动密切相关的、特定的民事纠纷(争议)进行审查,并作出裁决的行政行为,如对特定的侵权纠纷、损害赔偿纠纷、权属纠纷、国有资产产权纠纷以及劳动工资、经济补偿纠纷等的裁决。行政裁决易引发的行政纠纷,通常是行政裁决违反法定程序、事实认定错误、适用法律错误等。

➢ 二、民事纠纷的法律解决途径

民事纠纷的法律解决途径主要有四种,即和解、调解、仲裁、诉讼。

(一)和解

和解是民事纠纷的当事人在自愿互谅的基础上,就已经发生的争议进行协商、妥协与让步并达成协议,无须第三方介入,完全自行解决争议的一种方式。

和解可以在民事纠纷的任何阶段进行,无论是否已经进入诉讼或仲裁程序,只要终审裁判未生效或者仲裁裁决未作出,当事人均可自行和解。和解也可与仲裁、诉讼程序相结合:当事人达成和解协议,已提请仲裁的,可以请求仲裁庭根据和解协议作出裁决书或仲裁调解书;已提起诉讼的,可以请求法庭在和解协议基础上制作调解书。仲裁机构作出的仲裁调解书和法院的调解书,具有强制执行的效力。

需要注意的是,当事人自行达成的和解协议不具有强制执行力,在性质上仍属于当事人之间的约定。如果一方当事人不按照和解协议执行,另一方当事人不能直接申请法院强制执行,但可要求对方承担不履行和解协议的违约责任。

(二)调解

调解是指双方当事人以外的第三方应纠纷当事人的请求,以法律、法规、政策或合同约定以及社会公德为依据,居中调停,对纠纷双方进行疏导、劝说,促使其互谅互让,自愿协商达成协议,解决纠纷的一种方式。

在我国,调解的主要方式有人民调解、行政调解、仲裁调解、司法调解、行业调解以及专业机构调解。

(三)仲裁

仲裁是当事人根据在纠纷发生前或发生后达成的协议,自愿将纠纷提交中立第三方作出裁决,纠纷各方都有义务执行该裁决的一种争议解决方式。仲裁与诉讼不同祝诉讼是法院行使国家所赋予的审判权,向法院起诉不需要双方当事人在诉讼前达成协议,只要一方当事人向有审判管辖权的法院起诉,经法院受理后,另一方必须应诉仲裁具有民间性质,其受理案件的管辖权来自当事人的授权。有效的仲裁协议町以排除法院的管辖权;纠纷发生后,一方当事人提起仲裁的,另一方必须仲裁。但是,没有仲裁协议,就不能启动仲裁程序。

劳动争议仲裁和农业集体经济组织内部的农业承包合同纠纷不受《中华人民共和国仲裁法》(本书简称《仲裁法》)的调整。

仲裁具有以下几种基本特点。

1.自愿性

当事人的自愿性是仲裁最突出的特点。仲裁的基石是当事人的意思自治。仲裁以当事人的自愿为前提,即是否将纠纷提交仲裁,向何仲裁机构申请仲裁,仲裁适用的法律和语言,仲裁庭的组成,仲裁员的选择,以及仲裁程序如何进行等,在不违反法律强制性规定和仲裁规则允许的情况下,都是在当事人自愿的基础上,由当事人协商确定。

2.专业性

专家裁案是仲裁的重要特点之一。仲裁往往涉及不同行业的专业知识,如建设工程纠纷的处理不仅涉及与工程建设有关的法律法规,还常常需要运用大量的工程造价、工程质量方面的专业知识以及建筑业自身特有的交易习惯和行业惯例。基于仲裁解决商事纠纷专业性的需要,仲裁员中除法律专家之外,还有大量各行业具有一定专业水平的专家,他们精通专业知识、熟悉行业规则,以确保仲裁结果的专业性。

3.独立性

《仲裁法》规定,仲裁委员会独立于行政机关,与行政机关没有隶属关系。仲裁委员会之间也没有隶属关系。

在仲裁过程中,仲裁庭独立进行仲裁,不受任何行政机关、社会团体和个人的干涉,也不受仲裁机构的干涉,具有独立性。

4.保密性

仲裁以不公开审理为原则。同时,当事人及其代理人、证人、翻译、仲裁员、专家证人和指定的鉴定人、仲裁委员会有关工作人员也要遵守保密义务,不得对外界透露案件实体和程序的有关情况。因此,仲裁可以有效地保护当事人的商业秘密和商业信誉。

5. 快捷性

仲裁实行一裁终局制度,仲裁裁决一经作出即发生法律效力。仲裁裁决不能上诉,这使得当事人之间的纠纷能够迅速得以解决。

6. 执行的强制性和域外执行力

对于生效的仲裁裁决书和调解书,一方不履行的,另外一方当事人有权向人民法院申请强制执行。

(四)诉讼

1. 概念

诉讼是指国家司法机关在当事人及其他诉讼参与人的参加下,依据法定的程序和方式,解决争议的活动。建筑民事纠纷通过诉讼的方式解决,主要是依照《中华人民共和国民事诉讼法》(本书简称《民事诉讼法》)的有关规定来解决经济权利、经济义务的争议。在解决建设工程民事纠纷的各种方式中,诉讼是最正规、最权威和最有效的方式。

2. 民事诉讼的特点

(1)民事诉讼具有公权性。

民事诉讼是以司法方式解决平等主体之间的纠纷,是由法院代表国家行使审判权解决民事争议。它既不同于人民调解委员会以调解方式解决纠纷,也不同于由民间性质的仲裁委员会以仲裁方式解决纠纷。

(2)民事诉讼具有强制性。

强制性是公权力的重要属性。民事诉讼的强制性既表现在案件的受理上,又反映在裁判的执行上。调解、仲裁均建立在当事人自愿的基础上,只要有一方不愿意选择上述方式解决争议,调解、仲裁就无从进行,民事诉讼则不同,只要原告起诉符合民事诉讼法规定的条件,无论被告是否愿意,诉讼均会发生。诉讼外调解协议的履行依赖于当事人的自觉,不具有强制力,法院裁判则不同,当事人不自动履行生效裁判所确定的义务,法院可以依法强制执行。

(3)民事诉讼具有程序性。

民事诉讼是依照法定程序进行的诉讼活动,无论是法院还是当事人和其他诉讼参与人,都需要按照民事诉讼法设定的程序实施诉讼行为,违反诉讼程序常常会引起一定的法律后果,如法院的裁判被上级法院撤销,当事人失去为某种诉讼行为上诉的权利等。诉讼外解决民事纠纷的方式程序性较弱,人民调解没有严格的程序规则,仲裁虽然也需要按预先设定的程序进行,但其程序相当灵活,当事人对程序的选择权也较大。

3. 诉讼管辖

民事诉讼中的管辖,是指各级法院之间和同级法院之间受理第一审民事案件的分工和权限。它是在法院内部具体确定特定的民事案件由哪个法院行使民事审判权的一项制度。

➤三、行政纠纷的法律解决途径

行政纠纷的法律解决途径主要有两种,即行政复议和行政诉讼。

(一)行政复议

行政复议是公民、法人或其他组织认为行政机关的具体行政行为侵犯其合法权益,依法请求法定的行政复议机关审查该具体行政行为的合法性、适当性,该复议机关依照法定程序对该具体行政行为进行审查,并作出行政复议决定的法律制度,这是公民、法人或其他组织解决行政争议的一种行政救济途径。

行政复议具有以下基本特点:①提出行政复议的,必须是认为行政机关的具体行政行为侵犯其合法权益的公民、法人和其他组织;②公民、法人和其他组织提出行政复议,必须是在行政机关已经作出具体行政行为之后,如果行政机关尚未作出具体行政行为,则不存在复议问题;③当事人对行政机关的具体行政行为不服,只能按照法律规定向有行政复议权的行政机关申请复议;④行政复议原则上采用书面审查办法。公民、法人或其他组织对行政复议决定不服的,可以依照《中华人民共和国行政诉讼法》(本书简称《行政诉讼法》)的规定向人民法院提起行政诉讼,但是法律规定行政复议决定为最终裁决的除外。

(二)行政诉讼

行政诉讼是公民、法人或其他组织依法请求法院对行政机关和行政机关工作人员的行政行为侵犯其合法权益进行审查并依法裁判的法律制度。

行政诉讼具有以下主要特点:①行政诉讼是法院解决行政机关实施行政行为时与公民、法人或其他组织发生的争议;②行政诉讼为公民、法人或其他组织提供法律救济的同时,具有监督行政机关依法行政的功能;③行政诉讼的被告与原告是恒定的,即被告只能是行政机关,原告则是作为行政行为相对人的公民、法人或其他组织,原告和被告之间不可能互易诉讼身份。

对行政行为除法律、法规规定必须先申请行政复议的以外,公民、法人或者其他组织可以自主选择申请行政复议还是提起行政诉讼。公民、法人或其他组织对行政复议决定不服的,除法律规定行政复议决定为最终裁决的以外,可以依照《行政诉讼法》的规定向人民法院提起行政诉讼。

模块2　民事诉讼制度

➤一、民事诉讼的法院管辖

民事诉讼中的管辖是指各级法院之间和同级法院之间受理第一审民事案件的分工和权限。

《民事诉讼法》规定的民事案件的管辖,包括级别管辖、地域管辖、移送管辖、指定管辖和管辖权转移。人民法院受理案件后,被告有权针对人民法院对案件是否有管辖权提出管辖权异议,这是当事人的一项诉讼权利。

(一)级别管辖

级别管辖是指按照一定的标准,划分上下级法院之间受理第一审民事案件的分工和权限。我国法院有四级,分别是:基层人民法院、中级人民法院、高级人民法院和最高人民法院,每一级均受理一审民事案件。

(二)地域管辖

地域管辖就是按照各人民法院的辖区范围和民事案件的隶属关系,划分同级人民法院之间审判第一审民事案件的权限。级别管辖则是确定民事案件由哪一级人民法院管辖。也就是说,级别管辖是确定纵向的审判分工,地域管辖是确定横向的审判分工,地域管辖主要包括如下几种情况。

1. 一般地域管辖

一般地域管辖,是以当事人与法院的隶属关系来确定诉讼管辖,通常实行"原告就被告"原则,即以被告住所地作为确定管辖的标准。

(1)对公民提起的民事诉讼,由被告住所地人民法院管辖;被告住所地与经常居住地不一致的,由经常居住地人民法院管辖。其中,公民的住所地是指该公民的户籍所在地。经常居住地是指公民离开住所至起诉时已连续居住满一年的地方,但公民住院就医的地方除外。

(2)对法人或者其他组织提起的民事诉讼,由被告住所地人民法院管辖。被告住所地民事诉讼制度是指法人或者其他组织的主要办事机构所在地;主要办事机构所在地不能确定的,其注册地或者登记地为住所地。

(3)同一诉讼的几个被告住所地、经常居住地在两个以上人民法院辖区的,原告可以向任何一个被告住所地或经常居住地人民法院起诉。

2. 特殊地域管辖

特殊地域管辖是指以诉讼标的所在地或引起民事法律关系发生、变更、消灭的法律事实所在地为标准确定的管辖。我国《民事诉讼法》规定了11种特殊地域管辖,其中与工程建设领域关系最为密切的是因合同纠纷提起诉讼的管辖。

2020年12月最高人民法院修改后公布的《关于适用〈中华人民共和国民事诉讼法〉的解释》(法释〔2015〕5号)规定,合同约定履行地点的,以约定的履行地点为合同履行地。合同对履行地点没有约定或者约定不明确,争议标的为给付货币的,接收货币一方所在地为合同履行地;交付不动产的,不动产所在地为合同履行地;其他标的,履行义务一方所在地为合同履行地。即时结清的合同,交易行为地为合同履行地。合同没有实际履行,当事人双方住所地都不在合同约定的履行地的,由被告住所地人民法院管辖。

3. 专属管辖

专属管辖,是指法律规定某些特殊类型的案件专门由特定的法院管辖。专属管辖是排他性管辖,排除了诉讼当事人协议选择管辖法院的权利。专属管辖与一般地域管辖和特殊地域管辖的关系是:凡法律规定为专属管辖的诉讼,均适用专属管辖。

《民事诉讼法》中规定了3种适用专属管辖的案件,其中因不动产纠纷提起的诉讼,由不动产所在地人民法院管辖,如房屋买卖纠纷、土地使用权转让纠纷等。最高人民法院《关于适用〈中华人民共和国民事诉讼法〉的解释》中规定,建设工程施工合同纠纷按照不动产纠纷确定管辖。不动产已登记的,以不动产登记簿记载的所在地为不动产所在地;不动产未登记的,以不动产实际所在地为不动产所在地。

4. 协议管辖

发生合同纠纷或者其他财产权益纠纷的,《民事诉讼法》还规定了协议管辖制度。所谓协议管辖,是指合同当事人在纠纷发生前后,在法律允许的范围内,以书面形式约定案件的管辖法院。协议管辖适用于合同纠纷或者其他财产权益纠纷,其他财产权益纠纷包括因物权、知识产权中的财产权而产生的民事纠纷管辖。

二、民事诉讼的当事人和代理人

(一)当事人

民事诉讼中的当事人,是指因民事权利和义务发生争议,以自己的名义进行诉讼,请求人民法院进行裁判的公民、法人或其他组织。狭义的民事诉讼当事人包括原告和被告。广义的民事诉讼当事人包括原告、被告、共同诉讼人和第三人。外国人、无国籍人、外国企业和组织在人民法院起诉、应诉,同中华人民共和国公民、法人和其他组织有同等的诉讼权利义务。

外国法院对中华人民共和国公民、法人和其他组织的民事诉讼权利加以限制的,中华人民共和国人民法院对该国公民、企业和组织的民事诉讼权利,实行对等原则。

1. 原告和被告

原告是指维护自己的权益或自己所管理的他人权益,以自己名义起诉,从而引起民事诉讼程序的当事人。被告是指原告诉称侵犯原告民事权益而由法院通知其应诉的当事人。

《民事诉讼法》规定,公民、法人和其他组织可以作为民事诉讼的当事人。法人由其法定代表人进行诉讼,其他组织由其主要负责人进行诉讼。

2. 共同诉讼人

共同诉讼人是指当事人一方或双方为二人以上(含二人),其诉讼标的是共同的,或者诉讼标的是同一种类、人民法院认为可以合并审理并经当事人同意,共同在人民法院进行诉讼的人。

3. 第三人

第三人是指对他人争议的诉讼标的有独立的请求权,或者虽无独立的请求权,但案件的处理结果与其有法律上的利害关系,而参加到原告、被告已经开始的诉讼中进行诉讼的人。

《民事诉讼法》规定,对当事人双方的诉讼标的,第三人认为有独立请求权的,有权提起诉讼。对当事人双方的诉讼标的,第三人虽然没有独立请求权,但案件处理结果同他有法律上的利害关系的,可以申请参加诉讼,或者由人民法院通知他参加诉讼。人民法院判决承担民事责任的第三人,有当事人的诉讼权利和义务。

以上规定的第三人,因不能归责于本人的事由未参加诉讼,但有证据证明发生法律效力的判决、裁定、调解书的部分或者全部内容错误,损害其民事权益的,可以自知道或者应当知道其民事权益受到损害之日起六个月内,向作出该判决、裁定、调解书的人民法院提起诉讼。人民法院经审理,诉讼请求成立的,应当改变或者撤销原判决、裁定、调解书;诉讼请求不成立的,驳回诉讼请求。

(二)诉讼代理人

诉讼代理人,是指根据法律规定或当事人的委托,代理当事人进行民事诉讼活动的人。民事法律行为代理分为法定代理、委托代理和指定代理。与此相对应,民事诉讼代理人也可分为法定诉讼代理人、委托诉讼代理人和指定诉讼代理人。在建设工程领域的民事诉讼代理中,最常见的是委托诉讼代理人。

当事人、法定代理人可以委托1~2人作为其诉讼代理人。《民事诉讼法》规定,下列人员可以被委托为诉讼代理人:①律师、基层法律服务工作者;②当事人的近亲属或工作人员;③当事人所在社区、单位以及有关社会团体推荐的公民。

委托他人代为诉讼的,须向人民法院提交由委托人签名或盖章的授权委托书,授权委托书必须记明委托事项和权限。《民事诉讼法》规定,诉讼代理人代为承认、放弃、变更诉讼请求,进行和解、提起反诉或者上诉,必须有委托人的特别授权。针对实践中经常出现的授权委托书仅写"全权代理"而无具体授权的情形,最高人民法院还特别规定,在这种情况下不能认定为诉讼代理人已获得特别授权,即诉讼代理人无权代为承认、放弃、变更诉讼请求,进行和解、提起反诉或者上诉。

▶三、民事诉讼的证据和诉讼时效

(一)民事诉讼证据

证据是指在诉讼中能够证明案件真实情况的各种资料。当事人要证明自己提出的主张,需要向法院提供相应的证据。

掌握证据的种类与举证要求才能正确收集证据;掌握证据的调查收集和保全才能不使对自己有利的证据灭失;掌握证据的应用才能真正发挥证据的作用。

根据《民事诉讼法》规定,证据包括当事人的陈述、书证、物证、视听资料、电子数据、证人证言、鉴定意见、勘验笔录。证据必须查证属实,才能作为认定事实的根据。

(1)当事人的陈述:当事人在诉讼或仲裁中,就本案的事实向法院或仲裁机构所作的陈述。《民事诉讼法》规定,人民法院对当事人的陈述,应当结合本案的其他证据,审查确定能否作为认定事实的根据。

(2)书证:以文字、符号所记录或表示的,以证明待证事实的文书,如合同、书信、文件、票据等。书证是民事诉讼和仲裁中普遍并大量应用的一种证据。

(3)物证:用物品的外形、特征、质量等说明待证事实的一部分或全部的物品。在工程实践中,建筑材料、设备以及工程质量等,往往表现为物证这种形式。

在民事诉讼和仲裁过程中,应当遵循"优先提供原件或者原物"原则。《民事诉讼法》规定,书证应当提交原件。物证应当提交原物。

(4)视听资料:录音资料和影像资料等。录音和影像资料是指利用录音、录像等方法记录下来的有关案件事实的材料,如用录音机录制的当事人的谈话、用摄像机拍摄的人物形象及其活动等。

最高人民法院《关于民事诉讼证据的若干规定》中规定,当事人以视听资料作为证据的,应当提供存储该视听资料的原始载体。

(5)电子数据:与案件事实有关的网页、博客、微博客等网络平台发布的信息;手机短信、电子邮件、即时通信、通讯群组等网络应用服务的通信信息;用户注册信息、身份认证信息、电子交易记录、通信记录、登录日志等信息,文档、图片、音频、视频、数字证书、计算机程序等电子文件;其他以数字化形式存储、处理、传输的能够证明案件事实的信息。

(6)证人证言:证人以口头或者书面方式向人民法院所作的对案件事实的陈述。证人所作的陈述,既可以是亲自听到、看到的,也可以是从其他人、其他地方间接得知的。

《民事诉讼法》规定,凡是知道案件情况的单位和个人,都有义务出庭作证。有关单位的负责人应当支持证人作证。

(7)鉴定意见:具备相应资格的鉴定人对民事案件中出现的专门性问题,通过鉴别和判断后作出的书面意见。在建设工程领域,较常见的如工程质量鉴定、技术鉴定、工程造价鉴定、伤残鉴定、笔迹鉴定等。由于鉴定意见是运用专业知识所作出的鉴别和判断,所以,具有科学性和较强的证明力。

(8)勘验笔录:人民法院为了查明案件的事实,指派勘验人员对与案件争议有关的现场、物品或物体进行查验、拍照、测量,并将查验的情况与结果制成的笔录。

(二)民事诉讼时效

1. 诉讼时效的概念

诉讼时效是指权利人在法定期间内不行使权利,诉讼时效期间届满后,义务人可以提出不履行义务抗辩的法律制度。

超过诉讼时效期间,在法律上发生的效力是权利人的胜诉权消灭。超过诉讼时效期间权利人起诉,如果符合《民事诉讼法》规定的起诉条件,法院仍然应当受理。如果法院经受理后查明无中止、中断、延长事由的,判决驳回诉讼请求。但是,《民法典》规定,人民法院不得主动适用诉讼时效的规定。当事人对诉讼时效利益的预先放弃无效。诉讼时效期间届满后,义务人同意履行的,不得以诉讼时效期间届满为由抗辩;义务人已经自愿履行的,不得请求返还。

2. 不适用于诉讼时效的情形

当事人可以对债权请求权提出诉讼时效抗辩,但对下列债权请求权提出诉讼时效抗辩的,法院不予支持：①支付存款本金及利息请求权；②兑付国债、金融债券以及向不特定对象发行的企业债券本息请求权；③基于投资关系产生的缴付出资请求权；④其他依法不适用诉讼时效规定的债权请求权。

3. 诉讼时效期间的种类

根据我国《民法典》及有关法律的规定，诉讼时效期间通常可划分为以下几类。

(1) 普通诉讼时效，即向人民法院请求保护民事权利的期间。普通诉讼时效期间通常为三年。

(2) 特殊诉讼时效。因国际货物买卖合同和技术进出口合同争议的时效期间为四年；1992年11月颁布的《海商法》规定，就海上货物运输向承运人要求赔偿的请求权，时效期间为一年。

(3) 权利的最长保护期限。诉讼时效期间自权利人知道或应当知道权利受到损害以及义务人之日起计算。但是，从权利被侵害之日起超过二十年的，法院不予保护；有特殊情况的，人民法院可以根据权利人的申请决定延长。

4. 诉讼时效期间的起算

《民法典》规定，诉讼时效期间自权利人知道或者应当知道权利受到损害以及义务人之日起计算。

当事人约定同一债务分期履行的，诉讼时效期间自最后一期履行期限届满之日起计算。

5. 诉讼时效中止和中断

(1) 诉讼时效中止。

《民法典》规定，在诉讼时效期间的最后六个月内，因下列障碍，不能行使请求权的，诉讼时效中止：①不可抗力；②无民事行为能力人或者限制民事行为能力人没有法定代理人，或者法定代理人死亡、丧失民事行为能力、丧失代理权；③继承开始后未确定继承人或者遗产管理人；④权利人被义务人或者其他人控制；⑤其他导致权利人不能行使请求权的障碍。自中止时效的原因消除之日起满六个月，诉讼时效期间届满。

根据上述规定，诉讼时效中止，应当同时满足两个条件：①权利人由于不可抗力或者其他障碍，不能行使请求权；②导致权利人不能行使请求权的事由发生在诉讼时效期间的最后六个月内。

诉讼时效中止，即诉讼时效期间暂时停止计算。在导致诉讼时效中止的原因消除后，也就是权利人开始可以行使请求权时起，诉讼时效期间继续计算。

(2) 诉讼时效中断。

《民法典》规定，有下列情形之一的，诉讼时效中断，从中断、有关程序终结时起，诉讼时效期间重新计算：①权利人向义务人提出履行请求；②义务人同意履行义务；③权利人提起诉讼或者申请仲裁；④与提起诉讼或者申请仲裁具有同等效力的其他情形。

四、民事诉讼的审判和执行

审判程序是人民法院审理案件适用的程序，常见的审判程序可以分为一审程序、二审程序和审判监督程序。

1. 一审程序

一审程序包括普通程序和简易程序。普通程序是《民事诉讼法》规定的民事诉讼当事人进行第一审民事诉讼和人民法院审理第一审民事案件所通常适用的诉讼程序。简易程序是基层人民法院及其派出法庭审理事实清楚、权利义务关系明确、争议不大的简单民事案件适用的程序。基层人民法院和它派出的法庭审理上述规定以外的民事案件,当事人双方也可以约定适用简易程序。

最高人民法院《民事诉讼程序繁简分流改革试点实施办法》规定,试点基层人民法院审理的事实清楚、权利义务关系明确、争议不大的简单金钱给付类案件,标的额为人民币五万元以下的,适用小额诉讼程序,实行一审终审。

适用普通程序审理的案件,根据《民事诉讼法》的规定,应当在立案之日起六个月内审结。有特殊情况需要延长的,由本院院长批准,可以延长六个月;还需要延长的,报请上级人民法院批准。适用简易程序审理的案件,应当在立案之日起三个月内审结。

2. 第二审程序

第二审程序(又称上诉程序或终审程序),是指由于民事诉讼当事人不服地方各级人民法院尚未生效的第一审判决或裁定,在法定上诉期间内,向上一级人民法院提起上诉而引起的诉讼程序。由于我国实行两审终审制,上诉案件经二审法院审理后作出的判决、裁定为终审的判决、裁定,诉讼程序即告终结。

根据《民事诉讼法》规定,第二审人民法院审理对判决的上诉案件,审限为三个月;审理对裁定的上诉案件,审限为三十日。

3. 特别程序

特别程序是人民法院依照《民事诉讼法》审理特殊类型案件的一种程序。其审理的对象不是当事人之间的民事权利义务争议,而是确认某种法律事实是否存在,确认某种权利的实际状态。适用特别程序审理的案件,实行一审终审,并且应当在立案之日起三十日内或者公告期满后三十日内审结。

与建设工程相关的特别程序,主要指当事人向人民法院申请司法确认调解协议案及实现担保物权案。

4. 审判监督程序

审判监督程序即再审程序,是指由有审判监督权的法定机关和人员提起,或由当事人申请,由人民法院对已经发生法律效力的判决、裁定、调解书再次审理的程序。

模块3 仲裁制度

仲裁是解决民商事纠纷的重要方式之一。《仲裁法》《民事诉讼法》和相关司法解释,是我国仲裁解决商事纠纷的基本法律依据。此外,《纽约公约》是有关仲裁裁决的国际公约,该公约为各缔约国家、地区承认和执行外国仲裁裁决提供了保证和便利。

➢ 一、协议仲裁制度

仲裁协议是当事人自愿原则的体现,当事人申请仲裁、仲裁委员会受理仲裁以及仲裁庭对仲裁案件的审理和裁决,都必须以当事人依法订立的仲裁协议为前提。《仲裁法》规定,没有仲裁协议,一方申请仲裁的,仲裁委员会不予受理。

➢ 二、排除法院管辖制度

仲裁和诉讼是两种并行的争议解决方式,当事人只能选择其中的一种。《仲裁法》规定,当事人达成仲裁协议,一方向人民法院起诉的,人民法院不予受理,但仲裁协议无效的除外。因此,有效的仲裁协议可以排除法院对案件的司法管辖权,只有在没有仲裁协议或者仲裁协议无效的情况下,法院才可以对当事人的纠纷予以受理。

➢ 三、一裁终局制度

仲裁实行一裁终局的制度。裁决作出后,当事人就同一纠纷再申请仲裁或者向人民法院起诉的,仲裁委员会或者人民法院不予受理。但是,裁决被人民法院依法撤销或者不予执行的,当事人就该纠纷可以根据双方重新达成的仲裁协议申请仲裁,或者向人民法院起诉。

➢ 四、仲裁裁决的执行

仲裁裁决作出后,当事人应当履行裁决。一方当事人不履行的,另一方当事人可以依照《民事诉讼法》的规定,向人民法院申请执行,受申请的人民法院应当执行。根据最高人民法院的相关司法解释,当事人申请执行仲裁裁决案件,由被执行人所在地或者被执行财产所在地的中级人民法院管辖;执行案件符合基层人民法院一审民商事案件级别管辖受理范围的,经上级人民法院批准后,可以由被执行人住所地或被执行财产所在地的基层人民法院管辖。

按照《民事诉讼法》的规定,申请执行的期间为两年。申请执行时效的中止、中断,适用法律有关诉讼时效中止、中断的规定。申请仲裁裁决强制执行的两年期间,自仲裁裁决书规定履行期限或仲裁机构的仲裁规则规定履行期间的最后一日起计算。仲裁裁决书规定分期履行的,依规定的每次履行期间的最后一日起计算。

模块 4 调解与和解制度

➤ 一、调解的规定

根据调解机构的不同,我国调解的形式主要有人民调解、行政调解、仲裁调解、法院调解和专业机构调解等。

(一)人民调解

2010 年 8 月颁布的《中华人民共和国人民调解法》(本书简称《人民调解法》)规定,人民调解是指人民调解委员会通过说服、疏导等方式,促使当事人在平等协商基础上自愿达成调解协议,解决民间纠纷的活动。人民调解制度作为一种司法辅助制度,是人民群众自己解决纠纷的法律制度,也是一种具有中国特色的司法制度。

(二)行政调解

行政调解是指有关国家行政机关应纠纷当事人的请求,依据法律、法规、规章和政策,对属于其职权管辖范围内的纠纷,通过耐心的说服教育,使纠纷的双方互相谅解,在平等协商的基础上达成一致协议,促成当事人解决纠纷。

行政调解可分为:基层人民政府,即乡、镇人民政府对一般民间纠纷的调解;国家行政机关依照法律规定对某些特定民事纠纷、经济纠纷或劳动纠纷等进行的调解。

行政调解达成的协议不具有强制执行力。

(三)仲裁调解

仲裁调解是仲裁机构对受理的仲裁案件进行的调解。

仲裁庭在作出裁决前,可以先行调解。当事人自愿调解的,仲裁庭应当调解;调解不成的,应当及时作出裁决。调解达成协议的,仲裁庭应当制作调解书或者根据协议的结果制作裁决书。调解书与裁决书具有同等法律效力。调解书经双方当事人签收后,即发生法律效力。在调解书签收前当事人反悔的,仲裁庭应当及时作出裁决。

(四)法院调解

《民事诉讼法》规定,人民法院审理民事案件,根据当事人自愿的原则,在事实清楚的基础上,分清是非,进行调解。法院调解是人民法院对受理的民事案件、经济纠纷案件和轻微刑事案件在双方当事人自愿的基础上进行的调解,是诉讼内调解。法院调解书经双方当事人签收后,即具有法律效力,效力与判决书相同。在民事诉讼中,除适用特别程序的案件和当事人有严重违法行为需给予行政处罚的经济纠纷案件的情形外,其他案件均可适用调解。

(五)专业机构调解

专业机构调解是当事人在发生争议前或争议后,协议约定由依法成立的具有独立调解规则的机构按照其调解规则进行调解。所谓调解规则,是指调解机构、调解员以及调解当事人之间在调解过程中所应遵守的程序性规范。我国从事专业民商事调解的机构有中国国际商会

(中国贸促会)调解中心、北京仲裁委员会调解中心等。

专业调解机构进行调解达成的调解协议对当事人双方具有约束力。

二、和解的规定

和解与调解的区别在于：和解是当事人之间自愿协商，达成协议，没有第三人参加，而调解是在第三人主持下进行疏导、协商，使之相互谅解，自愿达成协议。

和解达成协议在形式上既可以是口头的，也可以是书面的。和解的应用很灵活，可以在各个阶段达成和解协议。和解的类型有如下几种。

1. 诉讼前的和解

诉讼前的和解是指发生诉讼以前，双方当事人互相协商达成协议，自行解决争执。这是当事人依法处分自己民事实体权利的民事法律行为。

和解成立后，当事人所争执的权利即归确定，所抛弃的权利随即消失，当事人不得任意反悔要求撤销。但是，如果事后发现和解所依据的文件是伪造或涂改的，或者当事人在和解时不知道该和解事件已为法院判决所确定，或者当事人对重要的争执有重大误解而达成和解协议的，当事人都可以要求撤销和解协议。

2. 诉讼中的和解

诉讼中的和解是当事人在诉讼进行中互相协商，达成协议，解决双方的争执。在法院作出判决前，当事人都可以进行和解。当事人可以就全部诉讼请求达成和解协议，也可以就个别诉讼请求达成和解协议。

当事人达成和解协议后，原告既可以撤诉，双方也可以请求人民法院对和解事项制作调解书，经当事人签名盖章产生法律效力。

3. 执行中的和解

执行中的和解是人民法院在执行已发生法律效力的民事判决、裁定过程中，当事人自行达成协议，自动履行生效和解协议的行为。

《民事诉讼法》规定，在执行中，双方当事人自行和解达成协议的，执行员应当将协议内容记入笔录，由双方当事人签名或者盖章。一方当事人不履行和解协议的或者反悔的，对方当事人可以申请人民法院按照原生效法律文书强制执行。

4. 仲裁中的和解

《仲裁法》规定，当事人申请仲裁后，可以自行和解。

和解是双方当事人的自愿行为，不需要仲裁庭的参与。达成和解协议的，可以请求仲裁庭根据和解协议作出裁决书，也可以撤回仲裁申请。当事人达成和解协议，撤回仲裁申请后又反悔的，可以根据原仲裁协议申请仲裁。

模块 5　行政强制、行政复议和行政诉讼制度

➤一、行政强制的种类和法定程序

2011年6月公布的《中华人民共和国行政强制法》(本书简称《行政强制法》)规定,行政强制包括行政强制措施和行政强制执行。

(一)行政强制的种类

行政强制的种类包括行政强制措施的种类和行政强制执行的种类。

1. 行政强制措施的种类

行政强制措施包括限制公民人身自由,查封场所、设施或者财物,扣押财物,冻结存款、汇款,以及其他行政强制措施。

行政强制措施由法律设定;尚未制定法律,且属于国务院行政管理职权事项的,行政法规可以设定除限制公民人身自由、冻结存款、汇款和应当由法律规定的行政强制措施以外的其他行政强制措施;尚未制定法律、行政法规,且属于地方性事务的,地方性法规可以设定查封场所、设施或财物和扣押财物的行政强制措施。法律、法规以外的其他规范性文件不得设定行政强制措施。

法律对行政强制措施的对象、条件、种类作了规定的,行政法规、地方性法规不得作出扩大规定;法律中未设定行政强制措施的,行政法规、地方性法规不得设定行政强制措施。但是,法律规定特定事项由行政法规规定具体管理措施的,行政法规可以设定除限制公民人身自由,冻结存款、汇款和应当由法律规定的行政强制措施以外的其他行政强制措施。

2. 行政强制执行的种类

行政强制执行包括加处罚款或者滞纳金,划拨存款、汇款,拍卖或者依法处理查封、扣押的场所、设施或者财物,排除妨碍、恢复原状,代履行,以及其他强制执行方式。

行政强制执行由法律设定;法律没有规定行政机关强制执行的,作出行政决定的行政机关应当申请人民法院强制执行。

(二)行政强制的法定程序

1. 行政强制措施的实施

行政机关履行行政管理职责,依照法律、法规的规定,实施行政强制措施。但违法行为情节显著轻微或者没有明显社会危害的,可以不采取行政强制措施。

行政强制措施由法律、法规规定的行政机关在法定职权范围内实施。行政强制措施权不得委托;依据《中华人民共和国行政处罚法》的规定行使相对集中行政处罚权的行政机关,可以实施法律、法规规定的与行政处罚权有关的行政强制措施。此外,行政强制措施应当由行政机关具备资格的行政执法人员实施,其他人员不得实施。

2. 查封、扣押的实施

查封、扣押由法律、法规规定的行政机关实施,其他任何行政机关或者组织不得实施。

查封、扣押限于涉案的场所、设施或者财物,不得查封、扣押与违法行为无关的场所、设施或者财物,以及公民个人及其所扶养家属的生活必需品。当事人的场所、设施或者财物已被其他国家机关依法查封的,不得重复查封。

查封、扣押的期限不得超过三十日;情况复杂的,经行政机关负责人批准,可以延长,但是延长期限不得超过三十日。法律、行政法规另有规定的除外。

查封、扣押对象的保管。对查封、扣押的场所、设施或者财物,行政机关应当妥善保管,不得使用或者损毁;造成损失的,应当承担赔偿责任;对查封的场所、设施或者财物,行政机关可以委托第三人保管,第三人不得损毁或者擅自转移、处置。因第三人的原因造成的损失,行政机关先行赔付后,有权向第三人追偿。因查封、扣押发生的保管费用由行政机关承担。实施查封、扣押后的处理。行政机关采取查封、扣押措施后,应当及时查清事实,在规定期限内作出处理决定;对违法事实清楚,依法应当没收的非法财物予以没收;法律、行政法规规定应当销毁的,依法销毁;应当解除查封、扣押的,作出解除查封、扣押的决定。

3. 冻结的实施

冻结存款、汇款应当由法律规定的行政机关实施,不得委托给其他行政机关或者组织;其他任何行政机关或者组织不得冻结存款、汇款。

金融机构在接到行政机关依法作出的冻结通知书后,应当立即予以冻结,不得拖延,不得在冻结前向当事人泄露信息;法律规定以外的行政机关或者组织要求冻结当事人存款、汇款的,金融机构应当拒绝。实施冻结后的处理。自冻结存款、汇款之日起三十日内,行政机关应当作出处理决定或者作出解除冻结决定;情况复杂的,经行政机关负责人批准,可以延长,但是延长期限不得超过三十日。法律另有规定的除外。延长冻结的决定应当及时书面告知当事人,并说明理由。

➢ 二、行政复议的范围、受理和复议决定

行政复议是指行政机关根据上级行政机关对下级行政机关的监督权,在当事人的申请和参加下,按照行政复议程序对具体行政行为进行合法性和适当性审查,并作出决定以解决行政侵权争议的活动。

(一)行政复议范围

行政复议的目的,是为了防止和纠正违法的或者不当的具体行政行为,保护公民、法人和其他组织的合法权益,保障和监督行政机关依法行使职权。因此,只要是公民、法人或者其他组织认为行政机关的具体行政行为侵犯其合法权益,就有权向行政机关提出行政复议申请。

根据2017年9月修改后公布的《行政复议法》规定,有11项可申请行政复议的情形,结合建设工程实践,其中7种尤为重要:

(1)对行政机关作出的警告、罚款、没收违法所得、没收非法财物、责令停产停业、暂扣或者吊销许可证、暂扣或者吊销执照、行政拘留等行政处罚决定不服的;

(2)对行政机关作出的限制人身自由或者查封、扣押、冻结财产等行政强制措施决定不服的;

(3)对行政机关作出的有关许可证、执照、资质证、资格证等证书变更、中止、撤销的决定不服的;

(4)认为行政机关侵犯合法的经营自主权的;

(5)认为行政机关违法集资、征收财物、摊派费用或者违法要求履行其他义务的;

(6)认为符合法定条件,申请行政机关颁发许可证、执照、资质证、资格证等证书,或者申请行政机关审批、登记有关事项,行政机关没有依法办理的;

(7)认为行政机关的其他具体行政行为侵犯其合法权益的。

此外,公民、法人或者其他组织认为行政机关的具体行政行为所依据的下列规定不合法,在对具体行政行为申请行政复议时,可以一并向行政复议机关提出对该规定的审查申请:①国务院部门的规定;②县级以上地方各级人民政府及其工作部门的规定;③乡、镇人民政府的规定。但以上规定不含国务院部、委员会规章和地方人民政府规章。规章的审查依照法律、行政法规办理。

下列事项应按规定的纠纷处理方式解决,不能提起行政复议:①不服行政机关作出的行政处分或者其他人事处理决定的,应当依照有关法律、行政法规的规定提起申诉;②不服行政机关对民事纠纷作出的调解或者其他处理,应当依法申请仲裁或者向法院提起诉讼。

公民、法人或者其他组织认为具体行政行为侵犯其合法权益的,可以自知道该具体行政行为之日起六十日内提出行政复议申请;但法律规定的申请期限超过六十日的除外。因不可抗力或者其他正当理由耽误法定申请期限的,申请期限自障碍消除之日起继续计算。

依法申请行政复议的公民、法人或者其他组织是申请人。作出具体行政行为的行政机关是被申请人。申请人可以委托代理人代为参加行政复议。申请人申请行政复议,可以书面申请,也可以口头申请。

对于行政复议,应当按照《行政复议法》的规定向有权受理的行政机关申请,如"对县级以上地方各级人民政府工作部门的具体行政行为不服的,由申请人选择,可以向该部门的本级人民政府申请行政复议,也可以向上一级主管部门申请行政复议"。

申请行政复议,凡行政复议机关已经依法受理的,或者法律、法规规定应当先向行政复议机关申请行政复议、对行政复议决定不服再向人民法院提起行政诉讼的,在法定行政复议期限内不得向人民法院提起行政诉讼。公民、法人或者其他组织向人民法院提起行政诉讼,人民法院已经依法受理的,不得申请行政复议。

(二)行政复议受理

行政复议机关收到行政复议申请后,应当在五日内进行审查,依法决定是否受理,并书面告知申请人;对符合行政复议申请条件,但不属于本机关受理范围的,应当告知申请人向有关行政复议机关提出。

在行政复议期间,行政机关不停止执行具体行政行为,但有下列情形之一的,可以停止执行:①被申请人认为需要停止执行的;②行政复议机关认为需要停止执行的;③申请人申请停止执行,行政复议机关认为其要求合理,决定停止执行的;④法律规定停止执行的。

(三)行政复议决定

行政复议原则上采取书面审查的办法,但申请人提出要求或者行政复议机关负责法制工作的机构认为有必要时,可以向有关组织和人员调查情况,听取申请人、被申请人和第三人的意见。行政复议决定作出前,申请人要求撤回行政复议申请的,经说明理由,可以撤回;撤回行政复议申请的,行政复议终止。

申请人、第三人可以查阅被申请人提出的书面答复、作出具体行政行为的证据、依据和其他有关材料,除涉及国家秘密、商业秘密或者个人隐私外,行政复议机关不得拒绝。在行政复议过程中,被申请人不得自行向申请人和其他有关组织或者个人收集证据。

行政复议机关应当在受理行政复议申请之日起六十日内作出行政复议决定,其主要类型有:

(1)对于具体行政行为认定事实清楚,证据确凿,适用依据正确,程序合法,内容适当的,决定维持。

(2)对于被申请人不履行法定职责的,决定其在一定期限内履行。

(3)对于具体行政行为有下列情形之一的,决定撤销、变更或者确认该具体行政行为违法:①主要事实不清、证据不足的;②适用依据错误的;③违反法定程序的;④超越或者滥用职权的;⑤具体行政行为明显不当的。对于决定撤销或者确认该具体行政行为违法的,可以责令被申请人在一定期限内重新作出具体行政行为。

(4)被申请人不按照法律规定提出书面答复、提交当初作出具体行政行为的证据、依据和其他材料的,视为该具体行政行为没有证据、依据,决定撤销该具体行政行为。

申请人在申请行政复议时可以一并提出行政赔偿请求,行政复议机关对符合国家赔偿法有关规定应当给予赔偿的,在决定撤销、变更具体行政行为或者确认具体行政行为违法时,应同时决定被申请人依法给予赔偿。

➢ 三、行政诉讼的受案范围

行政诉讼是指人民法院应当事人的请求,通过审查行政行为合法性的方式,解决特定范围内行政争议的活动。

行政诉讼受案范围确定了行政机关行政行为受司法监督的限度,以及公民、法人或其他组织获得司法救济的范围。

《行政诉讼法》规定,人民法院受理公民、法人或者其他组织提起的下列诉讼:①对行政拘留、暂扣或者吊销许可证和执照、责令停产停业、没收违法所得、没收非法财物、罚款、警告等行政处罚不服的;②对限制人身自由或者对财产的查封、扣押、冻结等行政强制措施和行政强制执行不服的;③申请行政许可,行政机关拒绝或者在法定期限内不予答复,或者对行政机关作出的有关行政许可的其他决定不服的;④对行政机关作出的关于确认土地、矿藏、水流、森林、山岭、草原、荒地、滩涂、海域等自然资源的所有权或者使用权的决定不服的;⑤对征收、征用决定及其补偿决定不服的;⑥申请行政机关履行保护人身权、财产权等合法权益的法定职责,行政机关拒绝履行或者不予答复的;⑦认为行政机关侵犯其经营自主权或者农村土地承包经营权、农村土地经营权的;⑧认为行政机关滥用行政权力排除或者限制竞争的;⑨认为行政机关违法集资、摊派费用或者违法要求履行其他义务的;⑩认为行政机关没有依法支付抚恤金、最低生活保障待遇或者社会保险待遇的;⑪认为行政机关不依法履行、未按照约定履行或者违法变更、解除政府特许经营协议、土地房屋征收补偿协议等协议的;⑫认为行政机关侵犯其他人身权、财产权等合法权益的。除前款规定外,人民法院受理法律、法规规定可以提起诉讼的其他行政案件。

最高人民法院《关于适用〈中华人民共和国行政诉讼法〉的解释》(法释〔2018〕1号)规定,下列行为不属于人民法院行政诉讼的受案范围:①公安、国家安全等机关依照刑事诉讼法的明确授权实施的行为;②调解行为以及法律规定的仲裁行为;③行政指导行为;④驳回当事人对行政行为提起申诉的重复处理行为;⑤行政机关作出的不产生外部法律效力的行为;⑥行政机关为作出行政行为而实施的准备、论证、研究、层报、咨询等过程性行为;⑦行政机关根据人民法院的生效裁判、协助执行通知书作出的执行行为,但行政机关扩大执行范围或采取违法方式实施的除外;⑧上级行政机关基于内部层级监督关系对下级行政机关作出的听取报告、执法检查、督促履责等行为;⑨行政机关针对信访事项作出的登记、受理、交办、转送、复查、复核意见等行为;⑩对公民、法人或者其他组织权利义务不产生实际影响的行为。

最高人民法院《关于审理行政协议案件若干问题的规定》(法释〔2019〕17号)规定,公民、法人或者其他组织就下列行政协议提起行政诉讼的,人民法院应当依法受理:①政府特许经营协议;②土地、房屋等征收征用补偿协议;③矿业权等国有自然资源使用权出让协议;④政府投资的保障性住房的租赁、买卖等协议;⑤符合本规定第一条规定的政府与社会资本合作协议;⑥其他行政协议。

行政诉讼主要适用于一般地域管辖。行政案件由最初作出行政行为的行政机关所在地人民法院管辖。经复议的案件,也可以由复议机关所在地人民法院管辖。对限制人身自由的行政强制措施不服提起的诉讼,由被告所在地或者原告所在地人民法院管辖。因不动产提起的行政诉讼,由不动产所在地人民法院管辖。

两个以上人民法院都有管辖权的案件,原告可以选择其中一个人民法院提起诉讼。原告向两个以上有管辖权的人民法院提起诉讼的,由最先立案的人民法院管辖。

当事人书面协议约定选择被告所在地、原告所在地、协议履行地、协议订立地、标的物所在地等与争议有实际联系地点的人民法院管辖的,人民法院从其约定,但违反级别管辖和专属管辖的除外。

习题巩固

➤ 一、单选题

(1) 某政府工程建设项目发、承包双方围绕工程结算款经多次协商也未能达成一致意见，承包人诉诸法院，上述纠纷属于( )。

A. 行政纠纷

B. 民事纠纷

C. 刑事纠纷

D. 程序纠纷

(2) 根据《民事诉讼法》，关于证据的说法，正确的是( )。

A. 书证只能提交原件

B. 涉及商业秘密的证据需要在法庭出示的，应当在公开开庭时出示

C. 经过公证证明的文书，人民法院可以作为认定事实的根据

D. 证据应当在法庭上出示，并由当事人互相质证

(3) 关于民事诉讼上诉的说法，正确的是( )。

A. 上诉期为十日

B. 上诉时应当递交上诉书

C. 上诉状应当向第二审人民法院提出

D. 当事人向原审人民法院上诉的，原审法院应当受理

(4) 施工企业向某律师出具的民事诉讼授权委托书中仅写明代理权限是"全权代理"。下列与诉讼有关的行为中该律师享有代理权的是( )。

A. 放弃诉讼请求

B. 与对方当时进行和解

C. 提起上诉

D. 提供证据

(5) 关于诉讼时效的说法，正确的是( )。

A. 人民法院应当主动适用诉讼时效的规定

B. 当事人对诉讼时效利益的预先放弃无效

C. 超过诉讼时效期间后权利人起诉的，人民法院不予受理

D. 诉讼时效期届满后，义务人已经自愿履行的，可以请求返还

(6) 关于仲裁协议的说法，正确的是( )。

A. 仲裁协议是合同的附属协议，合同无效则仲裁协议无效

B. 仲裁机构可就当事人在仲裁协议中的约定事项和未约定事项进行裁决

C. 仲裁协议可以约定仲裁裁决的强制执行机构

D. 当事人只能向仲裁机构申请仲裁,不可以直接提起诉讼

(7)某建设工程施工合同纠纷案件在仲裁过程中,首席仲裁员甲认为应该裁决合同无效,仲裁员乙和仲裁员丙认为应裁决合同继续履行,则仲裁应(　　)作出裁决。

A. 重新组成仲裁庭经评议后

B. 请示仲裁委员会主任并按其意见

C. 按乙和丙的意见

D. 按甲的意见

(8)关于仲裁的说法,正确的是(　　)。

A. 没有仲裁协议或者仲裁协议无效的,法院对当事人的纠纷应当予以受理

B. 对于仲裁协议有效的仲裁案件,法院仍具有管辖权

C. 只要一方当事人申请仲裁,仲裁委员会都应当予以受理

D. 仲裁裁决作出后,当事人就同一纠纷向法院起诉的,法院应予以受理

(9)关于和解的说法,正确的是(　　)。

A. 和解只能发生在诉讼前

B. 当事人申请仲裁后,不可以自行和解

C. 和解达成协议,必须以书面形式作出

D. 和解达成的协议具有合同效力

(10)关于行政强制的说法,正确的是(　　)。

A. 尚未制定法律、行政法规,且属于地方性事务的,地方性法规可以设定冻结存款、汇款的行政强制措施

B. 查封场所、设施或者财物属于行政强制执行

C. 排除妨碍、恢复原状属于行政强制措施

D. 法律、法规以外的其他规范性文件不得设定行政强制措施

二、多选题

(1)在施工合同纠纷的诉讼中,能作为证据的有(　　)。

A. 法律规定

B. 当事人的陈述

C. 施工企业偷录的谈判录音

D. 工程设计图纸

E. 工程质量司法鉴定机构出具的鉴定报告

(2)合同双方当事人可以在书面合同中协议选择(　　)人民法院,以解决双方争议纠纷。

A. 被告住所地

B. 合同备案地

C. 合同签订地

D. 合同履行地

E. 原告住所地

(3)根据《民法总则》,关于民事诉讼时效的说法,正确的有(　　)。
A. 超过诉讼时效期间,权利人的胜诉权消灭
B. 诉讼时效期间届满后,义务人自愿履行债务的,不得请求返还
C. 向人民法院请求保护民事权利的诉讼时效期间均为三年
D. 超过诉讼时效期间,当事人起诉的,人民法院不予受理
E. 当事人违反法律规定,预先放弃诉讼时效利益的,人民法院不予认可

项目小结

项目十 案例分析

素质目标

(1) 知法懂法,善于用法律的武器保护武装自己。
(2) 热爱国家,遵守国家的法律、法规,做一名合格的建筑人。

知识目标

能够熟练掌握招投标、建设工程施工许可制度、建设工程承包制度、建设工程合同制度、施工安全生产许可证制度等重要知识点。

能力目标

(1) 能熟练各种法规制度。
(2) 能够通过案例分析练习,检测每个环节中知识点的薄弱之处。
(3) 通过案例分析学会举一反三,提高自己的学习能力。

案例 1

背景：某工程,建设单位采用公开招标的方式选择工程监理单位,实施过程中发生如下事件。

事件 1：建设单位提议评标委员会由 5 人组成,包括建设单位代表 1 人,招标监管机构工作人员 1 人,评标专家库随机抽取的技术、经济专家各 1 人。

事件 2：评标时,评标委员会评审发现 A 投标人为联合体投标,但没有提交联合体共同投标协议；B 投标人将造价控制监理工作转让给具有工程造价咨询资质的专业单位；C 投标人的投标报价高于招标文件设定的最高投标限价。评标委员会否决了上述投标人的投标。

问题：

(1)事件 1 中,建设单位的提议有什么不妥,请说明理由。

(2)事件 2 中,评标委员会决定否决 A、B、C 投标人的投标是否正确,请分别说明理由。

案例 2

背景：某工程,施工单位通过招标将桩基及土方开挖工程发包给某专业分包单位,并与预拌混凝土供应商签订了采购合同。实施过程中发生如下事件。

事件 1：桩基验收时,项目监理机构发现部分桩的混凝土强度未达到设计要求,经查为预拌混凝土质量存在问题所致。在确定桩基处理方案后,专业分包单位提出因预拌混凝土由施工单位采购,要求施工单位承担相应桩基处理费用。施工单位提出因建设单位也参与了预拌混凝土供应商考察,要求建设单位共同承担相应桩基处理费用。

事件 2：专业分包单位编制了深基坑土方开挖专项施工方案,经专业分包单位技术负责人签字后,报送项目监理机构审查的同时开始了挖土作业,并安排施工现场技术人员兼任专职安全管理并负责现场监督。

问题：

(1)事件 1 中,专业分包单位和施工单位提出的要求是否妥当,请分别说明理由。

(2)事件 2 中,专业分包单位的做法有什么不妥？请写出正确做法。

案例 3

背景：某工程实施过程中发生如下事件。

事件 1：工程竣工验收后,施工单位向建设单位提交的工程质量保修书中所列的保修期限如下：①地基基础工程和主体结构工程为设计文件规定的合理使用年限；②有防水要求的地下室及外墙面渗漏为 3 年；③供热供冷系统采暖系统为 3 个采暖期、供冷期；④电气管线、给排水管道工程为 1 年。

事件 2：工程竣工验收阶段，建设单位要求施工单位将整理完成的归档文件资料直接移交城建档案馆管理机构存档。

问题：

(1) 事件 1 中，施工单位的做法是否妥当？请写出正确做法。需按照《建设工程质量管理条例》逐条指出工程质量保修书中所列的保修期限是否妥当，并说明理由。

(2) 事件 2 中，建设单位的做法有何不妥？请写出正确的归档移交程序。

案例 4

背景：某工程，甲施工单位选择乙施工单位分包基坑支护及土方开挖工程。施工过程中发生如下事件。

事件 1：乙施工单位凭借丰富的施工经验，未经安全验算就编制了高大工程模板工程专项施工方案，在项目经理签字后立即报总监理工程师审批。为了赶工期，乙施工单位在审批时就开始搭设高大模板，其施工现场的安全生产管理人员则由甲施工单位的项目总工程师兼任。

事件 2：甲施工单位以工期紧张为由坚持先搭设模板，再进行安全验算。导致施工现场发生模板坍塌，造成 2 人死亡、9 人重伤和 1100 万元的直接经济损失。

问题：

(1) 事件 1 中，甲乙施工单位的做法有哪些不妥，请写出正确的流程做法。

(2) 判断事件 2 的安全事故等级，并简单阐述事故上报流程。

案例 5

背景：某医院决定投资 1 亿元，希望建成一栋现代化住院综合楼。其中土建工程采用公开招标的方式决定施工单位。

事件 1：招标单位文件对省内外的投标人提出了不同要求，也明确了投标保证金的数额为 2000 万元。2020 年 10 月 6 日招标公告发出后共有 A、B、C、D、E、F 等 6 家省内的建筑单位参加了投标。投标文件规定，2020 年 10 月 30 日为提交投标文件的截止时间，2020 年 11 月 13 日举行开标会，其中一单位在 2020 年 10 月 30 日提交了投标文件，但于 2020 年 11 月 1 日才提交投标保证金。

事件 2：开标时，由招标人检查投标文件的密封情况，确认无误后，由工作人员当场拆封。并宣读了 A、B、C、D、E、F 等 6 家承包商的名称、投标价格、工期和其他主要内容。开标过程中，招标人发现 C 单位的标袋密封处仅有投标单位公章，没有法定代表人印章或签字，所以否决了 C 单位的投标。

事件 3：评标委员会确定了 B 单位为中标单位。但是为了确保工程顺利开工，随即要求 A、F 单位作为备选人。要求 A、B、F 单位提交履约保证金，如不按时提交则不予退还投标保证金。

问题：

(1)提出事件1中的不妥之处,并改正。

(2)事件2中,C单位的投标文件被否决是否合理?

(3)事件3中,评标委员是否存在不妥之处?请简要说明。

参考文献

[1] 李志生. 城乡建设法规及案例分析[M]. 北京:中国建筑工业出版社,2014.

[2] 叶胜川. 工程建设法规(4版)[M]. 武汉:武汉理工大学出版社,2015.

[3] 黄显贵,张宝玉,王学军. 建设工程法律法规[M]. 北京:人民交通出版社,2014.

[4] 全国二级建造师执业资格考试用书编写委员会. 建设工程法规及相关知识[M]. 北京:中国建筑工业出版社,2022.